Juli Sommermond

Tod einer Kinderseele

Band I

Von Geburt zu Geburt

Tod einer Kinderseele Band I einer
Lebensgeschichte – Von Geburt zu Geburt

© Juli Sommermond 2016
Lektorat: Robert Walter-Jochum, Berlin
Cover Bild: Artivista Werbeagentur GbR,
Cover Gestaltung: P&N Fänger H., Land Bayern

ISBN 978-3-9808154-1-3

Alle Rechte vorbehalten:
Juli Sommermond

info@julisommermond.de

... für Dich!

Inhalt

Prolog 7
Monolog 8

Tod einer Kinderseele

Tod einer Kinderseele 11
Es geschieht ganz einfach 14
Verschnaufpause 18
Abgrundtief 20
Abstieg in den Hades 27
Aufstieg 36
Streben 51
The Point of no Return – kein zurück mehr 109

Auf der Suche

Auf der Suche 167
Die Menschen in meinem jetzigen Leben 183
„Ich lieb ein pulsierendes Leben" 224
Der Buddhismus und die Stille 227
Als erstes kam da Steve 234
Die drei Männer 250

„Es ist niemals die Dauer ..." 296
Demian 336
Mord 356
Die Zeit danach 366
Februar 1998 370
Dann ist es wieder Oktober 385

Prolog

„Du weißt doch, dieses Zeugnis vor den Jugendlichen, das ich da zu geben hatte …"
„Oh ja, da hätte ich gern Mäuschen gespielt!"
„Ach so? Die haben nicht mehr von mir erfahren, als du eh schon weißt."

Und ich wunderte mich, hatte ich doch immer geglaubt, Nana wisse mehr über mich als alle anderen. Aber das stimmt nicht.

So denn:
– auf deinen Wunsch hin Nana –

Hier nun das, was kaum einer von mir weiß …

Monolog – Laeticia

Als deine Ma da so in der Badewanne kniet und ich wartend meine Hand zwischen Wannenboden und Ausgang deines Geburtskanals halte, befinde ich mich urplötzlich inmitten eines für mich durch und durch ergreifenden Geschehens, denn eine Präsenz absoluter Kraft, vollkommen autark und mir so meine und deine Ohnmacht vor Augen führend, gebar dich – nicht deine Ma!

Durch Wehen geschoben, von der Erde gezogen: So bist du – dein Adam, dein Körper – geboren! Von dem Mutterboden, der Erde genommen, aus der Plazenta. Von der roten Erde. Aus Blut und Wasser. Lebensatem, aber noch nicht Heiliger Geist.
Zuvor wird dir Eva geboren – nachdem du alles bei Seinem Namen nennst. Sie wird dafür sorgen, dass du dich verrennst, aber doch nicht verbrennst. Denn der Vater, dein Schöpfer, ist ihr Weg – den du gehst. Der mit dem Auszug beginnt (Gen. 1, 24–3, 24), dem niemand entrinnt, dem Auszug zur Heimkehr ins ewige Leben – Garten Eden. Auszug zum Heil der Heiligkeit. Durch alles hindurch! Heimkehr – von Geburt zu Geburt:

„Mit ewiger Liebe habe ich dich geliebt."

Ja, zuvor kommt Eva. Aber dann folgt die Wandlung: weg vom Besitzanspruch, hinein in die Beziehung. Geburt. Magnetismus. Anziehungskraft? Ja! Doch welch erhabene Macht dahinter – und durch dich und meine Hand hindurch! Denn ganz gleich, ob nun du wolltest oder nicht, deine Ma oder ich, es galt allein diese Stunde. Zeit Gottes. Sein Wille! Seine Geburt. Zeit deiner Geburt! Es geschah ganz einfach. Gänzlich ohne unser Zutun. Geburt ist die Frucht des Zusammenwirkens alles Geschöpflichen. Hier findet sich das oberste Gesetz des gesamten Universums: Zusammenwirken! Die Kräfte, die bei deiner Geburt zusammenwirkten, unterbrachen wir nicht. Das ist alles, was wir taten, und das ist auch alles, was wir gaben. Mehr nicht!

Ergriffenheit, Schweigen. Tiefe Anbetung – ohne Worte. Ein magisches Fenster. Weit offen. Ewiger Augenblick. Zeitlos, kein Vor, auch kein Zurück. Pure Liebe, die sich verströmt. Dieser Liebesstrom geht durch meine Hände hindurch und versetzt mich augenblicklich in die Gewissheit: Nicht nur dies hier, sondern alles im Leben geschieht ganz einfach. Geschieht so, wie es geschehen soll – und zwar genau so und niemals anders! Welcher Übermut, welche Blindheit – mir einzubilden, ich vermöchte irgendetwas aus mir selbst heraus, ohne die Kräfte der Natur. Oder hätte gar Anteil daran im Sinne von eigenem Werk.

Aber auch welch eine Freudenbotschaft! Unverdiente Gnade. Erlösung! Ich kann dem Ersehnten gar nichts recht machen, sondern nur umgekehrt: Das Ersehnte, das Sein, das Leben selbst macht alles mir recht – so ich nicht dazwischenfunke.

Dein und mein Anteil – Laeticia – ist also einzig, offen anzunehmen, was uns von Gott her zukommt. Empfangen, zulassen, uns drein fügen oder darunter bleiben – so geschieht immer glückliche Geburt. Gleich wie das Geborene dann auch beschaffen sein mag, dieses Fiat ist der sicherste Pfad. Empfangende Durchlässigkeit für den fließenden Strom der Liebe führt durch jede Not hindurch. Verweigerung indes verhindert Geburt, bindet Not, führt ganz natürlich und folgerichtig in den Tod. Ewiger Kreislauf.

Nicht mehr.
Aber auch nicht weniger.
Denn so schreiten wir von Geburt zu Geburt.

Tod einer Kinderseele

Den ersten Tod starb meine Kinderseele im Alter von etwa zwei Jahren. Vater und Mutter waren beim Zoll beschäftigt, so gaben sie die Kinder in ein Wochenheim. Während alle anderen an den Wochenenden abgeholt wurden, verblieb ich oft im Krippenheim, und eine Erzieherin nahm mich dann mit zu sich nach Hause. Es war wohl an einem Ostermontag. Jedenfalls war ich früh am Morgen irgendwie allein und marschierte durch die große Flügeltür hindurch und hinaus in den Garten. Meine Füße eben auf das Gras setzend entdeckte ich sie: wunderschöne kunterbunte Körbchen, angefüllt mit Schokolade! Hocherfreut sammelte ich ein, was ich tragen konnte, setzte mich ins Gras und ließ es mir gut schmecken. Ich weiß nicht mehr, wie lange. Irgendwann ließ mich ein schriller Schrei hinter mir erschreckend zusammenzucken. Dann ging alles sehr schnell. Die Schokolade wurde mir aus der Hand geschlagen, ich wurde fest gepackt und durch die Flügeltür retour gezerrt. Wenig später fand ich mich im Gitterbett wieder und stellte fest: Man hatte mir nicht nur die Schokolade genommen, sondern auch das, was mir das Liebste überhaupt war – meine Daumen! In dicken Mullbinden steckten sie jetzt, unmöglich für mich, eine Beziehung zu ihnen herzustellen. Das war der schlimmste Teil der Strafe. Der andere: Man sperrte mich tagelang aus der Gruppe aus.

Hättest du mich damals gefragt, ob ich mich wie ein

Dieb fühlte, ich hätte Nein gesagt. Ganz schlicht. Was war eigentlich wirklich geschehen? Im Grunde bin ich doch nur meinem natürlichen Instinkt gefolgt. Meiner Wahrnehmung – der Schönheit des Morgens, der Wiese mit ihrem Angebot, den Körbchen und dem Duft nach Schokolade. Namen! Ich kannte noch keine Namen, jedenfalls nicht in dem Sinne von gut oder schlecht oder dem, wem etwas gehört und wem nicht. Nein, ich kannte keine Namen, ich war noch eins mit aller Schöpfung. Wie jedes gesunde Getier, so nahm auch ich Witterung auf, trat in Beziehung zu dem Ding da in dem Ding, ward ganz eins mit ihm und genoss es. Gibt es einen höheren Lobpreis als diesen? Die Strafe war hart, doch das Schlimmste daran: Kein Kleinstkind dieser Welt kann je wirklich verstehen, warum es bestraft wird. Was Strafe ist, weiß es ja noch nicht, und warum es da so plötzlich Ablehnung erfährt – getrennt von der Einheit mit Mutter, Vater, Familie, Gruppe oder Clan. Nein, ich verstand rein gar nichts. Und doch, ich nahm ja weiter wahr und empfand: Eiseskälte, abgrundtiefe Einsamkeit, Leere – gleichbedeutend mit Tod. Ich verstand nichts, und da ich mich auch nicht entsprechend ausdrücken konnte, blieb ich von nun an gebrochen. Entzweite Seeleneinheit – ich wurde falsch. Schokolade blieb fünfzig Jahre lang mein Thema – und natürlich auch der Schuldkomplex: die ewige Angst, nie zu erhalten, was ich begehrte.

„Mach dir nicht die Mühe, du hast keine Chance, du bist nicht liebenswert, selbst schuld."

Und irgendwann stand es mir groß vor Augen:

„Ach so, das ist es, ein Dieb – das bist du?!"

Ein zermürbender Kreislauf beginnt, denn das reinste Wesen der Kinderseele kann nicht besitzen noch von anderen besessen werden, es kann nur in Beziehung treten mit den Dingen oder den anderen. Hier ist für sie der wahre Lebensatem zu finden: Freude, Kraft, die Quelle allen Seins. Aber wo immer sie diese Beziehung einzugehen versucht, treten ihr Besitzergreifen oder Angst als Anspruch entgegen.

Es geschieht ganz einfach

Auch wenn ich quasi ein Heimkind war, so hatte ich doch einen Vater. Eines Tages war der weg. Stattdessen gab es da nun ein Baby, eine jüngere Schwester – und einen mir fremden Mann. Der war ein Trinker, der meine Mutter und uns zuweilen heftig schlug. Mit ihm und uns Kindern zog meine Mutter in eine Stadtwohnung. Wir, das waren mein Bruder, der Älteste, meine drei Jahre ältere Schwester, ich und dieses Baby. Diese Zeit war für meine Kinderseele die grausamste ihres Lebens. Die Stadt irritierte mich, überall lauerten Gefahren. Überall gab es Grenzen und jede Menge Vorschriften und Verbote für uns Kinder. Im Familienalltag war das nicht anders, und fast sehnte ich mich nach der Einsamkeit im Heim zurück, denn dort ließ man mich ja in Ruhe. Aber hier war ich nur noch einsam. Alles war jetzt gänzlich anders. Anforderungen über Anforderungen – alles Namen, die ich nicht kannte und die mir niemand erklärte. Auch die vielen Schläge nicht. Unsicherheit und Schuldkomplex festigten sich in mir in einem solchen Ausmaß, dass ich tatsächlich sogar meine Mutter zu hassen begann. Aber zuerst einmal war da dieses Baby! Die Stadtwohnung war sehr klein, es gab drei Zimmer, Küche und Bad. Das Baby und ich – damals so vier bis fünf Jahre alt – schliefen daher mit im Schlafzimmer meiner Mutter und dieses Mannes, der mir fremd war. Ihre und unsere Betten standen lediglich durch einen Vorhang voneinander getrennt.

Eines Nachts reißt mich ein lautes, schrilles Schreien jäh aus dem Schlaf. Allmählich das Bewusstsein erlangend, stelle ich mit Entsetzen fest, dass ich mich nicht mehr im eigenen Bett befinde, sondern kniend und halswürgend auf dem Körper dieses Babys. Der Schrei, ein hasserfüllter Hilfeschrei, dringt aus meiner eigenen Kehle. Abrupt lasse ich von dem Baby ab, schleiche verschämt und völlig verwirrt in mein Bett zurück.

"Wie war ich da hingekommen? ... Wollte ich es umbringen?"

Nein, ganz sicher nicht, ich wusste ja nicht einmal, was das bedeutete. Es war wie damals im Wochenheim, ich verstand rein gar nichts, und doch nahm ich aber wahr und empfand große Fassungslosigkeit, Verlassenheit, die Frage, warum mir oder dem Baby niemand zu Hilfe kam. Auch große Furcht vor dem Unbekannten, dem großen Geheimnis:

"Wer oder was hatte mich solches tun lassen?"

Heute weiß ich, es bleibt Gottes Geheimnis.

Meine Mutter. Ich liebte sie, sie war für mich das schönste Wesen der Welt. Überaus schön, schlank und geschmeidig, so warm, mit dunklem, festem Haar, braunen stillen Augen – und sehr stark. Zu ihr blickte ich hoffend auf. An der Seite dieses Mannes jedoch, in dieser Stadtwohnung, verschwand ihr Glanz allmählich. Wie der Mann, so trank jetzt auch sie. Die Abende, an denen sie mir vor dem Nachtkuss auf der Mundharmonika vorspielte, wurden immer seltener. Es gab kaum noch ein Lächeln oder herzhaftes Lachen unter uns, in unser aller Leben, dafür aber jede Menge Schmerzen, Unsicherheiten und Tränen. Oft wurden wir bei den Nachbarn untergebracht. Nichts hatte mehr Bestand, außer der Unbeständigkeit. Kein Halt mehr, weder im Außen noch im

Innern. Wie eine Mumie ohne Grab, so lebte ich Tag um Tag – meine Geheimnisse hielt ich tief hinter den Binden verborgen. Das Baby. Natürlich, es war der sichtbare Grund all unseres jetzigen Seins. Es war die Frucht dieses fremden Mannes, nicht meines Vaters. Auch wenn mein Intellekt das damals noch nicht wusste, meine Empfindung nahm es umso deutlicher wahr. Und mein nächtliches Würgen dieses Kindes war die natürliche Reaktion auf eine für mich völlig untragbare Situation.

Jedes gesunde Getier kämpft entweder um sein Revier oder es verlässt den Platz – so man dem Tier den Lebensatem, das Grundbedürfnis nach bedingungsloser Liebe nimmt. Wo es nicht mehr heimisch sein darf oder keine Nahrung mehr findet, bricht es hinwegziehend aus. Nur das Menschentier tut nicht so, da es gebunden wird und eingesperrt. So muss alles, wenn es nicht erstickend sterben will, hin und wieder aus ihm herausbrechen. Im Laut – dem Wort – wie auch in der Handlung. Es macht damit allerdings nie einen Anspruch geltend, sondern entspricht einzig seinem ureigensten Bedürfnis. All dies nun unverstanden und somit von Eltern oder Erwachsenen nicht zugelassen, erklärt oder in Liebe gewandelt und aufgefangen führt die Kinderseele samt ihrem körperlichen Kleinstgetier zwangsläufig zur Kastration: lebendig tot.

Verschnaufpause

Meine Oma. Die Zeit der Stadt dauerte nicht sehr lang – zwei Jahre höchstens. Wenn sie für mich auch die längste Zeit meines Lebens war. Meine Mutter zog aus mit uns – hin zur Oma. Kleines Haus, großer Garten. Balsam für unsere Seelen. Und die Oma sowieso. Von ihr gab es sehr viel Zuwendung. Lachen, spielen, einfach da sein. Arme Ritter zum Frühstück, Waffeln zum „Sandmännchen", Rätselraten und Unmengen an körperlicher Wärme. Natürlich auch Regeln, aber die waren durch die offene Zuneigung und Warmherzigkeit der Oma leicht zu ertragen. Inzwischen ging ich zur Schule. Die Lehrerin entdeckte die Begabung einer Ballerina in mir – so durfte ich zu allem Glück auch noch tanzen. Die glücklichste Zeit meiner Kinderseele. Sie durfte sein! Einfach sein – für etwa drei Jahre. Doch so schön diese Zeit auch war, war es doch noch nicht die Zeit der Heilung. Die Verlustangst, in mir gesät in den Tagen im Heim, begossen und zudem noch gedüngt in den Tagen der Stadt, bekam hier ihre Wurzeln, grub sich tief in das Bewusstsein ein.

Das Haus meiner Oma war ein Flachbau. Wir Schwestern teilten uns zu dritt ein großes Zimmer, dessen Fenster zum Garten hinausging, mit Sicht auf den Weg zum Gartentor. Eines Sommerabends, wir Kinder liegen schon im Bett, sehe ich durch das Fenster Mutter und Oma auf dem Torweg hinausgehen! Meine Hände trommeln wie wild an die Fensterscheibe, meine Stimme schreit: „Nein, nein, nein – geh nicht weg! Bleib hier, bleib hier!"

Doch sie gehen weiter. Worte versiegen, Kehle und Seele schreien hysterisch – zornig, der Nichtbeachtung wegen, zutiefst verletzt. Es gibt keine Reaktion, weder von draußen noch von den Schwestern im Zimmer. Wieder diese abgrundtiefe Einsamkeit – auch die Oma war nicht beständig, hatte mich verlassen.

Und noch etwas anderes brachte diese Verlustangst zutage: Diebstahl! Nach dem Ereignis am Gartentor begann ich hier und da Geldstücke zu mopsen, wo immer ich sie fand. In Jacken von Schülern oder Besuchern, in Omas Geldbörse, in Spardosen der Geschwister und dergleichen mehr. Diese Geldstücke warf ich dann geschickt in einen Sandkasten oder auf Gehwege außerhalb des Gartens. Und das immer genau dann, wenn jemand mit mir ging. Urplötzlich rief ich dann aus: „Oh, schau mal, was da liegt ... " Ich griff sofort zu und bestätigte meinen Anspruch mit dem Satz: „Was man findet, kann man behalten!"

Geldwäsche würde ich das heute nennen. Von den

Münzen kaufte ich Süßes, vornehmlich Schokolade. Meine Mutter sah ich in dieser Zeit kaum. Es machte mir nichts, ich war ja, wenn auch falsch, so doch glücklich, hatte einen Boden unter den Füßen gefunden. Wähnte mich in Sicherheit in diesem Leben bei der Oma. So verstand ich auch mal wieder rein gar nichts, als die Mutter eines Tages den Auszug ankündigte und diesen gleichzeitig entschlossen vollzog. Und wieder: Ich verstand nichts, nahm dabei aber doch wahr und empfand: Trauer, unsägliche Trauer. Ohnmacht, Leere – der dritte Tod, von Geburt zu Geburt. Wenn mich das Leben bis hierhin eines gelehrt hatte, dann seine Unbeständigkeit. Man konnte ihm nicht vertrauen, schon gleich gar nicht den Menschen.

Abgrundtief

Da wurde mir also schon wieder eine Beziehung aus der Hand geschlagen. Scheinbar war das so im Leben. Alles, womit ich in Beziehung treten wollte, schien mir versagt, bei allem aber, was ich stattdessen erhielt, war nun ich gänzlich unfähig, eine Beziehung einzugehen. So wurde ich im wahrsten Sinne des Wortes beziehungsunfähig. Und einsam. Denn ebenso wie ich dem Leben und den Menschen darin nicht mehr vertraute, so vertraute ich ja auch mir selbst nicht mehr – seit jenem Würgen in der

Nacht. Dazu kam noch ein ständig anklopfendes Gewissen:

„… du bist ein Dieb und von daher nicht liebenswert."

Schon gleich gar nicht für dich selbst. Und in der Tat, ich mochte mich nicht in dem, was ich da tat, und doch konnte ich nicht heraus aus meiner Haut. Stetiger Mangel weckte meine Begierde! Beziehungsunfähig. Mit zwölf wollte und konnte ich mit nichts und niemandem mehr eine Beziehung eingehen, nur so konnte ich den Schmerz in mir verhindern. Scheinbar! Denn das Gesetz der Natur, des Zusammenwirkens, ist immer stärker als alles Denken, alles Empfinden und alles Wahrnehmen. Es ließ mich, trotz aller Ablehnung in mir, doch nie aufhören, mich beständig nach jener unendlichen Beziehung in allem zu sehnen, die mich geboren hatte – im bedingungslosen Spiel des Zusammenwirkens aller Kräfte jenseits der begrenzenden Namen aller Dinge. Hier also das Sehnen, das mich umtrieb, dort die Ablehnung, die mich lähmte. Von jetzt an lebte ich blind:

„Bühne auf, Augen zu!"

Wieder war es ein Haus mit großem Garten, in das wir zogen. Und wieder war da ein fremder Mann. Dreißig Jahre älter als meine Mutter, die jetzt vierzig war. Auch er trank, wenn auch mäßiger, er schlug meine Mutter nie, führte aber für uns die

Prügelstrafe mit dem Waschholz ein. Prügel gab es jetzt wieder viel für uns Kinder. Erzwungene Ansprüche, Ungerechtigkeiten, Demütigungen. Der Mann meiner Mutter. Er kochte für uns, während Mutter arbeiten ging. Kohl mit Schweinebauch, Rüben mit Schweineschwänzen, Suppe mit Fischköpfen – und immer wieder Pflaumenmus, auf eine Art und Weise, wie ich sie nicht herunterbekam. Eines Samstagmorgens hatte ich es mal wieder auf meinem Frühstücksbrot: das Pflaumenmus. Ich rührte das Brot nicht an und bat um einen anderen Belag. Alles, dachte ich – dabei mit Übelkeit kämpfend –, nur nicht dieses Pflaumenmus! Aber ich bekam nichts anderes. Stumm verließ ich die Küche unter Androhung von Strafe, wenn ich dieses Brot nicht essen wolle. Mittagszeit. Alle anderen aßen Kartoffelsuppe, doch auf meinem Platz lag noch immer das Brot. Wieder verließ ich die Küche – stumm.
So geht das am Abend und auch noch am Sonntagmorgen. Dann platzt dem Onkel Franz, wie wir ihn nennen, der sprichwörtliche Kragen. Er greift das Brot und läuft mir hinterher. Eine Jagd durch den großen Garten folgt. Ich gewinne. Aber am Abend erwischt er mich doch. Zwingt mich auf einen Hocker, setzt mir roh einen kleinen Topf auf den Kopf und schneidet mir rundherum die langen Haare ab. Jetzt hat er gewonnen. Mit Gewalt, nicht mit Liebe. Die folgenden Wochen bin ich nur noch mit Kopftuch zu sehen. Zutiefst gedemütigt – und

somit auch zutiefst hassend, alles und jeden. Sein Pflaumenmus jedoch brauchte ich nie wieder zu essen.

Mein Bruder. Nach der Trennung von der Oma war er meine Bezugsperson. Wir vertrauten uns einander nie an, aber doch war er mir über längere Zeit ein Anker. Er war sechs Jahre älter als ich, und ich schaute zu ihm auf, seiner größeren Freiheiten wegen. In unserer neuen Lebenssituation litten wir oft unter Geschmackshunger. So strichen wir in den Sommermonaten gegen Mitternacht gemeinsam durch die Gärten und stibitzten Obst und Gemüse. Im Winter fanden wir uns am Kühlschrank wieder, das Vorhängeschloss war kein Hindernis für uns. Genuss, Geschmack und Schönheit waren irgendwie unsere gemeinsame Basis in jenem Leben – unser Trost. Aber auch an allen entscheidenden Punkten meines jungen Lebens stand er an meiner Seite. Zu meinem Schutz, so wollte ich glauben, obgleich mir Empfindung und Wahrnehmung Befremden signalisierten.

Mittags auf dem Schulhof. Ein paar ältere Jungen um mich herum, sie lachen und höhnen, hänseln mich. Aus den Augenwinkeln sehe ich meinen Bruder sich wegdrehen, als hätte er nichts gesehen. Die Schulglocke erlöst mich, läutet zum Unterricht. Alles stürzt durch die kleine Türe, die in das Innere des Schulgebäudes führt. Kurz vor der Tür. Ein mir fremder Junge. Blitzschnell dreht er sich zu mir um, schlägt mir mit voller Wucht die Faust in die Magengrube. Mir bleibt die Luft weg vor Schmerz, ich krümme mich zusammen. Im Augenwinkel sehe ich gerade noch meinen Bruder durch die Tür gehen – und weiß jetzt: er hat es, er hat mich gesehen!

Ein anderer Tag. Einer, an dem ich wieder irgendwas falsch gemacht hatte, die Strafe aber ausgeblieben war. Nun lag ich im Bett und wollte gerade froh darüber sein, als die Türe doch noch einmal aufsprang. Wer aber mit dem dicken Holzprügel hereindrang, war nicht der Onkel, auch nicht die Mutter, sondern mein Bruder. Er hatte den Auftrag, die Strafe zu vollziehen, also vollzog er sie. Kadavergehorsam! Was mich aber noch mehr enttäuschte als das, war, was ich bei diesen Prügeln wahrnahm: Er hatte daran seinen Spaß, genoss seine Macht – und meinen entblößten Unterkörper, den mein Nachthemd, trotz all meiner verzweifelten Bemühungen, nicht hatte bedeckt halten können. An diesem Abend begriff ich: Nicht Schutz, sondern Eigennutz und Pflicht waren die Gründe, warum er mir zur Seite stand. Aber noch immer blickte ich zu ihm auf, ganz tief in mir faszinierte mich dieser Gehorsam auch irgendwie. Schließlich brachte er ihm überall Achtung und Anerkennung ein. Er galt überall als der Gute, der Brave, der Vorbildliche, während ich bei allen für das zu meidende Gegenteil stand. Von unseren nächtlichen Ausflügen hatte ich

nie jemandem erzählt, das galt mir als Ehrensache. Und warum auch, sie waren ja kein Verbrechen – dessen war ich mir im Empfinden ganz sicher. Was tat er da schon? Er war wirklich brav.
So glaubte ich es.

Morgenapell in der Schule? Das ist selten, staunten wir uns an. Muss wohl was Besonderes sein. Das Xylophon ruft uns zur Stille auf, gleich darauf ertönt daraus unüberhörbar der Name meines Bruders. Ich merke auf und spähe in die Mitte des Platzes. Da steht er! Ja, das ist mein Bruder, denke ich nicht ganz ohne Stolz, gerade noch. Dann prasselt ein Wortschwall auf uns nieder: „… ein Dieb … gefasst … gestohlen … Pinocchio … aus dem Klassenzimmer." Ich kann es kaum fassen. Was eben noch Stolz war, verwandelt sich in Scham. Nicht der Schüler wegen, sondern seinetwegen. Was will er denn mit einer Puppe? Man klaut keine Gegenstände, es sei denn, es handelt sich um Münzen, mit denen man Süßes kaufen kann. Alles andere war völlig nutzlos. Und überhaupt: Wer klaut denn im eigenen Revier? Also, darüber war ich lange schon hinaus. Ich hole mir, wo es ging, das Süße direkt aus den Geschäften. Und dann lässt er sich auch noch erwischen, das ist nun wirklich die Krönung! Und so klein, wie er jetzt da vorn in der Mitte vor der versammelten Schule stand, so klein wurde er nun auch in meinem Herzen. Klein, und so für mich endlich menschlich – fast einer Beziehung wert. Auch wenn wir nie darüber sprachen, so war da von nun an ein kleiner Silberfaden, der uns miteinander verband.

Schule und Schmerz. Für mich, die ich überwiegend aus Wahrnehmung und Empfindung heraus lebte, dabei aber doch beziehungslos blieb, war Schule ein echtes Kreuz. Noch immer konnte ich mit bloßen Worten und Zahlen – also Namen – wenig anfangen. Und da dem so war, hatte ich auch Schwierigkeiten beim Lernen, ich konnte mir nichts merken, was nicht auch lebendig in mir anklang und mich zuinnerst berührte.

Da sollte ich zum Beispiel den Satz lernen: „Die Nutria schwimmt im Wasser und klettert an Land." Dieser Satz ergab für mich keinen Sinn, klang also falsch in mir. Warum? Weil ich das Wort „Nutria" nicht zuordnen konnte. Ich kannte keine Nutria! Oder später in Geografie: „Da sind die Vereinigten Staaten, Grönland, Brasilien, gegenüber China, Mongolei, Russland." In keinem der Länder war ich je gewesen, hatte also keinen Bezug dazu, keinerlei Empfindung und so auch keinerlei Vorstellung davon. Ohne Empfindung keine Vorstellungskraft. Ohne Vorstellung kein Bild und somit auch kein gesundes Lernen – sondern nur Kadavergehorsam. Gesundes Lernen hätte für mich bedeutet, dass dem Schüler vor dem Auswendiglernen vor allem die gebührende Zeit gegeben würde, mit dem zu Lernenden Beziehung aufzunehmen – mit der Nutria vielleicht auf einem Foto oder Video, wenn schon mit keiner echten, lebendigen. Mit der Landkarte vielleicht in Form eines Filmes, wenn schon nicht über eine echte Reise. Das ist Muttersprache! Jedes Lebewesen – so auch der Mensch – lernt sehend, hörend und empfindend. Nicht also durch den Buchstaben oder den Laut an sich, sondern durch seinen Klang, die Betonung, die Resonanz darin – der Geist allein belebt doch die Dinge!

Und die ständigen Hänseleien? Sie machten mir tatsächlich nichts aus. Ich wollte ja nichts von den Schülern und noch weniger von den Lehrern. Ich war in der Schule, weil ich es sollte, nicht weil ich es wollte. Alles, was ich wollte, war einfach sein. Ebenso nahm ich die Prügelstrafen. Schmerzen gehen vorüber, lehrten sie mich, härteten mich ab. Und darauf war ich stolz. Wer wollte, konnte mit mir Pferde stehlen und brauchte am Ende nicht mal zu mir zu stehen.
So glitt ich immer tiefer hinab.

Abstieg in den Hades

Mein totaler Absturz begann mit zwölf – an einem Spätsommerabend. Mit den anderen war ich am nahe gelegenen See verabredet. Die anderen, das waren nicht Klassenkameraden oder Kinder meines Alters, sondern durchweg ältere Jungen und Mädchen von überall und nirgendwoher. Denen ich mich angeschlossen hatte, die mich wohlwollend duldeten. Um eine bestimmte Zeit hätte ich zu Hause sein sollen. Aber mal wieder war ich zu spät. Viel zu spät dieses Mal, ganz sicher, denn es wurde schon dunkel. Die Schiebetür des Hauseingangs, die sonst immer offen stand, da wir keinen Schlüssel bekamen, fand ich verschlossen vor. Ich klingelte, in der Annahme, man hätte noch nicht bemerkt, dass ich nicht im Hause war. Ich wartete ab, in dem vollen Bewusstsein, dass mir Schläge sicher waren. Irrtum. Nichts ist sicher! Die Tür schob sich auf – ein Wasserschwall flog heraus. Die Tür schob sich zu – sich geräuschvoll wieder verschließend. Wie ein begossener Pudel blieb ich zurück.

Jene Nacht verbrachte ich am See – wie betäubt:
„Sie werfen mich einfach raus!"

Und damit ging für mich auch das letzte Beziehungsfünkchen aus. Ich fühlte mich schuldig, aber auch so unendlich verloren. Missverstanden, ungeliebt. Daraus erwuchs der kranke Keim:

„Okay, wenn das so ist, dann brauche ich auch auf niemanden mehr Rücksicht zu nehmen, dann tue ich nur noch das, was ich will."

Von jener Nacht an gehe ich immer öfter nicht mehr nach Hause. Verbleibe mal hier, mal dort – gerade da, wohin die anderen mich jeweils mitnehmen.

Ansonsten ziehe ich mich gänzlich in mich selbst zurück.

Marion.
Ein Mädchen aus der Schule, aus sogenanntem gutem Hause. Wie mein Bruder einst, so hatte auch sie den Ruf, sehr gehorsam, lieb und brav zu sein. Irgendwie suchte sie beständig Kontakt mit mir. Und wenn ich auch nie verstand, warum sie es tat, und auch meine Wahrnehmung mir Vorsicht signalisierte, so ließ ich es dennoch zu. Sie litt keinen Mangel an Zuwendung oder an Süßem – dem Antrieb meines Lebens. Was immer sie sich wünschte – sie konnte es sich kaufen oder es wurde ihr von den Eltern erfüllt. Ein Einzelkind. Es tat gut, einmal eine Familie kennenzulernen, in der es keinen Alkohol, keine Rohheit, keine Schläge gab. Doch was ihren Ruf betraf – nein, ein unschuldiges Lamm war sie nicht.

Irgendeines Tages lud sie mich freudig ein, die Schule zu schwänzen, um mit ihr den Fernsehturm hinaufzufahren und in dem Café eine Schokolade zu trinken. Da wäre nur noch eine Kleinigkeit: „… zwei Männer von drüben, die wollen uns begleiten." Mir ist die Sache nicht geheuer. Schule schwänzen ist okay, Fernsehturm okay, Jungs okay – aber erwachsene Männer?! Die wollten doch stets mehr als Spaß haben: „… und dann verschwinden sie einfach, trinken oder schlagen dich …", versuche ich ihr zu sagen. Aber sie hört nicht zu: „Wirst sehen, das

wird echt nett."
Wir fahren auch wirklich auf den Turm hoch, verbringen eine Stunde im Telecafé. Doch den Rest der Zeit verbringt Marion in intimster Beziehung mit dem einen Mann, während ich damit beschäftigt bin, mir die Zudringlichkeiten des anderen vom Hals zu halten. Ich frage nichts, ich sage nichts, ich nehme nichts an. Ich bleibe nur dabei, um Marion nicht im Stich zu lassen.

Stunden später. Natürlich kommen wir zu spät nach Hause. Was jedoch für meine Familie normal ist, erscheint der Familie Marions als reine Katastrophe – man hat sie schon suchen lassen. Und in ihrer Angst vor Entblößung und Strafe verdreht Marion nun die Tatsachen. Erzählt ihre Geschichte jetzt so, als wäre sie meine – meine Geschichte indes gibt sie als ihre aus. Mich hat man nicht gefragt, aber man glaubt ihr. So bleibt ihr Ruf gewahrt. Meinem ist ja eh nicht mehr zu schaden, so denken sie wohl – oder so denken alle?!
Zwei Tage später. Von irgendwoher komme ich am Morgen nach Hause, in dem Willen, meinen Ranzen zu holen. An der Gartentür fängt mich meine Mutter ab: „Was willst du?", fragt sie nüchtern. „Meinen Ranzen!", gebe ich ebenso nüchtern zurück. „Der ist nicht hier, den sollst du bei der Polizei abholen."
Ich stutze – was sollte die Polizei mit meinem Schulranzen? –, und ich spüre deutlich die Lüge, aber auch, dass mir keine andere Wahl bleibt. Also

gehe ich zu der Polizeistation. Dort angekommen finde ich – wie erwartet – keinen Ranzen vor, sondern zwei Beamte, die mich postwendend in eines ihrer Autos sperren.
Sie fahren mit mir in das Krankenhaus Berlin-Buch. Keiner sagt ein Wort, niemand erklärt etwas – und ich frage nicht, das habe ich nie getan. Es ist ohnehin klar, die Eltern von Marion müssen für großen Aufruhr gesorgt haben – und meinen kommt das gerade recht. In einem Zimmer muss ich mich entkleiden, vollständig. Man reicht mir graue Einheitskleidung, die ziehe ich an. Dann werde ich abgeführt, einen langen Gang entlang. An seinem Ende ein großes Gitter. Es öffnet sich für mich. Ohne ein Wort werde ich durch die Öffnung geschoben. Mit einem „Klack" fällt das Gitter hinter mir zu. Innen. Aus drei Räumen kommen mir Frauen entgegen. Alle in dieser Kleidung, die auch ich jetzt trage. „Wo bin ich hier?", höre ich mich fragen. Die Frauen lachen: „In der Tripperburg – herzlich willkommen!"

Da saß ich also hinter Gittern. Ich war gerade mal Ende zwölf. Am Nachmittag ging das Gitter noch einmal auf. Ein Gynäkologe trat ein. Alle Frauen, so auch ich, mussten Aufstellung nehmen vor dem gynäkologischen Stuhl, der sich hinter einem Vorhang in der Mitte des Verschlussraumes befand. Als ich an die Reihe komme, schimpft der Arzt, während er mich untersucht: „Wie kommst du denn

hierher? ...Du bist ja noch Jungfrau, was hast du hier zu suchen?" Er lässt ab von mir – dennoch entlässt man mich nicht. Für Wochen bleibe ich eingesperrt.
Die Frauen. Was ein Tripper ist, wusste ich natürlich nicht, sie aber wussten alles. Und viel mehr noch, als mir lieb war. Ich befand mich unter Prostituierten, die es offiziell in der DDR gar nicht gab. Auch hier herrschte das Gesetz der Stärkeren, die die Schwachen quälen durften, und das nutzten sie auch untereinander aus bis aufs Blut. Mich aber ließen sie in Ruhe. Beschützten mich wie ein Kind. Leidensgenossinnen! In der Tat lernte ich hier hinter Gittern inmitten dieser Frauen so etwas wie Solidarität kennen. Jede einzelne hatte ihr eigenes Schicksal, ihr eigenes Leiden – und doch wirkte bei allen die gleiche Ursache: beziehungsunfähig zu sein und doch stets auf der Suche nach jener Beziehung, die sie geboren hatte. Das gab uns ein Gefühl von Gemeinschaft auf eine besondere Art. Wir waren wie Aussätzige. Nun war ich nicht mehr so allein, es gab noch andere, denen es ebenso erging wie mir. Ich schloss sogar Freundschaft mit einer jungen Prostituierten. Marika. Wir ritzten uns den Unterarmrücken ein, die Anfangsbuchstaben unserer Namen darüber, und schlossen Blutsfreundschaft. Mein erstes Ritual! Und das Ende meiner Kindheit. Die Narben sind heute noch erkennbar – Marika aber habe ich nie wiedergesehen.
Insgesamt glitten die Wochen sehr langsam vorbei. Obwohl ich nicht litt. Und doch, Freiheitsberaubung

ist keine kleine Sache – und sei es auch nur für einen Tag!
Die Frauen sangen mit mir, tanzten, spielten. Erzählten mir ihre Geschichten und brachten mir alles bei, „... was eine echte Frau wissen musste ...".

Wieder in Freiheit. Anfangs gab ich mir große Mühe, mich unterzuordnen. „Ein normales Leben zu führen ...", wie der Rektor der Schule mir riet. Doch es gelang mir nicht. Die warmen Tage fingen an, und der See lockte mit seinem abendlichen Zauber. Lagerfeuer, Gitarrenklang, Gesang – und Hendrik. Er war sechzehn und begehrter Schwarm der Mädchen in der Schule. Nein, ich schwärmte nicht für ihn, ich schwärmte nie für irgendjemanden. Was das Männliche betraf, mochte ich es nicht. Jungfräulich zu sein schien mir von hohem Wert. Und doch, von ihm ließ ich mich an sich ziehen und schließlich auch aus- – in dem kleinen Zelt am Ufer, das er eigens für mich aufgestellt hatte, wie er mir sagte. Kurz darauf ließ er mich fallen. Ich müsse ja wissen, dass bei ihm die Mädchen kommen und gehen wie das Wasser zum Strand. Ja, das wusste ich. „Und?", fragte ich ihn, „ist das ein Grund?"

Er bleibt hart, meidet mich von nun an, wo immer er auf mich trifft. Diese Nichtachtung wirkt tief. Hinterlässt tiefe Spuren in meiner Seele, tiefer als jede Prügelwunde. Nicht weil er andere bevorzugt, sondern weil ich mich so dumm fühle, dass ich

geglaubt habe, er würde mein Geschenk achten. Doch für ihn ist es wertlos, er bewirft es mit Dreck. Diese erste Nacht hat Folgen. Mit dreizehn bin ich schwanger. Damals – in der DDR – fast ein Verbrechen. Ein Makel also, der totgeschwiegen werden muss, nicht aber ein Umstand, der aller Fürsorge bedarf. Als meine Mutter davon erfährt, macht sie kurzen Prozess mit mir: „Das Kind kommt weg!" Ich lege kein Veto ein. *„Natürlich muss es weg ... ",* mehr Gedanken mache ich mir nicht – kein Denken, keine Empfindung, keine Wahrnehmung oder Vorstellung. Nichts dergleichen ist da in mir – ich bin tot!
Meine Mutter bringt mich ins Krankenhaus. Es ist ein Regentag, aber die Sonnenbrille behält sie auch in der Klinik auf. Sie schämt sich. Eine Woche lang muss ich hierbleiben. Eine lange Woche, in der mich niemand besucht. Dabei liegt der See keine fünf, das Elternhaus keine fünfzehn Minuten zu Fuß entfernt. Eine Krankenschwester legt mir ein Buch aufs Bett: „Die Nonne". Ich lese es – und der Schmerz dringt tiefer in mich ein, er wird unerträglich.

„Zu spät, zu spät, nun bin ich auch noch eine Dirne!"

Die verletzte Seele in mir jammert. Mir wird schwarz vor Augen, ich falle in Ohnmacht. Zu meinem Bedauern wache ich wieder auf. Dreißig Jahre

später wird mir dieses Buch wieder erscheinen und eine neue Geburt einleiten. Nichts ist belanglos, alles im Leben ist von hoher Bedeutung.
An einem Freitag darf ich wieder nach Hause. Das Erwachen aus der Ohnmacht hat irgendwie ein Licht mitgebracht. Eine Hoffnung, ein Schauen fern der Augen, vielleicht würde ja doch noch alles gut? Und ich freue mich auf daheim. Doch als ich da ankomme, finde ich das Haus verschlossen. Keine Nachricht, keinerlei Hinweis – ich vermute, sie sind alle auf dem Wassergrundstück des Onkels. In mir erneut enttäuschte Hoffnung:

„Es hat keinen Sinn – finde dich damit ab!"

Irgendwer hat vergessen, das Fenster des Mädchenzimmers zu schließen. So klettere ich über das Dach in das Zimmer, dessen Tür jedoch verschlossen ist. Das bedeutet, dass ich weder in die Speisekammer noch in die Küche komme. Also klettere ich wieder hinaus und stehle mir das Essen für das Wochenende in den Geschäften zusammen. Womit der alte Kreislauf wieder von Neuem beginnt. In der Folge schwänze ich die Schule wieder, verbringe die Tage am See, die Nächte in der Disco und in den verschiedensten Betten. Diebstahl ist mir zur Gewohnheit geworden. Die Übernachtungen zahle ich in jener Währung, die man einzig von mir erwartet – Liebesdienste. Für mich ohne Herz noch Seele:

„Schließlich hat alles seinen Preis!"

Dann ist der Winter da. Eines Abends sitze ich mit meinem Bruder am Ufer der Wuhle, nahe beim Elternhaus. Eine Sternschnuppe – wir sehen sie beide zur gleichen Zeit.

„Wünsch dir was!", fordert mein Bruder mich auf. „Ja", antworte ich still, „lieber Gott, ich möchte nicht in den Werkhof, lass mich bei meinem Bruder sein ..." Schweigend gehen wir heim.

„Jugendwerkhof", dieses Wort gilt in unserer Familie als Drohwort. Dutzende Male hören wir es so: „Wenn du nicht ..., dann ... Jugendwerkhof!" Für mich wird sich dieses „dann" jetzt erfüllen. So fühle ich es mit Gewissheit, gleich nach dem Gebet. Zwei Wochen später ist es dann so weit.

Aufstieg

Der Jugendwerkhof. Ein Heim für schwer erziehbare Kinder: Ich galt als ein solches – gottlob!
Von daheim wegzukommen, bereitete mir keinen Kummer. Nicht zu wissen, was da kommt, schon eher. Womit ich aber absolut meine Schwierigkeiten hatte, war die Vorstellung vom erneuten Freiheitsentzug – und das auch noch auf unbestimmte Zeit.

So hegte ich Gedanken des Ausbruchs daraus, sobald sich die Gelegenheit dazu ergeben sollte.

In einem Auto wurde ich über einen Zeitraum von mehreren Tagen, Zwischenstationen in anderen Heimen mit stetig wechselnden Jugendlichen hinter mir lassend, in den Jugendwerkhof in Lutherstadt-Wittenberg gebracht. Ein sogenannter offener Werkhof, der Mädchen und Jungen beherbergte, jeweils eingeteilt in Gruppen und nach Geschlechtern getrennt. Etwa zwölf bis siebzehn Jugendliche im Alter zwischen vierzehn und achtzehn Jahren teilten sich eine Art eigener Wohnung, bestehend aus Gemeinschaftszimmer, Wasch- und Toilettenraum, kleinen Schlafräumen, versehen mit jeweils zwei Doppelstockbetten – links und rechts an der Wand –, einem Tisch, vier Stühlen und Kasernenstahlschränken.

Innerhalb des Hauses war tatsächlich alles ziemlich offen und frei begehbar. Und dennoch würde ein Ausbruch nicht einfach sein, wie ich blitzschnell registrierte; Eisenspeerzaun und Pförtner standen im Wege, die Türen der Wohnungen wurden nachts verriegelt, samt den vergitterten Fenstern darin. Also:
„Schau es dir erst einmal an, dann sieh weiter", beruhigte ich mich.

Da stand ich nun vor meiner Gruppe – wie man mir

sagte – und wurde vorgestellt. Jedes Mädchen dieser quasi Zwangs-WG nannte ihren Namen, den ich wohl sofort behalten sollte, aber absolut nicht wollte:
"Wollte ich hier sein? Hab ich danach gefragt? Wozu? – Ich bin sowieso gleich wieder weg! Alles eh nur aufgesetzt, was hab ich mit euch zu tun?!" Das ganze Einführungsprozedere, es ging mir einfach nur auf die Nerven.

Und der Alltag natürlich ebenso. Das Leben in der Gruppe spielte sich innerhalb eines festen Rahmens ab, vergleichbar tatsächlich einem Kasernenalltag. Wecken mittels einer schrillen Trillerpfeife um fünf Uhr am Morgen. Antreten zum Waschen, mit kaltem Wasser. Frühstück. Dann im Marschschritt – Zweierreihen – entweder in den Unterricht oder in den Lehrbetrieb. An jene Arbeit, die der Jugendliche für sich selbst gewählt hatte. Wobei eine „Wahl" hier jeweils nur zwischen zwei Möglichkeiten bestand: Wäscherei oder Gärtnerei für die Mädchen – Schlosserei oder Gärtnerei für die Jungen. Ich wählte die Wäscherei, der Grund:
"Den ganzen Tag gebückt und in der Erde herumwühlen? Nein danke!"

Zu Mittag gegessen wurde dann entweder im Ausbildungsbetrieb oder dem großen Speisesaal des Heimes. Hier wurden auch alle anderen Mahlzeiten eingenommen, von allen gleich und allen Jugendlichen des Hauses gemeinsam. Am Nachmittag wurde

geputzt, Hausaufgaben gemacht oder es fanden gemeinsame Veranstaltungen statt.
Nach dem Abendessen dann Gemeinschaft im Gruppenraum. Spiele, Gespräche, Klärung von Streitfragen und dergleichen mehr. Anschließend Abendwäsche, Nachtruhe – Licht aus! Einundzwanzig Uhr.
Bei Übertretung irgendeiner Regel gab es diverse Ordnungsstrafen. Oder eben sogenannte Erziehungsmaßnahmen wie zum Beispiel den Stahlschrankwäschedrill, bei dem die Wäsche Dutzende Male von einer Erzieherin oder dem jeweiligen Gruppenführer wie alte Lumpen zu einem Haufen hinausgeworfen wurde und anschließend durch den Jugendlichen wieder eingeräumt werden musste – exakt auf Kante. Kein angenehmes Spiel, ich hasste es. Aber auch unter den Mädchen herrschte ein ehernes Hierarchiegesetz, welches von den Erziehern geduldet wurde. Sobald die Türen am Abend verschlossen und das Licht aus waren, tanzten die Mäuse buchstäblich auf dem Tisch. Mit den gemeinsten Methoden der Selbstjustiz für all jene, durch die die Gruppe einen Einschnitt in ihrem Alltagsleben erfahren hatte, wie etwa den, keine Zigarette am Abend rauchen zu dürfen – die gab es ansonsten auf Zuteilung dreimal am Tag –, oder Ausgangssperren und dergleichen mehr. Das Erzieherteam war clever: Verstieß eine Einzige gegen die Regel, ließ es die ganze Gruppe die Last der Strafe tragen. Mal mehr, mal weniger hart einschneidend – je nach Erzieher, die natürlich auch völlig unterschiedlich zu handhaben waren.

Die Mädchen selbst fand ich ziemlich daneben. Lächerlich kindisch. Sehr unreif in ihrem ganzen Gehabe, ihrer Wichtigtuerei. Fast jede hatte einen Freund aus den Jungengruppen des Hauses, die ich ebenfalls nur lächerlich fand. Dieses ganze Hin und Her zwischen den Mädchen und Jungen, dieses „nie richtig zu Potte kommen" – denn was sollte das, wir waren hier schließlich eingesperrt – ging mir reichlich auf die Nerven.
All das schaute ich mir an. Ich sagte nichts, ich fragte nichts – ich tat, was verlangt wurde. Gleichgültig – in dem festen Glauben, „*... eh bald weg von hier zu sein*".

Und wie ich ihnen tat, so taten sie schließlich auch mir – sie schnitten mich. Dann aber kam der Tag, an dem man mich fragte, ob ich gern im Fanfarenzug mitspielen möchte. Der Fanfarenzug war beliebt und hochangesehen in Wittenberg und Umgebung, hatte einen Namen. Vor allem aber hatte er viele Auftritte außerhalb des Werkhofes – günstig also, so kombinierte ich, für meine Fluchtpläne. Daher willigte ich ein. Schon am nächsten Tag besuchte ich den Übungsraum. Irgendwer stellte mir die Instrumente vor:

„Trommel?"
„Nein!", ein Verspielen würde auffallen.
„Tambourstab?"

„Um Himmels willen, alle schauen auf mich!"
„Pauke?"
„Nein, ist ja ähnlich wie bei der Trommel."
„Gut ... Dann bleibt dir nur noch die Fanfare – mit der kannste auch mal ne Pause machen, ohne dass es auffällt ..."
„Ja!", sollte ich unsicher sein, konnte ich so tun, als ob – genial für mich.

Einmal entschieden, hielt ich sie auch schon in der Hand – meine Fanfare. Blies hinein und erschrak im gleichen Augenblick zutiefst. Der Ton kehrte daraus zu mir zurück wie eine helllichte Offenbarung. Kein Gedanke mehr. Nur noch Sein. Ton-Sein! Schwingung! Etwas lang Ersehntes hatte mich darin angerührt. Nur dass ich vergessen hatte, was es war. Ich kannte es nicht. Aber der Ton war da. Und wenn es ihn gab, gab es auch das andere darin – ganz real! Das andere, das ich nicht kannte, das sich aber doch so gut anfühlte, nach dem ersten Schrecken. Wärme, Kraft, Hoffnung, Geborgenheit. Weite, Weite, Weite: unendlich weiter Raum, in dem ich mich sah! Ich war gar nicht allein, wusste ich urplötzlich, es gab den Ton, und was da in ihm lebte, das meinte ganz und gar mich – und nur mich. Von jenem Augenblick an fühlte ich mich nie wieder wirklich allein. Dieses andere hatte keinen Namen, aber es erfüllte mich zutiefst mit Frieden und Freude. *„Dir kann nichts mehr passieren"* war nun nicht mehr nur Hoffnung, sondern Glaubensgewissheit. Mein versteinertes Herz hatte einen Riss bekommen, der sich zusehends weitete: Gedanken an Flucht? Wie weggeblasen! Es gab das andere, und es gab mich in dieser neuen Welt. Mehr brauchte ich nicht, und mehr wollte ich auch nicht: eine Kraft, die mich trug und der ich blindlings vertrauen konnte.

Nun verliefen die Dinge meines Lebens völlig anders. Nicht dass ich etwa ein Menschenfreund wurde. Nein, hier änderte sich nichts:
„Vertraue ihnen nicht!", dabei blieb ich.
Im Außen blieb ich auch weiterhin am liebsten für mich allein. Vertraute mich keiner Menschenseele an. Offenbarte mich niemandem. Im Inneren aber hegte und pflegte ich intimste Beziehung zu jenem Namenlosen, das mir der Ton geoffenbart hatte. Fazit für mich: Geheimnis gepaart mit Vollmacht schafft ein Umfeld mystischer Anziehungskraft. Alles flog mir nun mühelos zu, gerade wie von selbst. Allen Widerstand gab ich auf. Beobachtete stattdessen schweigsam, was mich umgab. Schnell lernte ich das Schema kennen, das die Welt am Leben hält …

„… aha, alles liegt dir zu Füßen, sobald du nur still erfüllst, was sie von dir wollen … Okay, im Außen lass ich mich ein, drinnen aber bleib ich frei!"

Diese Art Einlassen brachte mir schließlich einen Leerraum, den ich nun frei füllen konnte mit all jenen Bedürfnissen, die das Heimleben nicht befriedigen konnte, zum Beispiel eine Zeit uneingeschränkten Alleinseins: Freiheit. So ich Ausgang hatte, zog ich mich in die nahe gelegene Lutherkirche oder auf die Elbwiesen zurück. Beides Orte, an denen ich mit Sicherheit weder auf Erzieher noch Jugendliche treffen würde – für die Jugendlichen war es verboten, dort zu sein, für die Erzieher eher unwahrscheinlich, die hegten andere Interessen. Und dann gab es da noch den Bedarf eines Mehr an kulturell-geistigem Austausch und Sehen für das Auge. Dieses „Mehr" erfüllte ich mir all die Tage hindurch durch einen verheirateten Mann, der in jenem Lehrbetrieb der Wäscherei eine leitende Stellung innehatte und mich umwarb. Zunächst mit kleinen Aufmerksamkeiten und Geschenken, dann mit Autofahrten in die Natur, Konzerten, Ausstellungen, Restaurants, geistigen Gesprächen und schließlich auch mit zärtlich bestimmter Körperlichkeit. Nein, auch er war kein Samariter. Er war ein Mann, der seine Frau betrog. Aber das war mir völlig gleich. Schlicht rational sah ich unser Beisammensein. Als eine reine Interessengemeinschaft, die eine unausgesprochene Abmachung verband: sich gegenseitig ohne zu fragen das geben, woran es dem anderen in seinem Leben mangelte. Nüchtern betrachtet deckten wir schlicht unseren Bedarf ab, das war alles. Er bekam von mir das, was seine Frau ihm nicht mehr geben mochte, Sex. Mir vertrieben die Treffen wunderbar die Zeit auf die Entlassung hin – denn wenn ich auch nicht mehr an Flucht dachte, so blieb dennoch die Tatsache der autoritären Freiheitseinschränkung bestehen –, und so zählte jeder Tag.

Lernen machte mir urplötzlich Freude. Den Lernstoff, sogar Mathematik, fand ich nun höchst interessant. Alles schien mir irgendwie miteinander verbunden, mit dem Namenlosen zu tun zu haben, und von daher auch nicht mehr unverständlich oder unwesentlich. So hörte ich hin, baute eine Beziehung auf – zu dem Wort und zu der Zahl, dabei immer auf der Suche nach dem Unbekannten darin, das alles miteinander verband. Und noch eine weitere Beziehung baute ich auf: eine zu den Mineralien, den Steinen der Natur. Ein Erzieher der Jungengruppe war Mineraliensammler und nahm uns Jugendliche auch gern immer mal wieder auf seine Ausflüge zum

„Steinefinden und -klopfen" mit. Ausflüge, die ich sehr genoss, denn auch das Gestein schien mir in direkter Verbindung zum Namenlosen zu stehen – so jedenfalls nahm ich es wahr.

Dann waren da noch die Besuche meines Bruders. Einer davon hinterließ tiefe Spuren in mir. Mein Bruder war inzwischen ein „Genosse Grenzsoldat", seinen Dienst versehend an der Berliner Mauer zwischen Ost und West.

„Und", fragte ich ihn an jenem Tag, „was würdest du tun, wenn du mich fliehen sehen würdest?"
Die Antwort kam wie aus der Pistole geschossen – entschlossen, hart und mich tötend: „Schießen!"

Jedoch, was mich da tötete, war nicht der Umstand, dass mein Bruder keine Blutsverwandtschaft anerkannte – er also auch für mich keine Ausnahme machte –, sondern die Erkenntnis, dass er kein Problem damit hatte, Menschen zu töten. Sie zu erschießen wie ein Jäger sein Wildschwein. Für ihn war alles gleich: Fische ausnehmen oder Menschen töten – ohne Unterschied. Gehorsam, fragte ich mich, was war das nur bei ihm? Auch ich war ja inzwischen in gewisser Weise angepasst, sprich gehorsam geworden, aber hatte ich deshalb auch meinen Verstand, meine Menschlichkeit aufgegeben?
„Würdest du nicht das Gleiche tun?", fragt mein Bruder mich.
„Nein!", antworte ich ebenso spontan zurück. „Töten werde ich ganz bestimmt nie in meinem Leben – für nichts und niemanden. Das hieße, alle Menschlichkeit aufgeben – Tier zu sein. Genau das, was ihr mir alle nachsagt, wäre ich dann wirklich."

Und so empfand ich auch zutiefst. Die Menschlichkeit verlieren?! Ein solcher Preis, für was auch immer, stand für mich in keinem Verhältnis zu jener Kraft in mir, die mich trug und beseelte und die da ganz offenbar haushoch über aller Materie, ja über aller menschlichen Befehlsgewalt stand.

Die Erzieher insgesamt waren sehr weitsichtig und verfuhren mit uns – wenn auch ihrem autoritären System nach – durchaus umsichtig. Schweigend ließen sie mir meine im Grunde verbotenen Freizeitaktivitäten und förderten indes alles, was Selbst- bzw. Egobewusstsein in mir aufbaute. Egobewusstsein! Auch das etwas, was ich vorher nicht kannte: zweierlei in einer Person zu sein – also ein Doppelleben zu führen. Vordem war ich, was ich war, eine Verwahrloste, und dazu stand ich auch. Verachtet zu sein machte mir nichts aus, nie hätte ich mich untergeordnet, ich zog die Freiheit vor. Hier nun, im Heim, passte ich mich an, ordnete mich unter – aber eben nur scheinbar, um der paar Stunden Freiheit willen. Also stimmte ich mit ein in das Spiel, das da alle spielten, vom Zögling bis zum Erzieher; im Haus spielte ich die Makellose, außerhalb der Mauern aber tat ich noch immer, was ich wollte – ohne Unterschied ging ich allem nach, was mir Freuden bereitete.

Kurzlebige Freuden! Allesamt dem Feuerwerksleuchten an Silvestertagen gleich: Zündung, Zischen, Knallen – schließlich weitschweifiges Leuchten, ohne Fokus, das niemand vermisst und das auch schnell wieder erlischt. Wie auch mein spontanes Stelldichein mit einem ehemaligen Heimbewohner am Ufer der Elbe. Im Anschluss daran blieb meine Monatsblutung aus. Heimlich suchte ich eine Gynäkologin auf. Allein „die Pille danach" ließ dieses Stelldichein nicht offenbar werden. Nein, wahre Freuden waren das nicht, auch nicht die wahre Freiheit. Das erkannte ich dadurch. Wahre Freiheit und jene namenlose Kraft in mir – irgendwie gehörten sie zusammen. Und da ich beides ganz offenbar nicht gleichzeitig haben konnte, entschloss ich mich kurzerhand, mir das Leben zu nehmen.

Das gelang nicht. Wie auch? Alles was ich auftreiben konnte, war eine Flasche Augentropfen, die ich in einem Zuge leertrank, in der Hoffnung, deren Inhalt sei derart giftig für den Magen, dass das mein Ziel keinesfalls verfehlen würde. Aber außer einer gewissen Übelkeit und einem Schwindelanfall geschah nichts. Am Morgen kam mir die ganze Aktion ziemlich lächerlich vor. Dieser Suizidversuch blieb den Erziehern nicht verborgen, auch einigen Jugendlichen nicht. Aber er hatte keine Bestrafung oder Ablehnung zur Folge, sondern das Gegenteil war der Fall. Denn nicht lange danach wurde ich plötzlich von allen im Heim anerkannt, ja sogar geschätzt. Sie wählten mich zur Gruppenvorsitzenden, trugen mir immer mehr Verantwortung auf. Und wo sich einer nicht mehr zurechtfand, kam er zu mir, sprach sich aus. Alles was meine Hände, Zunge und mein Verstand in dieser Zeit hervorbrachten, fand Anklang, hatte Erfolg. Durch diese Vorbildrolle lernte ich, Ordnung zu halten – Sauberkeit am Körper und in der Zelle, die ich auf diese Weise eben zuvor nicht gekannt hatte. Auch das Stehlen legte ich ab. Es war nicht mehr nötig. Zu essen gab es gut, genug und reichlich, hier litt ich keinen Mangel mehr. Und meinen Heißhunger nach Süßem stillte ich zumeist durch ein Schälchen reinen Zuckers, den ich dann genussvoll – vom ersten bis zum letzten Krümel – allein mit der Zunge aus einer Tasse schleckte.

Aufstieg! Zum ersten Mal in meinem Leben galt auch ich nun als eine „Person guten Rufes", der durchweg Anerkennung zuteilwurde. Anerkennung, der gute Ruf – damit besaß ich nun erstmals etwas, so glaubte ich, wofür es sich zu kämpfen, sprich: „am Leben zu bleiben" lohnte. Doch die Motivation dahinter war nicht etwa Selbstlosigkeit oder wahrhafte Einsicht, sondern Kampfansage und Selbstbetrug. Die Frucht daraus sah ich wohl: Doppelleben, Heuchelei, Falschheit, Lüge. Doch diesen Preis zahlte ich gern. Denn diese Art der Anerkennung meiner Person war mir inzwischen mindestens ebenso viel wert geworden wie meine einstige Jungfräulichkeit, die ich durch einen Anflug täuschender Emotionen – Vertrauen, Hoffnung – verloren hatte, „*… noch einmal wird dir das nicht passieren!*"
Anerkennung galt mir fortan stets als Ersatz für die wahre Freiheit. Wo ich sie nicht erlangen konnte, fand ich mich ganz einfach mit dem Minderen ab,

ganz nach dem Motto: „Besser den Spatz in der Hand als die Taube auf dem Dach."

Dieses Leben im Hinblick auf Anerkennung hatte schließlich nichtsdestotrotz seine Reize, wenn es mir auch nie gelang, ihm wahrhaft zu vertrauen, wegen des Namenlosen in mir, das mich ständig daran hinderte, mich ganz in ihm zu verlieren. So verging die Zeit allmählich. Insgesamt fühlte ich mich am Ende so großartig in meiner neuen Rolle – meinem neuen Leben –, dass ich, wenn es an der Zeit war, einmal im Jahr auf Urlaub nach Hause zu fahren, das nur sehr ungern tat.

„Was soll ich da? ...
Alles schmutzig, alles traurig oder roh!
Meine Mutter besuchen? ...
Die ist mir inzwischen völlig fremd!" Mir ging es zwar gut jetzt, aber ich verzieh ihr nicht, dass sie es war, die mich hatte einsperren lassen – in diesen Werkhof, wie in Berlin-Buch.
„Meine Geschwister? ...
Die sind mir völlig gleich!" Eher noch bedauerte ich sie – sie, die da im Elend lebten. Slums, so sah ich mein Elternhaus, wer kehrt schon freiwillig in sie zurück?!

Dann endlich war es so weit. Ich hatte gelernt, in dieser Rolle des „guten Rufes" perfekt zu sein, man vertraute mir blindlings, so wurde ich wegen guter

Führung nach Vollendung des siebzehnten Lebensjahres wieder entlassen. Galt als „geheilt", sprich: „sozial integrierbar", also als gefestigt und anpassungsfähig. Einziger Wermutstropfen für mich: Ich wurde nach Hause entlassen – in die Gosse!

Streben

„Gefestigt".
Oh ja, das war ich mit Sicherheit – und zwar in einem handfesten, völlig übersteigerten Selbstbewusstsein. Der Illusion eines Selbstbildes, das auch die härtesten Kritiker in der Folge nicht zu brechen vermochten. Auf Menschenwort oder deren Tun gab ich nichts. Stattdessen folgte ich konsequent meinem Eigensein. Kompromisslos. Im Elternhaus angekommen war nun ich es, die sich sofort bei der Jugendhilfe meldete, mit einer Beschwerde, dass ich „keinesfalls in einem solchen Stall leben kann. Sorgen Sie bitte für Abhilfe oder einen neuen Platz für mich!"

Mein Hochmut kannte keine Grenzen. Ich genoss es sichtlich, nun die „Saubere" zu sein, die nicht mehr zu dienen brauchte, sondern der man zu dienen hatte. Ich empfand es als ungeheuerlich, auch nur einen Tag länger in diesem Hause verweilen zu müssen. Es fand sich keine Lösung. Also tat ich das, was ich am besten beherrschte, ich angelte mir einen Menschen, einen Mann, der mich bei sich aufnahm. Einen sehr jungen diesmal, gerade achtzehn Jahre alt. Die Eltern gut betucht. Wir feierten Verlobung, zogen in eine eigene kleine Wohnung. Das ging nicht lange gut. So zog ich wieder ins Elternhaus zurück. Nicht lange. Denn inzwischen hatte ich meinen Facharbeiterabschluss begonnen und war neu „inkarniert". In der damals einzigen Ostberliner Wäscherei, in der ich mich schon vor der Entlassung aus dem Heim beworben hatte, um meine Lehre zu beenden. Hier wurde ich nun, noch lange vor dem erfolgreichen Abschluss, überraschend schnell vom Waschtrog weg in die oberste Büroetage befördert. Noch immer war ich keine achtzehn Jahre alt, hatte nun aber schon den Posten einer Reklamationssachbearbeiterin der Teppichreinigung inne. Verhandelte hart und stolz mit den betroffenen Kunden – und glaubte doch tatsächlich zutiefst daran, diese Beförderung wäre mein eigenes Verdienst.

Schnell wurden mir die Augen geöffnet. Der Genosse Direktor des Betriebes hatte diese Beförderung nicht ganz uneigennützig vorgenommen, geschweige denn irgendwelcher hohen Verdienste wegen. Eines Tages bekam ich eine schriftliche Einladung über seine Sekretärin übermittelt. In eine Neubauwohnung wurde ich geladen. Die war möbliert, aber nicht bewohnt, stellte ich verwundert fest.
„Die können Sie haben", erklärte mir der Herr Direktor „so wir übereinkommen …"
Wir kamen nicht überein. Ich hatte keine Ahnung, was er mir da eigentlich wirklich anbot, neben der Bedingung, ihm stets freien Zugang zur Wohnung – und zu mir – zu gewähren. Die Wohnung gefiel mir – und doch:
„Besser, du lässt dich nicht darauf ein", so vernahm

ich es in mir. *"Vorsicht!"*
Und ganz sicher erschien ich dem Direktor dann auch sehr naiv, als ich ablehnte, denn ich hatte mich nicht erklären können. Ich folgte einfach jenem Fühlen in mir. Wenig später wurde die Beförderung durch ihn zurückgenommen.

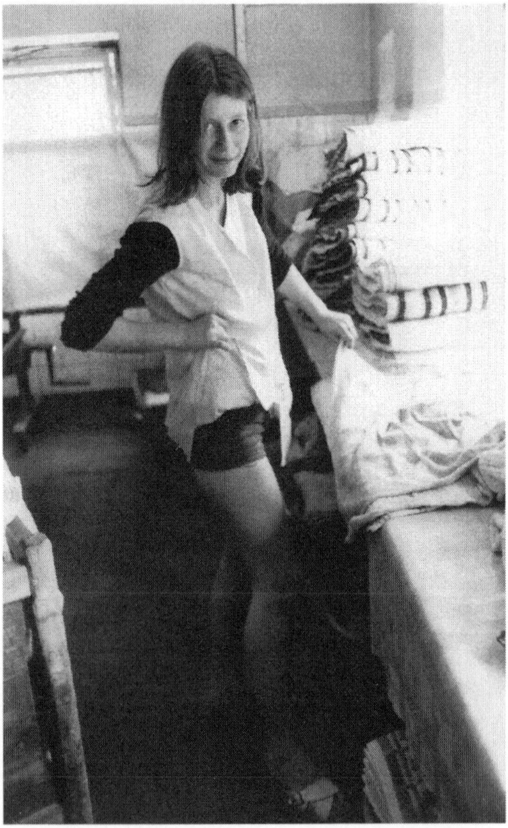

Zuvor lernte ich dort jedoch erst noch Sören kennen. Schneidermeister von Hause aus, nun aber Teppichfahrer. Ein Job, der in damaligen Zeiten sehr viel Geld einbrachte. Ganze einundzwanzig Jahre älter als ich, drei Kinder, Mädchen, eines davon in meinem Alter. Und verheiratet. Zum zweiten Mal ...
„... aber eigentlich schon wieder in Scheidung lebend." So bedeutete mir Sören damals. Das war gelogen, aber das machte mir nichts aus.

Unsere Treffen fanden anfangs in einem Bungalow statt, heimlich, da er noch mit seiner Frau zusammenlebte. Was mich anzog? Das Gefühl der Geborgenheit! Ich fühlte mich anfangs behütet durch ihn. Er strahlte eine Art Frieden und Sicherheit auf mich aus, und was das Materielle betraf, war er kein Armer – auch das gefiel mir. Aber entscheidend war doch eher, dass ich mich zu meiner eigenen Verwunderung ganz auf ihn einlassen konnte. Es in mir keinerlei Widerstand oder Warnzeichen gegen ihn gab. Im Gegenteil, ich mochte ihn tatsächlich von Herzen gern. Anerkannte und achtete ihn als den Besonnenen. Als einen, der weiß, wo und wie es langgeht in diesem Leben. Der seine Hörner schon abgestoßen hatte. Erfahren war. Mein eigenes Leben indes war bewegt genug gewesen. Tanz und all das, womit Jugendliche meines Alters erst begannen, lag ja schon lange hinter mir. Der Altersunterschied störte mich also nicht im Geringsten. Was ich bei ihm suchte und fand, war dieses Behüter-Sein für mich, Ruhe und Frieden. Zudem besaß er eine Art altersloser Fröhlichkeit, die mich faszinierte und ihn so über sein Alter weit hinaushob. Und schließlich fühlte ich mich sogar irgendwie geehrt, von diesem reifen Mann geliebt zu werden.

Kurz vor meinem achtzehnten Geburtstag zogen wir zusammen, damit war ich endgültig raus aus dem Elternhaus. Das Leben mit Sören gestaltete sich für mich sehr gut. Anfangs lebten wir noch einige Zeit mit seiner Mutter zusammen. Eine starrköpfige Frau, die mich alles andere als akzeptierte für ihren einzigen Sohn! Hier bekam mein überbordendes Selbstbewusstsein schon hin und wieder mal einen Kratzer. Unvorstellbar war es für mich, dass diese Frau nicht „zu knacken" war, so ärgerte ich mich. War ich es doch bislang durchweg gewohnt gewesen, dass mir die Herzen der Schwiegermütter stets zugeneigt waren. Diese Mutter aber sah einfach durch mich hindurch. Hier konnte ich machen, was ich wollte, immer lag ich damit falsch. Unversöhnt mit mir starb sie bald im Krankenhaus. Wir räumten die Zimmer aus, blieben aber in der Wohnung. Vier Jahre gingen ins Land, in denen ich wahrhaft Fuß fassen konnte in diesem neuen Leben. Durch die Verbindung mit Sören besaß ich einen gewissen Lebensstandard, der sich abhob von jener Welt, aus der ich kam – der Gosse, wie ich glaubte. Wir reisten viel ins Ausland. Fuhren einen – für DDR-Verhältnisse – großen Wagen. Bauten nebenher das

Wassergrundstück auf, das mir meine Mutter noch zu ihren Lebzeiten vererbt hatte. Es mangelte uns an nichts.

„Es ist kaum zu glauben, aber wahr ...", erzählte ich Außenstehenden gern, „... bis auf einen fliegenden Zahnputzbecher gab es all die Jahre nicht den geringsten Streit zwischen uns."

Das war wahr, und doch auch wieder nicht. Wir stritten im Grunde nur deshalb nicht, weil wir gar nicht redeten. Weil jeder seine eigenen Dinge tat, und damit er sie ungestört tun konnte, den anderen einfach in Ruhe bzw. sich selbst überließ. Wir hatten keinerlei gemeinsame Interessen, kein gemeinsames Ziel. Genau betrachtet lebten wir nicht wie bedingungslos sich Liebende, sondern wie eine Interessengemeinschaft. Sören konnte nicht allein sein, wollte bekocht und beputzt werden und Sex haben, wann immer er Lust verspürt. Das waren seine Bedürfnisse. Sein Ziel war einzig Besitz. Heimlich Geld anzuhäufen, hatte bei ihm oberste Priorität, dann folgte der Hausbau auf dem Erbe meiner Mutter.
Demgegenüber waren meine Bedürfnisse materielle Sicherheit und Schutz. Und meine Ziele lagen einzig fokussiert in der Perfektionierung meiner geistigen Fähigkeiten, der sogenannten Bildung. Führerschein, Facharbeiterabschluss, Abendschule, diverse Abschlüsse; sprich Scheine sammeln, einzig und

allein, um „aus den Slums herauszukommen", wie ich jedermann gegenüber begründete. In Wahrheit aber tat ich es einzig um des stets latent vorhandenen Dranges nach Freiheit in mir willen:
„Bildung macht frei", so verspricht politisches Konterfei.

Gegensätze ziehen sich an? Nein, nicht Gegensätze, sondern kompatible Bedürfniserfüllung! Hierin heben sich Gegensätze dann auf. Diese unausgesprochene Vereinbarung zwischen Sören und mir funktionierte reibungslos, die Bedingungen wurden erfüllt, der Vertrag nicht gebrochen. Erfüllung fanden wir nicht im Miteinander oder wenigstens Aneinander, sondern pragmatisch durch den anderen. Hier lag der Grund für die Friedfertigkeit zwischen uns. An Sörens Seite wurde ich quasi mündig. Lammfromm gebildet, würde ich heute sagen. Keinerlei Auffälligkeiten, ganz und gar angepasst. Wir lebten wie ein altes Ehepaar dahin, ohne Tiefen, aber auch ohne Höhen. Alles verlief gleichmäßig. Das Kochen und Putzen ebenso wie das Autofahren, die Arbeit oder die Weiterbildung. Selbst unser intimes Beisammensein. Keine Highlights, aber auch keine Tiefs – stets gleichbleibende Mittelmäßigkeit. Wir gingen nicht aus, hatten keinen großen Bekanntenkreis. Jene zwei Pärchen, die wir kannten, waren in Sörens Alter, und auch sie trafen wir nur sporadisch. Ich selbst hatte und suchte keine Bekanntschaften. Achtung und Anerkennung erfuhr ich im

Berufsleben, von den Menschen des kleinen Waschhauses, in dem ich nun arbeitete. Hamsterrad – mittelmäßiger Lauf –, dennoch: Ich war rundum zufrieden! Vier Jahre lang.

Dann war es aus mit diesem scheinbaren Frieden. Es ging mal wieder ans Sterben. Das begann mit einem urplötzlichen Kinderwunsch meinerseits, den Sören nun wahrlich nicht mit mir teilen wollte und der mich selbst völlig überraschte. Schließlich war ich keine Kinderfreundin. Im Gegenteil, ich hatte Kinder bislang nur nervig gefunden. Konnte nichts mit ihnen anfangen. Mied sie, wo immer ich auf sie stieß. Doch nun war ich so versessen auf ein eigenes Kind, dass nichts und niemand es mir ausreden konnte.

„Nein danke, ich hab schon drei!", sagte mir Sören entschieden den Kampf an.
Nicht verbal, sondern nonverbal. Er verweigerte mir schlicht den Beischlaf. Woraufhin ich ihm drohte: „Ich werde ein Kind bekommen – mit dir oder ohne dich! Und wenn du nicht willst, werde ich es mir von einem anderen machen lassen. Basta!"
Eine Art kalter Krieg folgte. Sören verharrte mit einer fast gleichgültigen Gelassenheit in seiner Verweigerung. Ich sprach nicht mehr mit ihm, führte aber meine Drohung auch nicht aus. Stattdessen verlegte ich mich auf den Aberglauben, legte Zucker aufs Fensterbrett, veranstalte diverse

Blaupausenrituale und dergleichen mehr. Es war mir unmöglich, daran zu glauben, dass ich nicht schwanger werden sollte. Alles in mir signalisierte eine Schwangerschaft. Daran gab es keinen Zweifel. Und doch war ich zwiegespalten: Das Gefühl war bejahende Gewissheit, der Verstand fragte:
„Aber wie soll das gehen? Sören ist nicht zu bewegen!"

Aberglaube, was steckt dahinter? Nichts weiter als diese Dualität zwischen der Gewissheit:
„Es geschieht!" und dem Verstandesdenken, sprich Ego, das dich da auslacht und spricht:
„Ha, und wie soll das gehen – ohne Mann!?"
Aus dieser Zerrissenheit heraus – die Ohnmacht oder Ungewissheit nicht aushaltend – reagierte ich dann entsprechend im Außen. Indem ich lauter Unfug veranstaltete, wie eben Zucker auf das Fensterbrett streuen. Kompensation, Ventil, würde ich sagen, aber eben auch Gebet. Eine Form von Fürbitte gen Himmel.
„Es geht auch ohne Mann, nicht wahr?", wagte ich schließlich zum ersten Mal in meinem Leben ernsthaft das Namenlose in mir anzusprechen.

Und siehe, Nana ist da!

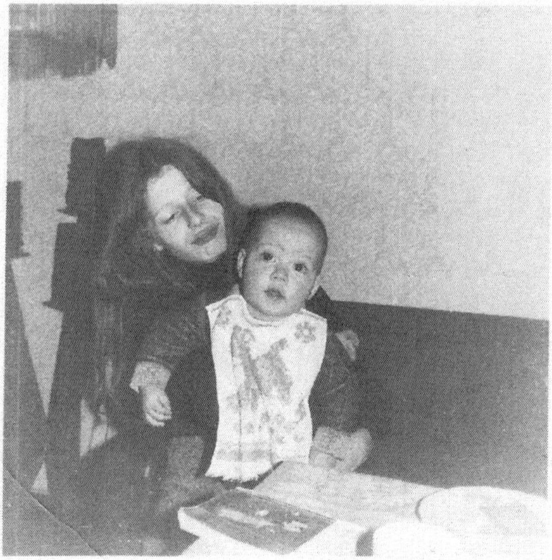

Doch noch bevor ich weiß, dass ich schwanger bin, trifft mich noch ein heftiger Schlag.

Kurz nach meinem zwanzigsten Geburtstag. Mein Bruder war bis dahin sehr oft Gast bei uns. Nicht selten saß er bis in die Nacht hinein einfach nur schweigend da, auch wenn ich nie verstand wieso.
„Es tut gut, einfach bei dir zu sein", war schlicht sein Einwurf dazu. Und ich, ich hakte nicht nach. Ahnte jedoch nichts Gutes.
Eines Abends will er unbedingt mit mir um die Häuser ziehen. In eine bestimmte Ostberliner Nachtbar, deren Namen ich vergessen habe. Eine lange Menschenschlange steht vor der Tür. Als wir endlich dran sind, weist uns der Türsteher jedoch ohne Begründung ab. Mein Bruder ist empört, zückt hochmütig seinen Dienstausweis, will den Eintritt erzwingen. Sie nehmen ihn mit hinein. Doch nicht zum Tanz oder an die Bar. Sie rufen schmählich seine Dienststelle an, er wird abgeholt und – so nehme ich jedenfalls an – bekommt großen Ärger. Meinen Heimweg trete ich alleine an, ich schäme mich für meinen Bruder sehr:
„Wie peinlich!", denke ich bei mir.

Drei Tage später. Meine jüngste Schwester steht vor der Tür. Theatralischer Gesichtsausdruck, betont schweigend,
„… klar, im Theaterspiel war sie schon immer zu Haus", denke ich mir und übergehe das, *„mal*

sehen, was sie diesmal will."

Kurz denke ich auch an meine Mutter, die stets damit gedroht hat, sich umzubringen, den Gashahn aufzudrehen …
"… ach was, die darüber reden, tun es eh nie!", verwerfe ich den Gedanken gleich wieder.
Dann kommt die Botschaft, eiskalt:
„Bernd hat sich das Leben genommen! … Wir fanden ihn heut Morgen tot in seinem Bett liegen … Ein Gewehr … abgesägter Lauf … sich in den Mund geschossen …"
Oh, wie sie das genießt, mich dabei fixiert, wie ein Luchs auf Beute lauernd. Sie lässt mich nicht aus den Augen. Und ich? Wie ein Kaninchen vor der Schlange – vollkommen erstarrt!

Hatte ich meine Ohren dicht gemacht, oder warum glaubte ich ihr nicht? Ich schaute sie an, wir mochten uns noch nie, es schien mir, als koste sie jedes einzelne ihrer Worte vollmundig aus. Dann dämmerte es mir allmählich: Natürlich, sie war ja stets auf unsere Bruder-Schwester-Beziehung neidisch gewesen, und das hier war nun ihre Stunde.
„Okay, das reicht!", unterbreche ich sie jäh, als sie gerade mit den Einzelheiten beginnen will. „Besser du gehst jetzt, wir kommen morgen Nachmittag vorbei, kannst du Mama sagen."

Schließlich dränge ich sie zur Tür hinaus. Bin

wütend. Ausgerechnet sie! Doch die Botschaft selbst habe ich noch nicht verinnerlicht. Stehe irgendwie unter Schock. Auch noch die ganze Woche danach. Dann jedoch breche ich buchstäblich zusammen. Schmerz, Wut, Trauer – ganze drei Monate lang:
„Der geht einfach, lässt mich im Stich hier unten ... Feigling! ... Gott? Es gibt keinen Gott! Nicht das Namenlose, nicht den Ton. Pure Illusion! Das ganze Leben hat keinen Sinn, absolut keinen Sinn!"
Ich fühle mich verraten und verkauft. Verlassen – so absolut verlassen! Nichts packe ich mehr an. Hänge einfach herum, lasse mich gehen ...
„... eine Welt voll von Verrätern, erst Sören und nun auch noch mein Bruder ..."

Es war der Routinebesuch bei Heidi, einer mir lieben Bekannten und zugleich auch meine Gynäkologin, der mich jäh aus dieser Lethargie herausriss:
„Es ist so weit, du bist schwanger!", freute sie sich. „Dritter Monat!"
„Schwanger!?", ich konnte es kaum fassen, aber dieses Wort brachte mich schlagartig wieder auf den Boden der Realität zurück. Und wo eben noch abgrundtiefer Schmerz war, da gab es nur noch reinste Freude. Den Jubel einer Siegerin: *„Ich bin schwanger!"*
Ein eindeutiges Zeichen, dass es das Namenlose doch gab und nicht nur gab, sondern dass es auch ganz und gar präsent war in meinem Leben! Okay, mein Bruder war gestorben – aber er lebte oben

weiter, so war ich jetzt fest überzeugt. Wiedergeburt! Nun lernte ich den Himmel kennen. Durch den Tod meines Bruders, den ich fortan – einem Himmelsboten gleich – ansprach, sobald mir auch nur irgendetwas brenzlig erschien in diesem meinem neuen Leben.

Die Schwangerschaft. Für mich gab es damals nichts Schöneres auf Erden, als schwanger zu sein. So trug ich auch schon sehr früh Umstandskleidung, fühlte mich unendlich geliebt und schön. Keinerlei Probleme bereitete mir diese Schwangerschaft. Eine rundum glückliche Zeit für mich, die ich fernab von Sören und dem Rest der Menschenwelt lebte. Nicht dass Sören sich etwa getrennt hätte von mir, nur nahm ich ihn schlicht gar nicht mehr wahr. Denn er teilte meine Freude nicht, und wenn er sich auch äußerlich korrekt verhielt – sich seinen Unmut über meine Schwangerschaft nicht anmerken ließ –, war seine innerliche Ablehnung doch umso deutlicher zu spüren.

Die Geburt. Nicht ganz acht Monate trage ich Nana unter dem Herzen. Monat Februar, ein Wintermorgen.
Eben habe ich Gardinen gewaschen, die letzte gerade aufgehängt, da platzt in mir die Fruchtblase. Oje, was ist da los in mir? Weiß noch nichts von einer Fruchtblase, die platzen kann. Kein Telefon! Zum ersten Mal bedaure ich, dass wir keine Bonzen sind

und Telefon haben. Was nun? Das Wasser läuft und läuft mir die Beine entlang. Ich kann nicht zur Telefonzelle laufen. Mir fallen die Nachbarn ein. Die sind in der Kirche und haben Telefon. Bettinas Mann öffnet die Tür:
„Das ist die Fruchtblase, leg dich hin, ich rufe den Arzt", sagt der leichthin, nach einem kurzen Blick auf mich. Sie haben schon ein Kind, also folge ich, gehe wieder in meine Wohnung und lege mich aufs Bett.

Eine halbe Stunde später. Ein Arzt und zwei weitere Männer stehen in meinem Schlafzimmer. Während der Arzt meinen Uterus von innen abtastet, bleiben die Männer frontal im Türrahmen stehen und glotzen. Empörung steigt in mir auf, haben die null Taktgefühl? Es ist mir unangenehm, aber ich sage nichts. Der Zustand ist kritisch, befindet der Arzt:
„... zu viel Fruchtwasser verloren."
Dann werde ich von den glotzenden Männern in den Transporter gepackt und schließlich ins Krankenhaus gefahren. Die Wehen haben eingesetzt: „... zu früh", bestimmen Arzt und Hebamme.

Sie legen mich in ein Dreibettzimmer und den Wehentropf an die Ader. Ich lasse es geschehen, obgleich ich ganz genau weiß, dass das sinnlos ist. Eine halbe Stunde vor Mitternacht. Der Wehentropf zeigt keinerlei Wirkung. Was geschehen soll, das geschieht! Meine Wehen habe ich jetzt alle fünf

Minuten. Mein Atem geht schneller. Dennoch, ich liebe diese Wehen, die mir vorkommen wie kräftige Wasserwellen, auf denen ich gleitend zu einem Ziel hingelange. Schweigend genieße ich dieses Fühlen, rufe weder Arzt noch Hebamme.
Eine Zimmergenossin hat offenbar meine Atemstöße gezählt:
„Das sind schon die Endwehen, soll ich den Arzt holen?", fragt sie in einen Stillgang hinein.
„Nein, es ist alles okay, danke."
Nach ein paar weiteren Wellen verlässt sie dann aber doch das Zimmer und kehrt mit der Hebamme zurück. Die ist sauer:
„Sie hätten sofort etwas sagen müssen, nun wird es ein Frühchen."
„Ja und?!", denke ich, *„wenn es jetzt raus will, dann ist das so, dann will ich das auch."*

Im Kreißsaal. Alles was sie da noch an mir tun, zeigt ebenfalls keinerlei Wirkung. Neben mir, hinter dem Vorhang verborgen, noch eine Geburt. Die Frau schreit und schreit und schreit. Ich kann das nicht nachvollziehen, mir geht es gut. Bin voller Vorfreude auf mein Kind. Genauer, meinen Sohn, den ich erwarte und hoffe bald in den Armen wiegen zu können. Ungeduld. Und doch auch zögernd. So mein damaliger Zustand. Abwesend und doch zugleich auch völlig präsent, mir jeder Einzelheit bewusst seiend. Wie dieser großen Bahnhofsuhr an der Wand gegenüber dem Kopfende der Liege. Um

sie zu sehen, muss ich den Kopf stark nach hinten biegen. Es ist umständlich und schmerzt sogar, aber ich tue es wieder und wieder. Schaue den großen Zeiger darauf an:
„Zehn vor zwölf ... acht vor zwölf ... fünf vor zwölf ..."

Warum ich das tue, besser, warum ich warte, bis ein neuer Tag beginnt, weiß ich nicht. Wie immer folge ich einfach dem, was ich da fühlend spüre:
„... drei vor zwölf ... eins vor zwölf ... Punkt zwölf!"
Jetzt erst lasse ich los. Nicht lang nach Mitternacht, es folgt die letzte Presswehe, dann ein psychischer Schock:
„Es ist ein Mädchen ... Wie soll es heißen?", strahlt mich die Hebamme an. Ich versinke in ein schwarzes Loch.
„Ein Mädchen?! ..."

Abgrundtiefe Enttäuschung – sekundenlang. Hatte ich doch ganz sicher einen Jungen erwartet und so weder Ausstattung noch Namen für ein Mädchen. Ein Mädchen, so hatte ich überall vorher verkündet, kommt in einen Schuhkarton unters Bett. Nein! Ein Mädchen wollte ich nicht! Warum? Weil ich eines war! Mädchen brachten nur Kummer, deshalb kam das für mich gar nicht infrage. Wie in einem Film rauschten jetzt die letzten acht Monate an mir vorüber, während die Hebamme Namen aufzählte:
„Karin ... Yvonne ... Susanne ..."

Hatte nicht auch Heidi, meine Gynäkologin, den Jungen beim Ultraschall nicht bestätigen können?! Sie sagte:
„... ist nicht genau zu erkennen, noch sieht es nach einem Mädchen aus ..."
Tatsache ist, ich wollte das nicht hören, verschloss die Augen davor. Auch Sören sagte:
„Ich kann nur Mädchen machen."
„Ina ... Martina ... Andrea ...", rezitiert die Hebamme weiter, „hören Sie mich? Ich brauche einen Namen für das Kind – jetzt! ... Irene ... Sonja ... Sibylle ..."
Auch mein Umfeld sprach immer von einem Mädchen. Es ist wahr, ich wollte das nicht hören, hatte diese Möglichkeit verdrängt – acht Monate lang. Okay, okay, ganz ruhig! Was nun? Stille in mir. Dann wie ein großes Erwachen: He, das bedeutete aber auch, dass nicht ich vom Namenlosen betrogen worden war, sondern ganz umgekehrt, ich hatte versucht, das Namenlose zu betrügen, besser, es zu manipulieren, durch Gedankenkraft. Ich wollte dem Namenlosen nicht lauschen, acht Monate lang, sondern vielmehr wollte ich es eintauschen. Eigensinn statt frei liebendem Willen.

Ein emotionaler Stromschlag trifft mich jetzt: Scham! Laut rauschender Wasserfall: Das Leben triumphiert über den Verstand! Und just in diesem Moment des Loslassens strömt pure Freude in mich ein. Erst jetzt ist mein „Ja" ein ganzes Ja.

„Sylvia ... Jutta ... Nana ..."
„Stopp!", rufe ich der Hebamme zu, „Nana ist okay, so soll es heißen!"

Muttersein. Kein allzu schweres Unterfangen für mich, und doch, trotz der tragenden Freude darüber, auch wieder alles andere als ein Sommerspaziergang. Mutter zu sein bringt einem ja keiner bei. Und Internet gab es noch nicht. Zuvorderst war da immer das Bestreben darum, alles richtig zu machen mit dem Kind.
Dann war ich quasi Ehefrau, fand mich aber auch hierin nicht wirklich ein. Die an mich gerichteten Ansprüche fand ich einfach zu hoch. Nicht passend für mein psychologisches Alter. Jetzt waren mir kochen, backen, zwei Haushalte führen und daneben ein Haus zu bauen einfach zu viel neben dem Windelwaschen samt Kleinkindsorgen. Was ich aber nun gänzlich unpassend, gar regelecht abstoßend fand, waren die Erziehungsmethoden Sörens. Aus der Zopfzeit! Muffig, verstaubt, autoritär. Nein! Das lasse ich nicht zu! Dieses Kind ist meines. Er hat es nicht gewollt! Ohnehin ist er zu alt dafür! Einundzwanzig Jahre Altersunterschied – Himmel, das ist ja eine ganze Generation, die da an Jahren zwischen uns liegt, wurde mir urplötzlich klar. Angst packte mich am Kragen:
„... da greift einer nach deinem Kind!"

Der Mutterinstinkt suchte einen Ausweg daraus –

und fand ihn. Eines Tages zog ich einfach aus!

Wahrhaft ganz einfach. Ich nahm Nana und alles, was zu ihr gehörte – wie Bett, Spielzeug, Kindersachen –, und zog ein paar Straßen weiter in eine Eineinhalbzimmerwohnung ein. Auf einem Hinterhof im dritten Stock liegend, ohne Bad und noch schlicht mit Ofenheizung. Sören indes hatte ich nichts davon gesagt. Tatsächlich beanspruchte mein Auszug vom ersten Gedanken bis zur Vollendung nur vierzehn Tage. Eine kurze Briefzeile am Tag des Umzuges – von mir auf einen nur winzig kleinen Zettel geschrieben – informierte Sören über meinen Auszug. Das war alles.

Die Durchführung war kurz. Das Sterben aber als Ehefrau hatte sich langsam vollzogen, und so gestaltete sich jetzt auch der Neubeginn meines neuen Lebens überhaupt nicht kompliziert. In kürzester Zeit sanierte ich die Wohnung. Renovierte, ließ eine Gasheizung einbauen, organisierte eine Badewanne auf Rädern – in der Küche unter die Spüle zu schieben – und dergleichen mehr. Und ich genoss die Freiheit! Zum ersten Mal in meinem Leben hatte ich eine eigene Entscheidung getroffen und sie ganz aus eigener Kraft umgesetzt. Finanziell stand ich gut da. Alleinstehende Mütter wurden ja im ehemaligen Arbeiter- und Bauernstaat bestens unterstützt – weil ehrend anerkannt –, und mindestens für ein Jahr blieb ich gänzlich partnerlos. Nana war mittlerweile so um die drei Jahre alt. Ein Alter, wo sich die Persönlichkeit zu spalten beginnt bzw. das Kind sich als eigenständige Person wahrnimmt, sich von dem Eins-Sein mit der Mutter trennt – also ganz bewusst im trennenden Ego lebt statt im vereinenden Du. In dieser Zeit wechselte ich meinen Arbeitsplatz. Verließ das Waschhaus nebst der Mangel mit ihrer Leistungsentlohnung und trat stattdessen eine Stelle mit Festgehalt im Rat des Stadtbezirkes Prenzlauer Berg an, als Sekretärin in der Abteilung für Jugendfragen. Auf diesen Wechsel nun war ich sehr stolz, empfand ich ihn als großen Sprung heraus aus den Slums, in die ich einst hineingeboren worden war. Jetzt fühlte ich mich enorm groß und stark. Schließlich hatte ich alles aus eigener Kraft erreicht.

Was war das für ein feines Arbeitsleben! Drei Männer, zwei Frauen und ich in dieser Abteilung. Eine der zwei Frauen psychisch vollkommen labil – manisch-depressiv. Die andere, Mutter von zwei Kindern, introvertiert und selten zu sehen. Ähnlich stand es um die Männer. Während der eine von ihnen – ein absonderlicher Eigenbrötler – kaum im Büro zu sehen war, waren der Chef und der zweite Mann latente Trinker. Insgesamt ein lustiger Trupp. Nicht selten saßen wir an manchen Tagen stundenlang in der Tagesbar gleich gegenüber dem Rathaus. Indes Nana vergnügt mit dreißig anderen Kindern im Garten des ratseigenen Kindergartens spielte.

Hier wurde ich zu einer völlig anderen Frau. Trug Stöckelschuhe und, minirockummantelt, die Nase auch sehr hoch. Und noch einmal höher sogar, als ich urplötzlich – und mal wieder gänzlich ohne ersichtlichen Grund – innerhalb kürzester Zeit von der Abteilung Jugendfragen hinauf in das Büro des Bürgermeisters – zur Sekretärin für dessen Stellvertreter – befördert wurde.

Klar, mein Ego wuchs ins Gigantische an. Machte mich blind für die Realität, in der ich genau genommen alles andere als groß oder erfolgreich war, zumindest nicht, was das wahrhaftige fachliche Können für diesen Dienst betraf. Denn alles, was ich wirklich hervorragend konnte, war offen sein und zuhören. Hervorragende Eigenschaften für eine Empfangsdame, nicht aber ausreichend für den Dienst einer Büroangestellten in einem Bürgermeistersekretariat, die Diktate stenografieren, fehlerfrei abtippen, Ablage- oder Buchhaltungsarbeiten mindestens ebenso gut beherrschen sollte wie das Empfangen von Mitarbeitern oder Geschäftsleuten. Hierin hatte ich mich total überschätzt. Was mein Unterbewusstsein ganz sicher registrierte, mein Tagesbewusstsein aber erfolgreich zu verdrängen verstand. Zumal auch vonseiten der Chefs nie wirklich eine Beschwerde kam. Nur ein einziges Mal erfolgte ein indirekter Hinweis durch den Stellvertreter:
„Frau Sommermond, vielleicht hat es Ihnen noch

keiner gesagt, aber Sie haben ein enorm übersteigertes Selbstbewusstsein."
Aha, dachte ich damals nur, und nun?! Darauf erhielt ich nie eine Antwort, niemand wurde konkret, also verblieb ich an diesem Standort. Auch dann noch, als man zum x-ten Male vergeblich versuchte, mich in den sogenannten Politbürogesprächen zum Eintritt in die Partei zu bewegen. Bis heute ist es mir ein Rätsel, wie ich bei all dieser Unzulänglichkeit dennoch auf diesem Posten verbleiben durfte. Da ist nur ein vager Verdacht in mir: dass es indirekt an meinem Bruder lag, der zu Lebzeiten wohl ganz sicher „kein Kleiner" bei der Stasi gewesen war. Dieser Umstand und die Tatsache, dass bei der Beerdigung meines Bruders auf dem Friedhof damals niemand an das offene Grab herantreten durfte – es war bis zu dem Zeitpunkt seiner Auffüllung mit Erde durch ein Banderolenband abgesperrt und umgeben von einem Dutzend Stasileuten, die es bewachten –, ließen mich späterhin auch immer mal wieder an dem faktischen Totsein meines Bruders zweifeln.

Und privat? Dieser scheinbare Erfolg in meinem Berufsleben wirkte sich natürlich auch hier aus. Immer mehr Einladungen. Immer mehr Nachtbarbesuche. Welten, die ich vorher nicht gekannt hatte. So auch immer mehr Männerbekanntschaften, die ich aber allesamt vor Nana verbarg. Meine Familie, das waren Nana und ich und das sollte auch ausnahmslos so bleiben. Alles, was darüber hinaus kam, war nicht relevant. Höchstens nur für einige Zeit bekannt, und auch das nur, wenn es von Nutzen für uns war. Wie zum Beispiel Thomas. Ein notorisch eifersüchtiger Egomane, der nur Einlass in unsere Minifamilie fand, weil er ein Auto besaß. Als er dann aber aus seiner krankhaften Eifersucht heraus gefährlich zu werden begann – er schlug hart, mir dabei zwei Rippen durch –, kannte ich keinen Kompromiss, sondern schloss ihn gänzlich aus unserem Leben aus. Und wenn ich dann wirklich mal ein Auto brauchte, in jener Zeit, dann nahm ich mir lieber ein Taxi, statt dass ich mich noch einmal, gar noch freiwillig, in eine derartige Abhängigkeit begab. Nahm ich einen Mann mit in die Wohnung, so hatte er bis spätestens morgens um fünf wieder draußen zu sein. Das galt mir als Regel – denn früh um sechs wachte Nana auf.

Regeln:
„Unabdingbare Notwendigkeit für einen reibungslosen Ablauf im alltäglichen Miteinander einer jeglichen Gemeinschaft – und sei sie auch noch so klein!"

So hatte man mich im Jugendwerkhof gelehrt, und so tat ich auch, ich stellte Regeln für Nana und mich auf. So stellte es für uns zum Beispiel keine Frage dar, dass Nana ihr Zimmer nicht vor sechs Uhr am Morgen verließ und spätestens um sieben Uhr am

Abend darin auch wieder verschwunden war und blieb. Genauso wenig wie unsere gemeinsamen Essens-, Spiel- oder später auch Hausaufgabenzeiten, die wir ebenso fast minutiös einhielten. Wie selbstverständlich hielten wir uns an unsere Vorgaben und Zeiten. Ja, all unsere Regeln erschienen notwendig, aber mehr noch waren sie uns geliebte Gewohnheit. Denn so gestanden wir uns unsere jeweils eigenen Bedürfniserfüllungen zu, statt sie zu verweigern, indem wir sie verneinten. Wie zum Beispiel Nanas Bedürfnis, mich mindestens zwei Stunden am Stück pro Tag ganz allein für sich zu haben. Dazu brauchte es meine ganze Aufmerksamkeit, also auch gedankliche Freiheit von anderen Dingen für diese Zeit. Oder mein Bedürfnis, stets so viel Geld zu besitzen, dass es Nana und mir an nichts mangelte. Das zu erreichen, machte eine Nebentätigkeit zwingend erforderlich, und die wiederum brauchte eine ebenso von allem anderen unbehelligte Zeit wie die Zeit Nana.

Im Arbeiter- und Bauernstaat galt ein Fließbandarbeiter mehr als der Intellektuelle oder Büroangestellte. So war die Konsequenz aus meinem Arbeitsplatzwechsel, dass mir nun bedeutend weniger Geld zur Verfügung stand als je zuvor. Hatte ich doch, um meiner Profilierungssucht willen, Leistungslohn und Trinkgeldoption gegen einen Festlohn eingetauscht, der gerade mal den vorherigen Grundlohn ausmachte. Aber das bedauerte ich nicht, im Gegenteil. Ansehen war mir wichtiger in jenen Tagen, hatte oberste Priorität. Was fehlte, konnte dazuverdient werden – irgendwie. Da würde der Himmel schon helfen – dessen war ich mir gewiss.

Eines Tages lerne ich Hans kennen. Kurz vor Feierabend im Büro. Er wird mir als der Bruder der Frau eines Arbeitskollegen vorgestellt und als ein sehr fleißiger und strebsamer junger Mann von fünfundzwanzig Jahren, der trotz seines ausgezeichneten Abiturabschlusses freiwillig bei der Müllabfuhr arbeitet und darüber hinaus noch des Nachts in Diskotheken als Kellner arbeitet.

„Was hab' ich von einem Studium? Ich will Geld verdienen!", begründete indes Hans selbst, sehr schlicht nur, sein unkonventionelles Verhalten.
Alle Achtung, dachte ich damals bei mir, der tut den letzten Job im Staate und schert sich nicht im Geringsten darum, was andere dazu sagen?! Das imponierte mir sehr, dennoch, tauschen wollte ich nicht mit ihm. Aber sein Nachtjob als Kellner, der interessierte mich glühend. Nachts schlief ja Nana – nachts hatte ich frei! Eine geniale Idee, wie ich fand, die ich nun auch, dank dieser glücklichen Fügung, der Begegnung mit Hans, sogleich in die Tat umsetzen konnte. Souverän und gründlich führte Hans mich in das Nachtleben Berlins ein, in dem ich nun immer weniger die Tanzende, stattdessen aber immer mehr zu einer qualifiziert arbeitenden Bedienung wurde. Das Servieren machte mir Freude, ich

blühte darin richtiggehend auf. So blieben auch die Früchte davon nicht aus – nach nur wenigen Wochen stapelten sich die Trinkgelder, gespenstisch schon, fast wie von selbst in meinem Küchenschrank auf. So ging das gut drei Jahre lang.

In dieser dreijährigen Zeit lebte ich gleichzeitig zwei Leben in einem. Durchweg ein berufliches Doppelleben, neben meiner Rolle als alleinerziehende Mutter. Das hieß: tagtäglich Maskenball! Am Tage tanzte ich das klassische Ballett einer Sekretärin im Vorzimmer des Bürgermeisters, nachts den flotten Stepp einer Kellnerin. Ein quasi psychischer Spagat, der mir höchste Konzentration und enorme Kraft abverlangte. Denn als Sekretärin im politischen Staatswesen war mir die Ausübung jeglicher Nebentätigkeit strengstens untersagt, schon gleich ganz als Geheimnisträgerin, die ich jetzt definitiv nun einmal war. Niemand durfte also von meinem Doppelleben erfahren. Nicht hier, aber auch nicht dort, in der Berliner Kellnerbranche, damit ich meine Schweigepflicht ungefährdet einhalten konnte. Schließlich arbeitete ich in Clubs oder Tanzbars, in Restaurants, wie hin und wieder auch in der deutschen Botschaft – auf Feiern für und unter Menschen also, die immer alkoholisiert und schon von daher sehr neugierig und redselig waren. Aber alles ging gut, ich flog nie auf. Und ganz sicher hätte ich das auch noch Jahre weiter so gemacht, wenn das Leben selbst es nicht anders gewollt hätte. Im Nu war mein Doppelleben beendet, durch Nana, die ich urplötzlich eines späten Abends im Oktober inmitten jener Gaststätte stehend fand, in der ich gerade Dienst tat. Auffällig angezogen, nur mit ihrem Schlafanzug und den Hauslatschen an den Füßen, ihre Lieblingspuppe, einen quietschbunten Clown, in der Hand. Oh, es ging Nana gut an jenem späten Abend. Sie wurde von Schoß zu Schoß gereicht, gefüttert, geherzt, verhätschelt. Sie quiekte vor Freude, und ich ließ es ihr. Mir selber aber ging es gar nicht gut, richtiggehend schlecht war mir. Meinem Herzen hatte es einen schmerzenden Stich versetzt, Nana so zu sehen: eine Fünfjährige im Schlafrock mit Puppe in der Hand, ganz allein auf der dunklen Straße umherirrend.

Mein erster Heiratsantrag. Hans machte ihn mir. Das fand ich ziemlich lächerlich. Warum sollte ich heiraten?! Alles war doch in Ordnung in meinem Leben. Klar, die Nachtarbeit hatte ich aufgeben müssen, dadurch hatten wir wieder weniger Geld, aber das machte mir nicht wirklich etwas aus. Nana und ich, wir hatten uns – und das war mir jetzt viel wichtiger. Und überdies war mir Hans doch mehr Hänschen als Hans. Denn was immer da auch einer verlangte, Hans sprang sofort; wie zickig ich mich auch benahm, Hans blieb mir loyal verbunden – wie ein Hund! Was ich schrecklich fand. Immer nur lieb und nett, fand ich fade und anstrengend, indes die Leute liebten ihn. Natürlich! – wie jeden Menschen, der nicht Nein sagen kann.

„Du solltest Hans heiraten. Nana braucht einen Vater!", höre ich in jener Zeit von allen Seiten.

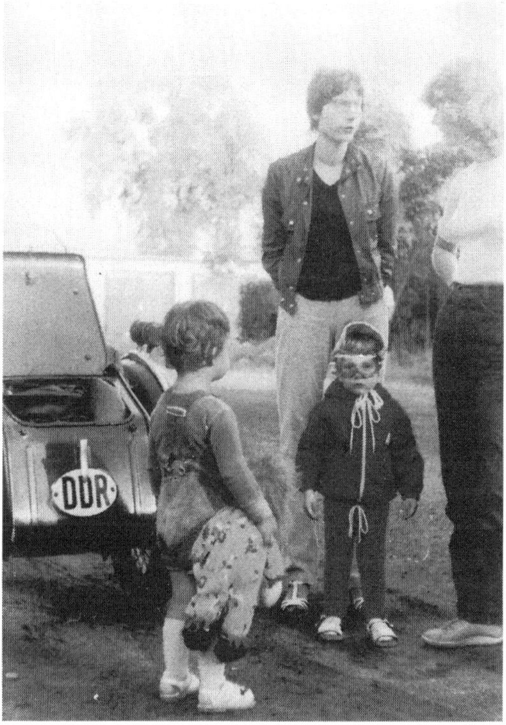
DDR

Meine Antwort darauf ist stets gleich:
„Sie braucht keinen Vater, sie hat mich!"
Im Innern aber bin ich mir dessen nicht so sicher, wie ich es nach außen hin vertrete. Zweifel nagen an mir ...
„... und wenn sie recht haben?! Braucht Nana wirklich einen Vater? ... Kann ich ihr als Mutter überhaupt genügen ...?"

Nach einem Vierteljahr des erfolglosen Abwägens willige ich dann aber doch ein.
„Nana zuliebe",
wie ich jedem versichere. Und das ist auch wahrhaft der einzige Grund.

Die Hochzeit ist schnell ausgerichtet. Die Familie von Hans, reich an Zahl und von Herzen offen, stattet sie aus. Doch wo der Grund einer Hochzeit nicht Liebe ist, da schlägt das Gewissen haushoch an. Das bemerke ich deutlich am Vorabend der Hochzeit, an dem ich mich zu einer gemeinsamen Bekannten wegstehle, um mir Luft zu machen:
„Ich kann ihn nicht heiraten! Ich würde ihn nur ausnutzen. Dieses Dackelverhalten – es nervt einfach nur! ... Er stellt mich da auf einen Sockel, auf dem ich nicht stehen will – nicht stehen kann! Verstehst du?! Er macht mich zu seinem Anbetungsobjekt. Ich sage die Hochzeit ab!"
„Bist du verrückt?!", gibt die nur trocken zurück.
„Das kannst du nicht tun – und das hast du auch

nicht drauf!"

Und so war es denn auch. Ich hatte es wirklich nicht drauf, vierzig geladenen Gästen einfach abzusagen. Nun freuten sie sich sehr, die Gäste und der Hans, an diesem Septembertag – über eine gelungene Hochzeit und darüber,
„… dass der Hans endlich die Richtige gefunden hat."

So gab ich mein Jawort vordergründig dieser Freude wegen. Tatsächlich aber gab ich es nur, weil ich zu feige war, das Gesicht zu verlieren. Dabei hatte ich es doch längst schon verloren, an jenem Abend, als ich Ja gesagt hatte zu Hans' Antrag. Nicht vor den Menschen hatte ich nun das Gesicht verloren, sondern – viel schlimmer noch für mich – vor jenem Namenlosen, das mich geboren hatte, nach dessen Nähe ich mich sehnte und auf dessen weise Stimme ich nicht mehr gehört hatte, seit ich mehr sein wollte, als ich von Hause aus war: einfach da.

Hans war indes der glücklichste Mensch auf Erden, wie er mir nun tagtäglich gestand. Sechs Wochen lang, dann annullierte ich dieses mir unerträgliche Band. Die Auflösung war ebenso schnell vollzogen, wie zuvor die Hochzeit ausgerichtet worden war. Denn ebenso wie das Jawort vor dem Standesbeamten am Hochzeitstag, so war jetzt auch der Grund für die Annullierung vor dem Richter schlichtweg

gelogen. Anderenfalls wären wir nicht geschieden worden. Witzig fand ich das. Meinen wahren Grund – Götzenanbetung – hätte das Gericht nicht angenommen, so aber erhielten wir noch in derselben Stunde die Trennungsurkunde. Durch diese amtliche Verbindung mit Hans aber kam ich am Ende nicht mehr umhin, schließlich doch allen Ernstes meinen Posten im Rat des Stadtbezirks Prenzlauer Berg zu hinterfragen. Denn was ich nur allmählich und auch nur wie nebenbei in dieser Ehe erfuhr, war die Tatsache, dass Hans eine Schwester hatte, die durch Heirat in den Westen ausgereist war. Damit gehörte er jenem Personenkreis an, der Westverwandtschaft hatte. Private Westkontakte aber waren Angestellten des Rates verboten. Früher oder später wäre mir diese Verbindung zum Fallstrick geworden. Zumal ich im Rat zudem auch ehrenamtlich in der Jugendhilfe tätig war.
„Was aber ist da eigentlich so gefährlich daran?", fragte ich mich – nun zum ersten Mal auch politisch denkend. *„Wovor haben wir Angst?"*

Ja, ich dachte wirklich „wir", auch wenn ich nicht in der Partei war. Grundsätzlich trat ich nirgendwo bei, keiner Gruppe, keiner Organisation, keiner Religion. Ich lebte in meiner eigenen Welt, die früher aus mir allein, jetzt aus Nana und mir bestand und mich schließlich mit dem Numinosen verband. So lebte ich durchweg glücklich in diesem Staat, in welchem ich als Alleinerziehende anerkannt war. Alles um

mich herum schrie jetzt nach Freiheit. *"Was für eine Freiheit?"*, fragte ich mich. Die Freiheit, zu reisen, wohin ich wollte? Herrje, ich fühlte mich ja nicht einmal eingesperrt. Was sollte mir der Westen mit seinen Angeboten? Sie lockten mich nicht. Ich konnte nicht freier sein, als ich schon war. Dieser Staat bot mir alles, was ich zum Leben brauchte – und sollte es darüber hinaus noch etwas sein, dann hatte ich Gelegenheit, es mir zusätzlich zu erarbeiten. Auch da drüben flögen mir die gebratenen Hähnchen nicht von selbst in den Mund. Dessen war ich mir gewiss. Ohne Fleiß auch da kein Preis, so dachte ich. Deshalb war ich auch zutiefst irritiert, vor allem aber enttäuscht von all dem Geschehen, das sich nun im Staat rund um die Mauer abspielte.
Eine Ausreisewelle setzte ein, die ich zunächst nur am Rande mitbekam. Im Rat tätig, war ich ohnehin zu höchster Geheimhaltung verpflichtet, woran ich mich auch weiter strikt hielt, obgleich mir gleichzeitig auch bewusst war, dass man mir von vornherein auch viele Dinge verschwieg. Das fand ich okay, Neugier war bei mir nie ausgeprägt. Was es dann eigentlich genau war, kann ich von daher auch heute nicht mehr sagen. Für irgendwen oder irgendwas hatte ich mich wohl mal wieder eingesetzt, was gegen die Staatsmaxime stand. Eines Tages jedenfalls befand auch ich mich inmitten des Strudels der Ausreisewellen gefangen. Da drohten mir die Genossen mit einem Disziplinarverfahren und ich im Gegenzug zurück,

„… dann halt ebenso einen Ausreiseantrag zu stellen".
Die Genossen stellten sich taub. Woraufhin ich kündigte, anschließend eine Stelle als Sachbearbeiterin im Ostberliner Straßenbau, Bereich Ampelwesen, annahm und schließlich tatsächlich einen Antrag auf Ausreise in die Bundesrepublik Deutschland stellte. Nicht aus Überzeugung also, sondern genaugenommen nur einmal wieder,
„… um mein Gesicht nicht zu verlieren. Ich habe gedroht damit, also ziehe ich das auch durch!"

Zwei Tage später. Der Personalausweis wird mir entzogen. Die einstige Freiheit eingeschränkt. Von dieser Stunde an bekomme ich quasi Hausarrest, darf mich nur noch von der Wohnung zum Arbeitsort, zur Schule Nanas oder zum Lebensmittelgeschäft um die Ecke und wieder zurück bewegen,
„… ansonsten werden Sie weggesperrt!", so der Beamte.
Was ich an diesen meinem Staat so geliebt, weswegen ich ihn aufs Höchste doch geachtet hatte – die Sicherheit der Freiheit, tun und lassen zu können, wonach mir gerade war –, nun war es mir von ihm genommen. Nein, das konnte und wollte ich nicht zulassen:
„Freiheitsentzug – nimmt denn dieser Wahnsinn in meinem Leben nie ein Ende!?"

Mein Leben?!
Nach Hans und meinem Doppelleben, wird es von Benni stark in Bewegung versetzt. Er bringt einen so ganz anderen Wind in dieses neue Sein hinein. Lebenskünstler! Liedtexter und Sänger einer Deutschrockband. Ganz schön, ganz sanft, ganz liebend und genauso alt wie ich. Langhaarig, sozial, ansonsten aber untauglich für jegliche handfeste Arbeit und immer am Rande des Existenzminimums lebend, als unerkannter, aber stets aufs Neue hoffender Musiker. Er singt für mich, wir texten zusammen, und manchmal begleite ich ihn auch zu der einen oder anderen „Mucke". Mit Benni bleibe ich auch während der Dauer meines Hausarrestes zusammen. Nicht, dass er bei uns wohnte, wir sahen uns nur sehr oft in dieser bewegenden Zeit.

Eines Abends sitzen wir vor dem Fernseher. Sehen die Bilder von den Flüchtlingen,
„… zu Hunderten, über die grüne Grenze", kommentiert der Nachrichtensprecher. Zugleich durchzuckt es mich:
„Ja, richtig! Was will ich eigentlich noch in einem Staat, der mir die Freiheit nehmen will?", so frage ich mich. Sogleich ist auch der Entschluss gefasst und laut ausgesprochen:
"Ja, genau! Ich werde auch gehen!"

Benni war eigentlich ein Feigling, fürchtete um seine imaginäre Musikerkarriere. Als er aber meine

Entschlossenheit spürte, wollte er mit. Also nahm ich ihn mit. Viel packte ich nicht ein. Mit einem kleinen Koffer und Nana an der Hand verließen wir die Wohnung, schon am nächsten Morgen, und fuhren mit dem Zug nach Bad Schandau. Alles, was ich besaß, hatte ich zurückgelassen – es würde kein Zurück mehr geben, so dachte ich. Doch so geschah es nicht.

Unser Fluchtversuch endet auf der tschechischen Seite der Grenze. In Handschellen werden wir abgeführt. Stundenlang verhört. Sollen gezwungen werden, etwas zu unterschreiben, was wir nicht einmal lesen können. Es steht in tschechischer Sprache geschrieben. Während ich mich verweigere, unterschreibt Benni, mit dem sie sehr roh verfahren. Ein Kleinbus nimmt uns schließlich auf. Zusammen mit anderen Gefangenen transportiert er uns nach Dresden. In ein riesiges Gebäude werden wir gestoßen. Drinnen riesige Hallen, randvoll mit Menschen. Die meisten von ihnen zermürbt, ängstlich, hyperaktiv und schon stundenlang hier. Durstig, hungrig, aggressiv.
„Frau Sommermond", höre ich hinter mir eine männliche Stimme im Befehlston sagen, „lassen Sie Ihre Tochter bitte draußen und kommen Sie hier herein."
„Nein!", antworte ich abrupt in eben diesem Ton, dabei dem Mann frontal in die Augen sehend. „Sie kommt mit rein!"

Zu meiner Überraschung lässt sich der Mann darauf ein. Drinnen, in dem angewiesenen Raum, füttert er Nana mit seinem Pausenbrot, während er auf mich einspricht:
„Hören Sie, unterschreiben Sie das hier und sie können unbehelligt wieder nach Hause fahren, dafür werde ich sorgen ..."
Ich mache nicht einmal Anstalten, zu lesen, was da auf dem Papier steht, bewusst drehe ich mich ab, mein Vertrauen in diesen Staat ist ein für alle Mal zerstört.
„... Sie sind eine gute Sekretärin, haben eine hervorragende Stellung – machen Sie sich Ihr Leben doch nicht selbst kaputt ..."
Ich rühre mich nicht, schaue weiter durch diesen Stasimann hindurch. Der wartet einen Augenblick, bevor er weiterspricht:
„Wir können auch anders, Frau Sommermond!"
„Oh ja, das weiß ich – steht das nicht in euren Akten?! Mein Bruder war in eurem Verein tätig und ich selbst nebenher bei der Jugendhilfe ... Schweige, Juli, schweige."

„Denken Sie an Ihre Tochter, Frau Sommermond!"

„Ah, jetzt kommt es! Das war ja klar, immer das gleiche Schema. Er hat Lohn in Aussicht gestellt – Straffreiheit –, vergebens. Er hat gebettelt – warum auch immer –, ebenso vergeblich. Gleich wird er drohen!"

Und richtig, der Mann greift zum Telefon, wählt eine Nummer, spricht einen kurzen Namen in die Hörmuschel, legt sofort wieder auf. Nur wenig später fliegt die Tür auf, eine Genossin tritt ein, macht einen Schritt, packt Nana unter den Achseln und hebt sie von meinem Schoß:
„Komm, Mädchen!", sagt sie honigsüß, „wir gehen zu den anderen Kindern!"
Ein Schreck fährt mir durch die Glieder – doch Nana schaut mich nur unbefangen an, so habe ich mich schnell wieder im Griff. Fröhlich zwinkernd nicke ich ihr zu:
„Geh nur, das wird bestimmt lustig." Im Nu ist sie verschwunden, indes ich ganz ruhig bin. Urplötzlich fühle ich die tragende Kraft des Namenlosen wieder in mir, Stärke und Zuversicht, wie sie zu mir spricht:
„Alles in Ordnung, Juli, ihr wird nichts passieren. Aber wach bleiben – hellwach!"
Der Mann vor mir grinst jetzt, hält mein Verhalten wohl für eine bedingungslose Kapitulation:

„Na bitte, geht doch?!"
Ich schweige, grinse aber ebenso frech zurück. Da wird er wütend.
„Wenn Sie jetzt nicht unterschreiben, sehen Sie Ihr Kind nie wieder – wir stecken es in ein Heim!"
Zu meiner Überraschung trifft mich diese Offenbarung jedoch nicht im Geringsten. Offenbar hatte ich sie im ersten Schreck schon verarbeitet, jetzt scheint es mir eher, als hätte ich sogar fest mit dieser

Möglichkeit gerechnet. Mechanisch greife ich nach dem Schreiben auf dem Tisch:
„Okay, geben Sie mir einen Kugelschreiber …"
Er tut es.
„Lesen Sie es vorher gut durch!", fordert er. Das tue ich nicht. Anstatt zu lesen, schreibe ich darunter:
„Was immer hier steht, habe ich unter Zwang unterschrieben, dass man mir nicht die Tochter nimmt und in ein Heim steckt … Juli Sommermond."
Bis heute weiß ich nicht, ob der Stasimann je gelesen hat, was ich da geschrieben habe. Jedenfalls kam kurz darauf die Genossin wieder ins Zimmer – mir Nana bringend:
„Sie können jetzt nach Hause fahren!"

Schon stehe ich auf der Straße. Weit nach Mitternacht. Allein in Dresden, Nana schlafend auf dem Arm. Ein Taxi fährt langsam heran. Der Fahrer fragt, ob er helfen kann. Ich überlege nicht lange, engagiere den Mann, obwohl ich nicht genau weiß, ob ich ihn überhaupt bezahlen kann – *„ … vielleicht haben die das Konto gesperrt? …"* Ich will nur noch nach Hause. Allein sein – nachdenken!

Es wird eine stille Fahrt. Die meiste Zeit schlafen wir, Nana und ich. Nein, kapituliert habe ich nicht, nur kurz einen unsicheren Schritt zurückgesetzt, um einen sicheren nach vorn zu tun. Ich musste Nana in Sicherheit bringen. Was mit Benni ist, weiß ich nicht. Da ist einiges geschehen. Es ist so leer in mir, wenn ich an ihn denke, aber eben auch nicht unangenehm. Also lass' ich ihn los. Es ist alles gut. Zwei Stunden später sind wir in Berlin. Das Konto ist nicht gesperrt, ich kann dem Fahrer den vereinbarten Preis bezahlen. Dreihundert Mark! Ein gutes Geschäft für ihn, aber das ist in Ordnung für mich. An Samariter glaube ich ja nicht, und ohnehin ist es nur noch eine Frage der Zeit, so empfinde ich, bis hier alles zusammenbricht – auch die Mark. Der Fahrer setzt uns vor der Haustür ab. Ich trage die schlafende Nana noch ins Bett, dann ist dieser Tag endlich auch für mich vorüber. Erschöpft schlafe ich auf der Couch ein, tief und fest und so, wie ich grad bin. *„… musst eh gleich wieder aufstehen – umziehen macht also keinen Sinn …"*

Vier Stunden später. Das Leben vor der Haustür i s t schon in vollem Gange. Ich will keine Zeit verlieren, *„… die können Nana noch immer holen! … Alles, nur nicht das! …"* Diese Vorstellung lässt mich fast irre werden. *„ … Alles, nur nicht das … Alles, das wäre dann Sören, Juli!"* – *„Sören?!"*, klingt es in mir nach, *„Ja – das ist es!"*

Nun ist mir dieser Name wie ein Honigbrot, spornt mich an, bringt mich sofort ins Agieren. Flugs wecke ich Nana auf, drücke ihr ein Schokobrot in die Hand, dann laufe ich mit ihr zum Rat des Stadtbezirks. Entgegen aller Auflagen schnurstracks in die Abteilung Jugendhilfe hinein. Ich drehe den

Spieß einfach um, denke ich dabei, Überraschungseffekt, der hat noch immer geholfen. Acht Uhr, noch keine offizielle Sprechzeit. Die brauche ich als Ehrenamtliche auch nicht, also ist dieser Umstand sehr gut für mich. Gezielt laufe ich in das Zimmer von Olga, die nicht nur eine gemeinsame Bekannte von Sören und mir ist, sondern, und jetzt vor allem, auch die oberste Chefin des gesamten Fachbereichs Jugendfragen: „Hör mal, Olga", spreche ich sie ohne Gruß oder Erklärung an, „ich brauche von dir die Genehmigung, dass Nana bei Sören leben kann!" Olga schaut auf, scheint nicht einmal überrascht, mich zu sehen: „Ja", sagt sie ein wenig spitz, „und das sofort – nicht wahr?!" Olga sucht meine Augen, ich halte stand. Da erkenne ich in ihrem Blick, dass sie bereits Bescheid weiß. Vielleicht nur teilweise oder gar nur erahnend, was da gerade rings um uns herum geschieht, aber doch wissend – und sie hat selbst zwei Kinder, sie weiß, wie sich die Worte „Trennung" oder „Zwangseinweisung" anfühlen. Also hake ich nicht weiter nach, auch um Olga zu schützen, schließlich gibt es in diesem Gebäude viele Ohren – sichtbare wie unsichtbare –, deren Besitzer nur darauf warten, erfolgreich an den Stühlen der Kollegen sägen zu dürfen. Deshalb antworte ich nur: „Bitte, Olga, was immer auch mit mir ist oder noch geschieht – gebt Nana nicht in ein Heim, sondern zu Sören, ja?! Kannst du das für uns tun?"

Ich weiß nicht wie, aber Olga kann. Eine Stunde später halte ich die schriftliche Genehmigung dazu in den Händen. Sogleich setze ich mich mit Sören in Verbindung, der ebenso sofort einverstanden ist und Nana sogleich zu sich holt. Wenn auch nicht ohne Vorwurf: „Was bist du nur für eine Mutter?! Wie kannst du dein Kind nur einer solchen Gefahr aussetzen?!" Doch das ist mir gleich. Die drohende Gefahr ist abgewendet!

Die nächsten drei Stunden verfasse ich eine Petition. Anschließend falte ich sie zusammen und ziehe wieder los. Diesmal zur westdeutschen Botschaft, Asyl zu erbitten. Ohne Koffer oder Gepäck, auch ohne Papiere, allein ein Taschentuch und die Petition befinden sich in meiner Manteltasche. Zuvor aber lasse ich mich noch krankschreiben, von einer befreundeten Psychologin. Im Grunde nur, um einen Nachweis für meinen nun zweitätigen Arbeitsausfall zu haben, doch die Freundin schreibt mich gleich ganze vierzehn Tage krank: „… hochgradig depressiv – suizidgefährdet!", steht da schließlich auf dem Krankenschein. Die Tabletten, die sie dazulegt, haben eine beruhigende Wirkung auf das Nervensystem, so steht es jedenfalls auf dem kleinen Glasröhrchen drauf, in welchem sich die Pillen nun lose befinden. Also nehme ich vorsorglich gleich zwei davon, der Rest verschwindet in meiner Manteltasche.

An der Botschaft. Fünf Grenzsoldaten mit Gewehr im Anschlag stehen gut zwei Meter von der Pforte entfernt. Die können mich nicht einschätzen – ich mache wohl nicht den Eindruck eines flüchtigen Ossis –, lassen mich durch. Kaum bin ich jedoch an der Pforte, da geht es ihnen auf – ich habe keinen Schlüssel, um sie zu öffnen! Hastig drücke ich auf die Klingel. Ein Angestellter rennt heraus – mir entgegen oder meiner ausgestreckten Hand, in der sich jetzt die Petition befindet. Er greift zu. Die Grenzer auch! Und zwar noch ehe der Mann die Pforte öffnen kann. Den bedauernden Blick des Angestellten werde ich nie vergessen. Die Petition ist jetzt drinnen, auf westdeutschem Gebiet. Indes ich noch immer draußen auf ostdeutschem Boden stehe. Handschellen klicken. Liegen kalt und starr auf meinen Armgelenken. Rechte werden mir verlesen, ich werde beschimpft und gestoßen, irgendwer zerrt grob an meinem Arm. Aber all das nehme ich kaum wahr. Ganz ruhig ist es in mir, stumm lasse ich mich abführen, wie ein Lamm zur Schlachtbank.

Sie führen mich zur Vernehmung in einen Barackenflachbau aus Holz, der unweit der Botschaft steht. Hier erwartet mich schon ein Stasimann, aber auch mit ihm rede ich kein Wort. So will er mich gleich in die U-Haft stecken, darf aber nicht. Ironie des Schicksals! Bei der Leibesvisitation finden sie den Krankenschein in meiner Jackentasche und die Tabletten dazu: „Die Frau ist krankgeschrieben, noch dazu suizidgefährdet!", meldet sauer der Genosse Rekrut sofort dem Offizier. Also fahren sie mit mir von Krankenhaus zu Krankenhaus, einen Arzt zu suchen, der mich gesundschreibt. Die Ärzte aber weigern sich. Der letzte sogar derart kampfeslustig, dass er beim Anblick der Handschellen lautstark erst darauf besteht, sie mir abzunehmen: „… sonst reiche ich Beschwerde gegen Sie und Ihre Dienststelle ein – Genossen!" Und obgleich die nun auch sofort reagieren und mir die Handschellen von den Armgelenken nehmen, untersucht er mich dennoch nicht. Stattdessen schimpft er weiter: „Also wirklich, sieh sich das doch mal einer an – diese Frau tut ja wohl wirklich niemandem was zuleide … Nein, da schreibe ich gar nichts gesund, Genossen! Schönen Tag noch – auf Wiedersehen!" Dann dreht er sich um, lässt die beschämten Männer einfach stehen.

Unverrichteter Dinge werde ich wieder zurückgebracht in jenen – von außen her harmlos und unscheinbar anmutenden – Barackenblock inmitten der Friedrichstraße. In seinem Innern: Zelle an Zelle. Noch immer bin ich krankgeschrieben, sie sperren mich dennoch ein, sie umgehen also ihr Gesetz. Jedoch ist an meiner Zellentür von außen ein Schild angebracht, für die Ablösung oder auch die Nachtschicht: „Achtung, suizidgefährdet!" Das hat zur Folge, dass sich nun mindestens alle zehn Minuten die Klappe des Spions der Zellentür bewegt und dann jeweils für Sekunden ein Auge zu mir hereinspäht: *„Okay",* resümiere ich, *„ist mir gleich! Richte dich ein, Juli – Nana ist in Sicherheit! Schlafe, schlafe einfach ein!"*

Am Morgen werde ich dem Haftrichter vorgeführt. Auch vor ihm schweige ich, woraufhin der nur immer wieder den Kopf schüttelt: „Sie sind doch keine Dumme?!" „Wenn Sie meinen", denke ich still bei mir, „ich bin mir da gar nicht mehr so sicher. Weiß absolut nichts mehr, nicht einmal mehr, warum ich eigentlich jetzt hier sitze, ja, was da überhaupt grad alles mit mir geschieht!" Und irgendwie ist mir tatsächlich auch zumute, als handelte ich schon seit Wochen wie ferngesteuert. Aber eben vom Tiefsten her so gänzlich ohne jegliche Angst, ja ganz bejahend getragen und in Frieden mit mir und dem Geschehen. Weder hege ich Groll noch ist da sonderlich hohe Freude. Sondern allein nur pragmatisches Sein.

Der Haftrichter verfügt meine Inhaftierung. Und die Überführung ins Staatsgefängnis Berlin-Mitte, Keibelstraße. Hier werde ich wieder entkleidet und mit einem Haftanzug angetan. Erhalte eine Häftlingsnummer und ein kleines Wäschebündel, dann werde ich in eine Gemeinschaftszelle abgeführt: „Zwanzig Frauen leben hier drin", klärt mich die Wärterin auf, bevor sie mir das Bett zuweist und wieder verschwindet, „alle schon verurteilt. Kriminelle – keine Politischen wie Sie! Die sind mir noch immer am

liebsten. Jetzt sind sie bei der Arbeit." Noch bin ich also allein in dieser Zelle, aber früher oder später werden sie doch eintreffen, diese zwanzig Frauen, und davor graut es mir jetzt. Deutlich sehe ich das Treiben vor mir – „*... laut, derbe Gewalt, kein Entrinnen ...*"
Also klopfe ich an der Zellentür, sogleich ist wieder die Wärterin da:
„Was gibt es?", fragt sie kurz.
„Hören Sie, das geht nicht, ich bin krank!", lüge ich sie schamlos an. „Sie müssen mich in eine kleinere Zelle bringen!"
„Das Gefängnis ist überbelegt!", gibt die Wärterin nur nüchtern zurück.
„Bitte – ich muss wirklich hier raus!", versuche ich es noch einmal, doch die Wärterin lacht mich nur aus.

Wenig später, die Wärterin hat die Zelle gerade wieder zugesperrt, beginne ich, dumpf gegen die Zellentür zu bummern. Mit geballten Fäusten. Immer schön gleichmäßig – wumm, wumm, wumm. Zwischendurch gebärde ich mich wie eine Verrückte, greife mir die Stühle – einen nach dem anderen –, lasse sie krachend zu Boden fallen. Schreie und tobe hysterisch, stampfe mit den Füßen, bevor ich dann wieder weiter bummere – wumm, wumm, wumm. Eine gefühlte Ewigkeit lang. Erfolglos, wie mir scheint, denn da hinein treffen urplötzlich nun auch die Frauen ein – wie immer auf die gleiche

Weise. Nur zu gut kenne ich dieses Profilierungsgehabe, diesen bissigen Zickenterror. Könnte ich frei wählen, eine Zelle voller Männer wäre mir jetzt lieber, aber ich habe keine freie Wahl, also lasse ich mich mal wieder darauf ein.

Doch dann, gerade als die Vorstellungsprozedur in vollstem Gange ist, springt die Zellentür doch noch für mich auf. Im Nu stehen die Frauen stramm. Führen wie besoldete Soldaten zackig die rechte Hand neben die Stirn, während ihr Mund die eigene Häftlingsnummer aufsagt. Eine nach der anderen – gehorsam, bis auch die letzte Zahl ausgesprochen ist. Dann donnert die Wärterin los:

„Sommermond?! ... Bündel packen! Mitkommen!"

„Bündel packen? Oh ja, nur zu gern!", jubelt es in mir.

„Was war es – das Bummern an der Tür, der Krankenschein, das Namenlose?", frage ich mich, während ich mit der Wärterin auf dem Weg in einen anderen Zellenblock bin. Doch eigentlich will ich das momentan nicht mehr wirklich wissen, viel mehr interessiert es mich doch, wohin wir jetzt auf dem Wege sind, also frage ich nach:

„Und wo geht es jetzt hin?"

„Jedenfalls nicht in die Freiheit, das ist wohl klar!", lacht die Wärterin wieder nur grob.

„Ja, das ist klar, aber vielleicht in eine Einmannzelle?!", hake ich dennoch nach, bekomme aber keine Antwort mehr, denn schon zieht die Wärterin das dicke Schlüsselbund aus ihrer Hose und sperrt eine Zellentür damit auf.

Nein, es war keine Einmannzelle, stellte ich sofort fest, es war eine Zweimannzelle. Dennoch, enttäuscht war ich nicht, mein Glück war vollkommen. Denn ich teilte sie mit einer Fünfzigjährigen, die ebenso wie ich für die Staatsorgane tätig gewesen war, jedoch für die ganz hohen – mit einem Erich Mielke auf Du und Du, eine Genossin also. Die ihrer Tochter wegen einsaß, die Flugblätter verteilt hatte. Allesamt Proklamationen gegen das Regime. Die Mutter hatte die Tochter gedeckt oder war auch selbst irgendwie daran beteiligt gewesen. Nun saßen sie gemeinsam hier ein. Die Tochter oben, in einer der Gemeinschaftszellen und schon verurteilt, die Mutter hier unten, noch in U-Haft, zusammen mit mir. Manchmal sahen sie sich, beim täglichen halbstündigen Spaziergang auf dem Dach des Gefängnisses, den die Häftlinge in Zweierreihen zu gehen hatten, immer schön im Kreis herum. Reden durften sie nicht ein einziges Mal. Und doch, das Gefängnis hatte seine eigenen Gesetze. Kein Laut war hier ohne Bedeutung. Kein Klopfen verhallte ungehört. Man musste nur den Code verstehen. Dann gingen tagtäglich Nachrichten ein.

Eine davon galt eines Tages mir.
„Benni ebenso inhaftiert … Sitzt in Dresden ein", so signalisierte sie mir.

Das allerdings fand ich fast eigenartig. Wir saßen also zur gleichen Zeit ein, ein jeder von uns an einem anderen Ort und ganz gewiss auch mit ähnlichen Erfahrungen. Wenn ich jetzt aber an ihn dachte, empfand ich da kaum anderes in mir, als ich beispielsweise auch für Brunhilde, meine Zellengenossin, verspürte: Mitgefühl, aber kein Verlangen oder gar das Gefühl von Gemeinschaft. Lange kam ich nicht dahinter, was es war. Eines Tages aber ging es mir wie von selbst auf, am Verhalten von Brunhilde, die an jenem Tag gerade mal wieder besonders stark unter der Haft, besser, der ihr entzogenen Freiheit litt. Ganz klar – Brunhilde saß ungewollt in Haft, ebenso wie Benni! Ich jedoch hatte frei Ja gesagt zu diesem Schicksal. Schon allein diese Tatsache grenzte mich aus der Gemeinschaft der Flüchtlingshäftlinge aus, machte mir eine Gemeinschaft mit Brunhilde oder eben jetzt auch mit Benni unmöglich. Ich konnte vielleicht mitfühlen, was beide empfanden – durch die eigene Erfahrung meiner ungewollten Haft, damals in Berlin-Buch –, aber nicht mit ihnen leiden. Denn für mich gab es – bis auf den Umstand, dass auch nicht das Geringste über Nanas Befinden zu mir drang – kein Leid in dieser Gefangenschaft. Wie auch?! Essen, trinken, reden, schlafen und keinerlei Anforderungen an mich – die Haft hatte in meinen Augen beinahe Urlaubscharakter. So schaute ich auch nicht auf das, was ich nicht hatte, sondern auf das, was da noch vorhanden war. Wie zum Beispiel das Klopapier

und ein winziges Stück von einem Bleistift. Politisch Inhaftierte durften nicht arbeiten, zumindest nicht während der U-Haft. Bekamen nichts zu lesen und durften nur schreiben, wenn es sich um Anwaltspost handelte. Also schrieb ich auf dem Klopapier eine Art Tagebuch. Schlicht Gedanken, die mir so kamen, ganz sporadisch und auch nur dann, wenn mir gerade danach war. Eines Tages wurde ich erwischt. Bei einer Routinekontrolle in der Zelle fand eine Wärterin die Aufzeichnungen und nahm sie mit fort, samt dem Bleistift. Entziffern aber konnte das Geschriebene niemand, deshalb blieben mir unangenehme Folgen daraus wohl auch erspart. Die Zeilen waren in Steno verfasst. Stenografieren hatte ich zwar gelernt, war darin aber nie perfekt gewesen, was mir hier nun zugutekam – denn das mir Fehlende hatte ich stets durch Eigenkreationen ersetzt, die niemand außer mir zu entschlüsseln verstand.
Die Taktik, den Insassen durch Nichtstun und Nichts-hören-Lassen, stupide Routine oder Demütigungen – wie die Anrede allein mit einer Nummer statt des Namens oder die stets unverhoffte Beobachtung durch den Türspion, gleich in welcher Situation man sich auch gerade befand – mürbe zu machen, sodass er gefügig wurde, fruchtete bei mir nicht. Im Gegenteil, der Gang zur Wäschekammer, aufs Dach oder ins Ärztereich war mir eher ungelegen als willkommen. Das Gespräch mit anderen suchte ich nicht, und Zeitungen hatte ich auch draußen

schon nicht gelesen. Stille liebte ich, und auf das Alleingelassensein – auch oder gerade innerhalb einer Gemeinschaft – verstand ich mich ohnehin bestens. Schließlich hatte ich auch an Demütigungen schon Schlimmeres erfahren, da fügten die Häftlingsnummer oder das ständige Beobachtetsein beim Stuhlgang auf dem Klo – das sich zudem noch direkt vor dem Esstisch der Zelle befand; nicht selten kam es vor, dass pünktlich zur Mittagszeit gleich zweierlei eintraf: der unaufhaltsame Stuhlgang Brunhildes und das Mittagessen für uns zwei – nur ein Unwesentliches hinzu. Hinzu zu meinem festen Standpunkt, dass Menschen sich gegeneinander schlimmer verhalten, als jedes Tier es unter seinen Artgenossen tut, und ihnen von daher auch unter gar keinen Umständen zu trauen ist!

Der Tag der Verhandlung. Ganz früh am Morgen werde ich aus der Zelle geführt. Per geschlossenem Polizeiwagen überführt man mich ins Gerichtsgebäude und sperrt mich dort in den Keller. Fensterloser Zweiquadratmeterraum. Ein Tisch, ein Stuhl – Spion in der Tür. Stundenlang! Aber das Warten bemerke ich nicht, ich fühle mich wunderbar daunig. Wattebauschig! Die Wachen haben die drei Pillen in meiner Manteltasche übersehen. Die habe ich genommen, gleich alle drei auf einmal und auf nüchternen Magen – zu essen hat es bislang nichts gegeben, nicht vorher und auch jetzt nicht.
Irgendwann geht mir während des Wartens auf, dass

ich genau im Keller jenes Gebäudes sitze, in dem auch die jetzige Frau meines Vaters tätig ist.

„*... auch so eine Parteiwanze!*", denke ich spitz bei mir. Nur kurz, dann lasse ich meinen Vater und diese Frau wieder los. Schließlich hat jeder sein eigenes Leben, und es wird ihm so gegeben, ganz gleich wie er es gerade auch selber will.

Das Warten dauert Stunden, die Verhandlung indes ist kurz. Sehr kurz sogar. Immer wieder versucht die Richterin, Nana ins Feld zu führen oder meine eigenen Chancen und Vorteile hervorzuheben. Sie tut so, als wäre Nana nicht bei Sören oder zumindest doch nicht mehr lange. Die leise Stimme in mir signalisiert mir jedoch ganz anderes: Ruhe und Sicherheit! Also verlege ich mich wieder aufs Schweigen, lehne dabei jegliches Einlenken ab. So findet die Verhandlung ein jähes Ende und ich werde bald im Anschluss daran auch schnell wieder in die Keibelstraße überführt. Hier ist das Abendbrot schon vorüber, mit knurrendem Magen lege ich mich ins Bett, schlafen aber kann ich nicht. Es folgt eine durchwachte Nacht, in der ich diesmal die Ungewissheit über Nanas Aufenthaltsort doch mindestens hundertfach schlimmer empfinde als die reale Möglichkeit der tatsächlichen Verurteilung zu jahrelanger Haft.

Aber auch diese Nacht ging vorüber, ebenso wie noch viele andere danach. Wie viele es nun insgesamt waren, weiß ich nicht mehr. Auch nicht, warum ich dann doch so urplötzlich entlassen wurde, obgleich ich – wider alle Versprechungen, Bitten oder Drohungen – weder etwas unterschrieben noch bei der Gerichtsverhandlung irgendein Zugeständnis gemacht, geschweige denn die Rücknahme meines Ausreiseantrages in Aussicht gestellt hatte. Nichts dergleichen hatte ich getan, und doch stand ich jetzt wieder vor meiner Wohnungstür. Noch immer im Hausarrest, aber auch mit der Auflage, wieder in den Betrieb zu gehen. Sören brachte mir Nana. Unverändert fröhlich, flog sie mir schon von Weitem entgegen. Die Trennung hatte uns nicht getrennt, im Gegenteil, stelle ich erleichtert fest. Auch Sören war nicht unfroh darüber, mich wieder draußen zu sehen, offenbar war nicht alles so glattgegangen zwischen den beiden, wie er es sich versprochen hatte. Was aber das Heim betraf, so war Sören diesbezüglich nie behelligt worden, mein Gefühl die ganze Zeit der Haft über war also keine Täuschung gewesen, sondern hatte unverfälscht nur die Realität wiedergegeben. Es war richtig, so befand ich nun: Auf Menschen war kein Verlass, aber auf das Fühlen in mir, jenes leise Flüstern, doch sehr.

Benni traf ich am Nachmittag auf der Straße wieder. Auch er war urplötzlich entlassen worden: „Heute", genau wie auch ich, „am frühen Morgen!"
Hatte er irgendwas unterschrieben? Zugeständnisse gemacht? Ich fragte Benni nicht, und er erzählte auch

nichts. Er trauerte um seine langen Haare, die man ihm abgeschnitten hatte. Wir waren uns völlig fremd geworden, die Haft hatte andere Menschen aus uns gemacht.

„... *nur gut*", so dachte ich erleichtert, ja fast froh, „*dass wir nicht zusammen wohnen!*"

In den Betrieb ging ich nicht, auch brachte ich Nana nicht mehr in die Schule. Ich wartete! Auf irgendein Zeichen. Irgendetwas, von dem ich noch nicht wusste, was es war, bis es eintraf. Das war am Abend des achten oder neunten Novembers – auch das weiß ich nicht mehr genau. Ein ehemaliger Kollege, den ich zufällig auf der Straße traf, rief mir zu:

„Du, die haben die Grenze geöffnet, aber nur für ein paar Stunden!"
Ganz ruhig nehme ich diese Botschaft auf. Gehe gefasst in die Wohnung zurück. Packe eine Tasche und Nanas kleinen Rucksack. Dann nehme ich Nana fest an die Hand und laufe mit ihr – flauen Magens, aber doch festentschlossener Gewissheit – zu dem nahe gelegenen Grenzübergang hin. Und schließlich, Schritt für Schritt, auch noch gezielt auf den geschlossenen Schlagbaum zu. Niemand hält uns auf. Wir marschieren einfach durch! Jubel, Trubel, Heiterkeit? Nein! Nicht in mir! All die Bilder im Fernsehen später – mir sind sie fremd. Und selbst wenn ich tatsächlich auch mitten in diesem ganzen

Trubel gewesen wäre, so hätte ich ihn doch garantiert nicht wahrgenommen. Denn der Fall der Mauer war für mich kein äußeres Geschehen, sondern ein durchweg nur inneres. Feiern wäre mir von daher also auch überhaupt nicht in den Sinn gekommen. Überschwängliche Hysterie schon gleich gar nicht. Wer wusste denn schon, wie lange die Grenze offen blieb?! Niemand! Und Staatssicherheitsleute gab es überall. Nein, ich hatte keine Zeit zu feiern, ich musste Nana und mich erst in Sicherheit bringen. Und das tat ich denn auch, ohne Rast noch Ruh.

„Können Sie mich zum nächsten Auffanglager bringen?",
frage ich willkürlich einen an der Ampel wartenden Autofahrer.
Der ist sofort bereit. Fährt uns sogleich in das Notaufnahmelager Marienfelde. Dort empfangen uns meterlange Menschenschlangen. Wohin ich auch schaue, Menschen über Menschen. Alle Flüchtlinge! Auch wir gehören jetzt dazu, stellen uns an einer Schlange an. Abwartend, was weiter geschehen wird. Wir stehen für neue Papiere an, um eine neue Staatsbürgerschaft zu erlangen, so viel ist uns klar, wie es dann aber weitergehen wird, für jeden Einzelnen von uns, liegt noch fest schlummernd im Dunkel der Zukunft verborgen. Langsam geht es nach vorn hin voran, schnell füllt sich hinter uns die Schlange weiter an. Stimmengewirr, Kinderlachen,

Gewusel – ein stetes Kommen und Gehen. Und doch kein Durcheinander! Das Schlangestehen, Kommen oder wieder Gehen hat System. Der ganze Aufnahmeablauf ist gut durchorganisiert, unglaublich professionell und dabei noch durchweg von Herzen offen und jedem Einzelnen von uns Flüchtlingen persönlich zugewandt. Nie wieder habe ich solches erlebt wie an diesem Ort zu eben dieser Stunde – in der wir uns, zu unserer großen Freude, auch noch kulinarisch ganz eingebettet wiederfanden, in Erdnussbutter, Kaffee und Tee.

Kurz nach Mitternacht. Endlich sind auch Nana und ich wieder am Gehen, ist unser behördlicher Lauf im Notaufnahmelager beendet. Jetzt sind wir ausgestattet mit neuen Papieren, sogar solchen, die ich nicht beantragen wollte, wie dem C-Ausweis – nur für politisch Verfolgte –, der Beamte bestand darauf:
„… der bringt Ihnen viele Vorteile. Seien Sie nicht dumm, und nehmen Sie ihn an – als Entschädigung quasi!"
Herrje, auch das noch! Nein, ich wollte keine Sonderbehandlung. Im Grunde wollte ich ja nicht einmal wirklich „ein Wessi" sein. Alles was ich wollte, war, so schnell wie möglich einen Job finden und eine Wohnung, um wieder ein ganz normales Leben führen zu können. Ein freiheitliches Leben. Ganz so, wie ich es im Osten geführt und gespürt hatte.

Nun aber waren Nana und ich tatsächlich nicht mehr Bürger der Deutschen Demokratischen Republik, sondern Einwohner der Bundesrepublik Deutschland. Ein Zurück gab es jetzt nicht mehr, dafür aber waren wir endlich wieder frei von Hausarrest, konnten einfach gehen, wohin wir wollten. Erst jetzt konnte ich wirklich entspannen, fiel aller Druck von mir ab – wir hatten es geschafft: Ja, wir waren wirklich in Sicherheit! Und ob schließlich die Grenze nun offen blieb oder nicht, interessierte mich nicht. Ich wollte allein nach vorne schauen und uns schnell wieder ein neues Zuhause aufbauen.

The Point of no Return – kein zurück mehr

Schnell aber, so lernte ich ziemlich bald, ging in diesem neuen Leben nichts. So ohne Verwandte oder Bekannte, die uns hier unterstützend – und sei es nur durch guten Rat – zur Seite gestanden hätten, gab es keine Abkürzung für uns, hatten wir jede einzelne Hürde der Eingliederung einzeln anzugehen und zu durchleben. Die erste hieß für uns Berlin-Spandau: „die Teppichhallen am Juliusturm". Ein Flüchtlingslager, wie es im Buche stand! Bislang kannte ich solche Lager nur vom Hörensagen, aus dem Rundfunk oder Fernsehen, hier erlebte ich nun eines hautnah. Eine riesige ausrangierte Teppichhalle beherbergte jetzt so an die zweihundert Feldbetten, allesamt aufgestellt in meterlangen Reihen, dabei dicht gedrängt Seite an Seite stehend. So dicht, dass der Arm des mir wildfremden Nachbarn des Nachts meinen Kopf, Bauch oder meine Brust berührte, sobald er ihn auch nur ein wenig heraushängen ließ. Jede einzelne Liege war belegt. Dabei herrschte ein fortwährendes Kommen und Gehen; eben noch saß oder lag da diese junge Frau in dem lila Pulli neben mir auf der Liege, wenig später war es ein alter Mann im klein karierten Hemd oder ein Kind, mit einem tief brummenden Teddybären in der Hand. Diese vielen Menschen, die unterschiedlichsten Gerüche, vor allem aber diese durchgängig enorme Geräuschkulisse: Stimmen, Schreie, Lachen, Poltern, Krachen, Weinen und Musik jedweder Richtung, von Klassik bis Hardrock, aus tragbaren Radios – kein einziger stiller Fleck war hier zu finden! Und das war nun wirklich nichts für mich, auch wenn ansonsten das Personal nett, das Essen gut und die sanitären Anlagen immer sehr sauber waren – in dieser Umgebung konnte ich keinen klaren Gedanken fassen, also bettelte ich schon nach der ersten Nacht – und von da an nun tagtäglich – fast stündlich das zimmervermittelnde Betreuerteam an:

„Bitte, ich halte das nicht aus! Geben Sie mir doch ein Zimmer – es reicht ja ein ganz winziges, Hauptsache, es sind Wände um Bett und Stuhl herum, ja?!"

Benni?! Den hatte ich ganz vergessen in diesem mir so anstrengend erscheinenden neuen Leben hier. Und wenn ich jetzt an ihn dachte, so musste ich mir eingestehen, dass ich eigentlich auch recht froh darüber war, dass er nicht bei uns war. Wir waren uns doch völlig entfremdet – da war kein Lieben mehr, wäre ich sonst allein mit Nana über die Grenze gegangen? Ganz sicher nicht! Nein, Benni konnte ich hier nicht gebrauchen, ein Kind reichte mir. Hier brauchte ich – wenn überhaupt – jemanden, der fest anpacken konnte, das jedoch konnte Benni schon von Hause aus nicht, so war es gut, dass ein jeder von uns seinen eigenen Weg ging – Benni im Osten und ich hier im Westen, so dachte ich. Doch die Vorsehung wollte es anders.

Es war wohl schon unser vierter Tag im Flüchtlingslager. Um eine noch fehlende Unterschrift einzuholen, fuhr ich mit Nana noch einmal in das Auffanglager Marienfelde. Auf dem Rückweg, kurz vor dem Eingang zur S-Bahn, lief uns von der gegenüberliegenden Straßenseite fröhlich winkend ein Mann entgegen – Benni! Während Nana und er sich nun riesig freuten über das Wiedersehen, blieb ich ruhig stehen, kalkulierte indes verstandesscharf:
„Okay, ihr Himmel da droben ... Wenn das also so sein soll, dann wird Benni jetzt aber auch für uns mit ins Feld ziehen müssen, und das ohne Wenn und Aber!"
Und sogleich wusste ich auch schon, wie.

Familien oder Paare mit Kindern wurden bei der Zimmervergabe bevorzugt, hier fand sich auch der Grund dafür, warum ich mich noch immer in den Teppichhallen befand – ich hatte keinen Partner vorzuweisen:
„Nun denn, ihr Lieben", so feixte ich nun still vor mich hin, *„jetzt hab ich einen!"* Und hatte ich nicht erst gestern zur Pritschennachbarin gesagt, dass ich alles dafür tun würde, um aus diesen Teppichhallen rauszukommen?! Ja, genau!

Benni indes ist derart begeistert, mich zu sehen, dass er die feine Distanz zwischen uns nicht einmal bemerkt. Überglücklich zieht er mich in seine Arme, lässt mich lange nicht los:
„Und ich dachte schon, ich sehe dich nie wieder!", stammelt er dabei ein um das andere Mal vor sich hin.
Benni war an dem gleichen Abend über die Grenze gegangen wie Nana und ich, nur eben zu einer anderen Zeit und über einen anderen Grenzübergang. Im Gegensatz zu mir aber hatte er mich gesucht, vor dem Übergang im Osten schon und auch hier,
„… die ganzen Tage über!"
Eine hervorragende Grundlage also, so befinde ich, um Benni sogleich nun auch ganz für mich und mein Anliegen zu gewinnen. Kurzerhand frage ich ihn:
„Waren wir also doch ein richtiges Paar?"

„Na klar! Was denkst du denn?", gibt Benni hastig zurück. „Das werden wir auch weiter sein – das heißt, wenn du noch willst?!"
„Natürlich will ich, du Dummerchen", gebe ich nun an, mir meines Sieges ja bewusst, „und damit wir beide wissen, wie sich das so anfühlt, ziehen wir auch wie ein richtiges Paar zusammen – ja?!"
Überschwänglich lacht Benni: „Ja! Ja! Ja! – Lass uns Nägel mit Köpfen machen!"

Benni war in einem anderen Flüchtlingslager untergebracht. Nun aber nahm ich ihn kurzerhand nach Spandau mit und stellte ihn dort postwendend auch sogleich dem Betreuerteam vor:
„Also, ich hab' ihn wiedergefunden!", log ich glatt, dabei geflissentlich die Tatsache übergehend, dass ich hier bislang nie auch nur ein einziges Wort von einem Partner gesprochen hatte. „Und nun macht es ja wenig Sinn, Herrn Wolfsstock erst noch hierher zu holen, die Halle ist doch eh schon hoffnungslos überfüllt …, aber getrennt geht ja auch nicht, nicht wahr?!", behauptete ich weiter, während die drei Betreuer allesamt interessiert auf Benni sahen. „Können Sie uns da nicht gleich ein Zimmer vermitteln?!", schlug ich keck schließlich einfach vor, doch die Betreuer schmunzelten nur, zu gut kannten sie mich inzwischen schon. Und doch, mein beharrliches Auftreten verfehlte seine Wirkung bei ihnen wohl nicht.
Zwei Tage später. Mal wieder stehe ich bettelnd im

Büro, diesmal vor der Leiterin:
„… bitte, Frau Zander – wir brauchen doch nur ein ganz kleines – ja?!" –
da geht ein Anruf bei ihr ein. Ohne zu antworten, greift Frau Zander nach dem Telefon, lauscht hinein, und nicht lange, da hellt sich ihr Gesicht plötzlich strahlend auf:
„Ja, verstehe … Drei Personen also?!", fragt sie sachlich in den Hörer hinein, mich dabei aber schmunzelnd fixierend. „Gut! Da kommt dann eine Frau Sommermond zu Ihnen, mit Kind und Partner …", und dann gibt sie doch tatsächlich meine Personalien durch.
„Und? Dürfen wir?!", platzt es aufgeregt aus mir heraus, kaum dass Frau Zander ihr Gespräch beendet hat.
„Ja, Sie dürfen!", freut sich Frau Zander nun mit mir. „Und zwar sofort, wenn Sie wollen, in unser Spandauer Übergangsheim – nicht weit weg von hier, in der Kisselnallee …"

Übergangsheim Kisselnallee. Mitten im Grünen, ein Flachbau. Drumherum eine gepflegte Rasenanlage. Drinnen viele Einzelzimmer, eine Gemeinschaftsküche und zwei große Duschräume mit externem Toilettentrakt. Ein eigenes Zimmer! Herrje, welch eine Wohltat! Wenn auch bestimmt nicht viel mehr als zwölf Quadratmeter groß. Ein Tisch darin, drei Stühle und ein Schrank. Ein Doppelstockbett an der rechten Wand – längs entlang –, und unter dem

großen Fester noch ein einzelnes Bett, quer stehend. In Anbetracht der Teppichhallen für uns ein Garten Eden. Nun sind wir zu dritt. Wir kommen gut miteinander aus. Benni ist sehr anspruchslos, was das Leben anbelangt. Interessiert sich nur für Musik. Allem anderen Streben verweigert er sich. Klar, dass er keine Arbeit findet – er will nicht.
„Gottlob!", erkenne ich dankbar nach kurzer Zeit.
„Der ist ein echter Segen für dich!"
Denn ich wollte Arbeit, um jeden Preis, und fand sie auch, sofort. Zunächst in einer Personalleasingfirma, die mich in das Personalbüro einer Schokoladenfabrik sandte. Doch nach zwei Wochen schon wurde ich abgeworben. Durch einen Mitarbeiter eines Armaturen herstellenden westdeutschen Metallkonzerns, der eine kleine Zweigstelle in Berlin hatte. Hier nun wurde ich angestellt als Sachbearbeiterin oder auch zweite Sekretärin. Das war perfekt. Eine Arbeitszeit von fünfundzwanzig Stunden die Woche und ein Topgehalt. Vom ersten Gehalt kaufte ich uns zunächst ein Auto. Einen himmelblauen Käfer für ganze zweihundert Deutsche Mark. Mit diesem fuhr ich nun allmorgendlich gegen sieben Uhr ins Büro und nach eins wieder zurück ins Übergangsheim. Ein halbes Jahr lang. Während Benni für Nana da war. Ohne ihn wäre das nicht gegangen. Aber auch für ihn wäre es ohne uns wohl nicht gegangen. Denn wenn auch Nana Benni nie wirklich so ganz für voll nahm, so erfüllte sie ihm doch sein starkes Bedürfnis nach einem zuhörenden Ohr und

Verständnis für seine zarte Künstlerseele. Der raue Westen mit seiner Ellenbogenmentalität flößte ihm noch Jahre nach dem Mauerfall Furcht ein.

Das Gemeinschaftsleben im Übergangsheim interessierte mich kaum. Benni war derjenige, der die Kontakte knüpfte und auch pflegte. Und natürlich die Kinder untereinander, wobei Nana selten diejenige war, die diese Kontakte suchte, sondern eher von anderen gesucht wurde. Nana eiferte mir nach, wann und wo immer sie es konnte. Und da ich mich zu niemandem hingezogen fühlte geschweige denn mich mit den anderen Bewohnern gleichsetzen wollte –

„... alles Schmarotzer und Lügner. Im Osten nichts geschafft, hier nicht anders ..." –,

tat auch Nana so.

Nein, felsenfest blieb ich dabei und sprach es auch genau so aus:

„Im Grunde habe ich hier nicht hergewollt, ich bin nur keine Ossi mehr, weil ich keine mehr sein durfte, sondern Hausarrest bekam, und überdies fliegt einem hier im Westen auch nichts umsonst zu – im Gegenteil!"

Wenn ich also die Gemeinschaftsräume nutzen musste, dann tat ich das stets zu Zeiten, da diese möglichst gerade kein anderer nutzte.

„Und was ist mit Geselligkeit?", fragten mich die Heimbewohner in dieser Zeit oft, die selber nicht müde wurden in ihrem Bestreben, mich dennoch

erfolgreich in die Gemeinschaft zu integrieren. „Du musst doch mal entspannen?!"
„Oje, also dafür habe ich nun wirklich keine Zeit", gebe ich indes hochmütig zurück, „der neue Job, Nana und die Schule, Benni und schließlich noch die Wohnungssuche – nee, wirklich, mit all dem habe ich genug zu tun!"

Und dann kam noch etwas hinzu, und zwar gleich in der ersten Nacht unseres Einzugs in das Übergangsheim. Nana war fest eingeschlafen, lag im unteren Bett des Doppelstockbettes, das Gesicht zur Wand gedreht. Währenddessen lag Benni noch kurz bei mir, in dem Einzelbett unter dem Fenster; ein langer Kuss, eine innige Umarmung, dann eine Fünfsekundenvereinigung – nun war ich schwanger! Benni freute sich riesig darüber. Meine Gefühle signalisierten das Gegenteil:

„... ausgerechnet jetzt! Und überhaupt, ich sollte doch gar keine Kinder mehr bekommen!? Haben die mir doch damals gesagt – damals, nach meiner Krebsoperation ... Und obendrein noch von einem Mann, der so absolut keine Verantwortung für sein Leben übernehmen will. Schöner Mist!"

Und doch, wenn ich auch sonst bei jeder sich bietenden Gelegenheit stets sofort und unmissverständlich klarstellte, wer in unserer Zweckverbindung nun das entscheidende Sagen hatte, was diese Schwangerschaft betraf, war ich doch im Zweifel.

Denn wenn auch diese Zweckverbindung nicht gerade eine bequeme war, so war sie dennoch für mich eine von der schönen Art. Denn Benni blickte zu mir auf, liebte mich aufrichtig und ließ mir dennoch meine Freiheit. Mit Engelszungen und Gitarrenklang gelang es ihm schließlich, mich umzustimmen:
„Okay, wir bekommen das Baby!"
Und einmal entschieden, begann auch ich nun, mich auf das Baby zu freuen:
„... was soll's, wir schaffen das schon!"

Und ich hatte tatsächlich in dieser Zeit enorme Kraft. Bekam alles gut unter einen Hut. Selbst die gelegentlichen Fortbildungsseminare der Firma, die nie in Berlin, sondern stets an deren Hauptsitz – im Hessenland – abgehalten wurden, was meinem ohnehin schon übersteigerten Selbstbewusstsein natürlich kräftig Nahrung gab. Mehr und mehr mutierte ich zu einem echten Mannweib. Einer Powerfrau, die offenbar alles im Griff hatte. Und so sah es tatsächlich ja auch aus – Anerkennung pur! Und das ganz gleich in welchen Bereichen meines neuen Lebens. Ob bei der Arbeit, im Übergangsheim oder in der Familie und trotz des steten Anwachsens meines Bauches – es ging mir blendend, ich fand mich wieder ausnahmslos erfolgreich – denn nicht ein einziges Mal hatte ich den C-Ausweis genutzt – und somit auch unwiderstehlich gut. Schließlich war es dann auch mit der Wohnung so weit, ich durfte

mir eine Dreizimmerwohnung ansehen. All das in relativ kurzer Zeit, gerade mal ein halbes Jahr hatte i c h dafür gebraucht – mein Glück schien mal wieder vollkommen. Doch die Sache mit der Wohnung – sozialer Wohnungsbau – hatte einen verhängnisvollen Haken, den ich aber in meinem Höhenflug bei der amtlichen Vertragsübernahme nicht ernst genommen hatte:
„Drei Zimmer stehen Ihnen eigentlich nicht zu, Frau Sommermond", klärte mich die Dame vom Bezirksamt Schöneberg sachlich und noch vor Vertragsunterzeichnung auf.
„Wieso nicht? Ich bin schwanger!", empörte ich mich.
„Das tut nichts zur Sache, das Baby ist ja noch nicht geboren!"
„Na wunderbar – und nun?! Soll ich zweimal umziehen, einmal vor der Schwangerschaft, einmal danach? Verstehen Sie nicht?! – Ich muss raus aus dem Übergangsheim!"

„Das sollen und das dürfen Sie ja auch", gab die Beamtin ruhig zurück, „wenn Sie aber eine Wohnung mit drei Zimmern beziehen wollen, müssen Sie zu dritt sein."

„Sind wir doch", unterbrach ich die Frau, „Herr Wolfsstock zieht doch mit!?"
„Herr Wolfsstock zählt auch nicht", gab die Beamtin wider Erwarten zurück, „Sie sind nicht mit ihm

verheiratet!"
Also, das hielt ich nun wirklich für einen Scherz, und wenn ich nun auch nicht gerade laut lachte, so amüsierte ich mich dennoch innerlich aufs Köstlichste. Hatte ich doch gedacht, ich sei in eine fortschrittlich aufgeklärte und moderne Welt übergesiedelt, nun aber schien ich im Mittelalter gelandet zu sein. Deshalb fragte ich noch einmal nach:
„Also, Moment mal, nur damit ich das richtig verstehe – mein Baby zählt nicht als Person, weil es noch nicht da ist, und mein Partner ist nur dann Person, wenn er mit mir verheiratet ist? Das kann doch nicht Ihr Ernst sein?!"
Die Beamtin nickte nur, fuhr unbeirrt fort:

„Es ist allein Ihre Entscheidung, Frau Sommermond, entweder Sie warten noch mit dem Umzug, bis Ihr Baby auf der Welt ist, oder Sie sichern uns zu, dass Sie und Herr Wolfsstock bis spätestens drei Monate nach Ihrem Einzug in die Wohnung heiraten …"
Kurz war sie still, schaute auf Benni, der sofort eifrig nickte, dann wieder auf mich:
„Und Sie?"
„Ja!", hörte ich nun auch mich laut sagen, dabei stand im Innern für mich fest: *„Nein, niemals! Die werden das vergessen. Und wenn wir erst in der Wohnung sind, wird uns auch niemand mehr vor die Tür setzen. Eine Mutter mit zwei Kindern dann, so grausam kann ja keiner sein."*

Aber hierbei hatte ich tatsächlich die Rechnung gänzlich ohne den Wirt gemacht. Wir hatten zwar nichts unterschrieben diesbezüglich, aber doch, auf das Pünktlichste – gleich zwei Wochen nach unserem Einzug – kam diese Auflage zu heiraten gar noch schriftlich ins Haus:
„… anderenfalls ist Ihr Anspruch auf die von Ihnen bezogene Dreizimmerwohnung verwirkt und Sie müssen wieder ausziehen. Kommen Sie dieser Aufforderung nicht nach, werden wir per Gerichtsbeschluss die Wohnung räumen lassen …"
Das also war der goldene Westen, samt seiner so viel gepriesenen Demokratie, dachte ich missmutig über diesen Bescheid –
„… die zwingen mich doch tatsächlich zu heiraten. Das ist Nötigung! Und wahrscheinlich zögen die dann auch noch die angedrohte Räumung durch, so ich mich weigere. Wie war das noch gleich mit deren Verfassung? Die Freiheit eines jeden Menschen ist unantastbar?! Schon klar, das ist hier nicht anders als im Osten … Und nun?"

Im Gegensatz zu mir schien dieser Zwang zur Heirat Benni sehr recht:
„Wir lieben uns doch, da können wir auch gleich heiraten", sang er mir, sirenengleich, nun fast täglich ins Ohr.
Schließlich gab ich nach, ich hatte ja auch keine andere Wahl, das ungute Gefühl aber blieb mir. Nun

lebten wir gerade einmal ein halbes Jahr in dieser neuen Welt, waren eben erst eingezogen in diese neue Wohnung; eine Hochschwangere mit achtjähriger Tochter, einem Arbeitslosen und keinem einzigen Möbelstück, wollten nun aber auch – allem zum Trotz – richtig Hochzeit feiern. Und um uns dies nun zu erfüllen, wie auch den Wunsch nach Möbeln in der neuen Wohnung, nahm ich den allerersten Kredit in meinem Leben auf. Im Osten waren wir vor Kreditaufnahmen stets geschützt gewesen, da hieß es, Geduld aufzubringen für jegliche Art von Anschaffungen. Hier nun versuchte man uns an jeder Ecke mit einem Kredit, waren wir der Verlockung, Geld auszugeben, was wir nicht besaßen, schutzlos ausgeliefert.

„Bei uns ist das durchaus üblich so", erzählte uns auch der freundliche Herr an der Kasse des Bezirksamtes in Schöneberg, „für Sie als Aussiedler haben Staat und Bund gar ein zinsloses Angebot …"
„Siehst du", war Benni sogleich hocherfreut, „also wenn das sogar der Staat fördert, dann muss die Rückzahlung ja auch machbar sein. Lass uns zur Bank gehen, das schaffen wir schon!"
Also, was die Referenz „Vater Staat" anbelangte, da war ich nicht zu überzeugen, denn diesem neuen Vater traute ich nach seiner Nötigung zur Ehe eher noch weniger über den sprichwörtlichen Weg als je meinem alten zuvor, selbst noch im Hausarrest. Aber es brauchte mich auch niemand zu überzeugen,

ein leeres Kinderzimmer fand ich Grund genug, um diesen Kredit aufzunehmen.

Noch vor der Hochzeit verliere ich das Baby.
Eben auf der Leiter stehend und dabei die Decke im Wohnzimmer streichend platzt mir urplötzlich die Fruchtblase. Viel zu früh, erschrecke ich, aber es stellt eine Tatsache dar, also rufe ich den Notarzt an. Unendlich dankbar für das Telefon, das wir hier besitzen – „... *wenigstens diesen Vorteil hat der Westen ...*"
Der Notarzt liefert mich direkt in das Krankenhaus auf der gegenüberliegenden Straßenseite ein. In einem Krankenwagen und mit Blaulicht einmal um den Häuserblock – mir ist das ganze Aufsehen sehr peinlich, aber laufen lässt der Arzt mich nicht. Das Kind in meinem Bauch ist bereits tot:
„Keine Herztöne mehr ...", diagnostiziert die Ärztin im Krankenhaus.
Der Körper will das tote Kind abstoßen, aber liegend und ohne die Hilfe von natürlichen Wehen ist das schwer. Zu schwer für mich, die Schmerzen kann ich kaum ertragen – ich trete zwischendurch immer mal wieder weg. Kurz bevor die Ärzte sich für eine OP entscheiden, entbinde ich dann aber doch. Und mehr als über die Schmerzen selbst bin ich nun tagelang und fast durchweg über die scheinbare Sinnlosigkeit der gemachten Erfahrung entrüstet – „... *die ganze Schwangerschaft – alles umsonst! ... Gebären – obgleich ich genau weiß,*

dass längst tot ist, was ich da gebären soll ... Wo liegt da der Sinn? ..."
Benni ist ehrlich betroffen. An Nana geht all das irgendwie spurlos vorbei. Aber auch diese Tage vergehen, wie alles im Leben.

Eine lange Woche in diesem Krankenhaus liegt hinter mir. Ein letztes Mal stehe ich am Vorabend meiner Entlassung auf der Terrasse der Kinderstation. Schaue herüber zu dem Wohnhaus, in das ich eben erst eingezogen bin. Da tritt eine Patientin hinzu, schenkt mir das Vertrauen in das Leben wieder neu:
„Na, alles gut?", fragt sie mich lächelnden Blickes, bevor sie sich eine Zigarette anzündet. „Nicht wahr, der Tag beginnt immer wieder neu!?"
„Ja!", gebe ich berührt zurück und empfinde sogleich auch tiefe Freude. „Ja, wirklich, Sie haben recht ... Spendieren Sie mir auch eine?"
Lächelnd tut sie das. Schweigend rauchen wir, und schweigend gehen wir wieder auseinander. Vor dem Einschlafen denke ich noch einmal an die Begegnung mit dieser Frau:
„Danke! Ja, Danke – kein Baby mehr da und alles umsonst. So ist das Leben, es offenbart sich nicht – dafür aber darf ich jetzt auch wieder rauchen ..."

Und schließlich werde ich verstohlen noch Monate danach in jeden Kinderwagen sehen, der meine

Wege kreuzt. Irgendwann aber ist auch dieser Tod durchlebt, finde ich mich erneut wiederbelebt.

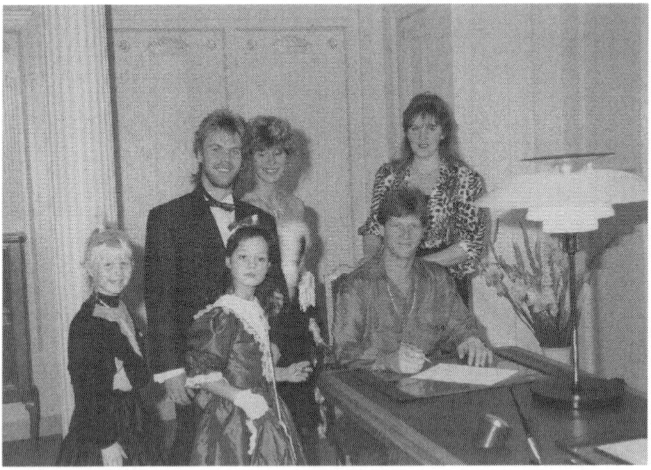

Die Hochzeit war schön. Dann aber kam unweigerlich der Alltag heran. Wir versagten kläglich. Und alsbald bekam dann auch mein übersteigertes Selbstbewusstsein – und zwar restlos und ein für alle Mal – die Flügel gestutzt. Dieses Stutzen nahm seinen Anfang an einem ganz normalen Arbeitstag. Im Büro gab es eine kleine Feier. Ein Jubiläum. Die fünfundzwanzigjährige Betriebszugehörigkeit der ersten Sekretärin. Und gleichzeitig deren Verabschiedung:
„Unsere gute Frau Sauer wird nun eine verdiente Pensionärin. Sie wird uns fehlen!", höre ich den Firmenchef sagen.
„Klingt wie eine Grabrede ...", denke ich. Dann sehe ich mich um und stelle fest, was ich da sehe, sehe ich heute zum ersten Mal in den zwei Jahren, die ich jetzt schon hier bin:
„... Himmel, war das schon immer so düster hier?!", frage ich mich erstaunt. *„Und erst die Kollegen ..."*
Urplötzlich habe ich das Gefühl, in einer Art Kellerloch zu stecken. Alles eng, verstaubt, so traurig.
„... so düster, so düster ... Ist das meine Zukunft: Unsere gute Frau Sommermond – sie wird uns fehlen? ... Nein, das kann nicht sein, und das will ich auch nicht annehmen! ... Gesicherte Laufbahn kontra Freiheit? ... Lass den Quatsch, Juli – diese Frage stellt sich erst gar nicht! Ganz klar, was du wählst – Freiheit!"

So war schließlich durch dieses Erleben die Idee zur Selbstständigkeit geboren. Aber womit sollte ich mich selbstständig machen? Das fragte ich mich Tage später noch. Für Benni jedoch lag das längst auf der Hand. Der hatte kürzlich für drei Wochen einen Job bei einem Hersteller von medizinischen Zahnpflegeprodukten angenommen. Mit einer kleinen Graviermaschine stand er in oder vor den Apotheken Berlins und gravierte – nach Wunsch der Kunden – Namen in deren zuvor gekaufte Zahnbürsten ein. Benni erhielt sehr gutes Geld dafür. Dennoch kündigte er diesen Job schnell wieder auf, denn in der Tat hatte er dabei
„… durchweg alle Hände voll zu tun!"
Und richtig zu tun haben, war nun wirklich nichts für Benni. Aber er hatte etwas erkannt dabei:
„Du, diese Wessis steh'n auf so was … Überleg doch mal, was sich verdienen lässt, wenn man das als Selbstständiger macht?!"
Von dieser Idee ist Benni nun fortan wie besessen. Was nun wiederum alles andere als normal für ihn ist, sodass ich schließlich selbst daran zu glauben beginne, dass eine Selbstständigkeit in dieser Form auch für uns erfolgversprechend ist. Und mit meinem gerade erst durchlebten Grabredenbüroerlebnis ist es auch für das Bankinstitut ein Leichtes, mich darin unterstützend zu manipulieren. Welch ein Übermut, kann ich heute dazu nur sagen. Zwei Ostler, ganz frisch gerade im neuen Leben angekommen.

Mit absolut keiner Kenntnis der Gesetzmäßigkeiten einer freien Marktwirtschaft und niemandem weit und breit an ihrer Seite, der sie darüber hätte aufklären können, geschweige denn sie davor bewahrend gewarnt hätte. Im Gegenteil, Betrug an allen Ecken und Enden. Aber gut, frei wollte ich sein – dazu hatte ich mich frei entschieden –, frei fiel ich auch!

Wie es dazu kam, dass ich mich plötzlich irgendwo in einem westdeutschen Dorf in einem Seminar befand, zusammen mit vierzig anderen Menschen, die alle das gleiche Ziel hatten – in wenigen Minuten einen Glasgravurencomputer nebst Glas und Verkaufskonzept zu erwerben –, weiß ich heute nicht mehr. Der Abend zuvor aber ist mir doch sehr präzise im Gedächtnis geblieben.

Erschöpft sitze ich an jenem Abend in der Badewanne. Benni hinter mir auf dem Wannenrand. Mir ist nicht wohl bei der Sache, am nächsten Morgen nach Westdeutschland zu fahren und einen Vertrag zu unterschreiben, der mich dazu verpflichtet, einen Gravurencomputer im Wert von sechzigtausend Mark und dazu noch Material für zehntausend Mark zu erwerben. Das sage ich Benni auch:
„Du, wir sollten das lassen! Irgendwas fühlt sich da nicht richtig an – einen Kredit aufzunehmen in einer solchen Höhe ist kein Pappenstiel!"
„Ach was!", schnurrt Benni. „Wovor hast du Angst?! Das geht super, wirst sehen, ich hab' es

doch selber erlebt – und ich steh' ganz hinter dir!"
„Ja, hinter mir – das ist auch so etwas, was mir Angst macht …"
„Du brauchst keine Angst haben – wirklich nicht!", beteuert Benni wieder. „Ich werde dich unterstützen, wo ich nur kann!"
Das beruhigt mich nicht sonderlich. Dennoch lasse ich es dabei bewenden. Innerlich hoffend auf den Sachbearbeiter meiner Bankfiliale, der die Höhe des Kaufpreises zu diesem Zeitpunkt noch nicht kennt …
„… der wird mir eh keine siebzigtausend geben – so ohne alle Sicherheiten!"

Vergebliche Hoffnung! Als ich an jenem Tag in Westdeutschland den Vertrag unterschrieben habe und mit diesem dann – wieder in Berlin – anschließend die Bankfiliale betrete, erhalte ich ohne Weiteres einen Kredit von siebzigtausend Mark.
„Okay, also wenn selbst die Bank diesem Konzept und der Maschine dazu vertraut, dann sollte auch ich nicht länger zweifeln, sondern einfach loslegen …", so denke ich schließlich bei mir.
Und das tat ich dann auch, loslegen, indes mein ungutes Gefühl dabei stets geflissentlich übergehend. Die sichere Stellung in der Firma gab ich auf. Nahm die Maschine in Empfang, die Glas-, Plastik- und Bronzeschilder dazu und begann ein neues Leben als Graveurin in eigener Regie. Stand nun täglich mit mobilem Verkaufsstand in diversen Baumärkten. Graviere da dem Kunden ein, was immer er will

oder auch worauf er es will. Es sind viele Wünsche, auch sehr spezielle Wünsche, die ich durchweg alle erfüllen kann, doch gibt es nicht genug zahlende Kunden, die Einnahmen sind gering. Nach Abzug der Miete für den Stand, Materialien, Bedienung des Kredites und dergleichen mehr bleibt kaum etwas über. Sodass ich nun auch die Wochenenden oder Feiertage nutze, um mich mit der Maschine auf Wochenend- und Weihnachtsmärkten oder auch Straßenfesten zu verdingen. Jedoch, was ich auch tue, es reicht immer nur gerade so, um die Kosten zu decken. Benni und der Banker hatten nur die halbe Wahrheit erkannt:
„Ja, der Wessi steht auf Namensgravuren, aber zuvorderst nur, wenn er sie als Dienstleistung zu einem gekauften Produkt umsonst dazubekommt – wie jene Gravur damals in seine Zahnbürsten, die er zuvor in der Apotheke kaufen musste."

Nein, faul bin ich bestimmt nicht während dieses Lebens als Graveurin. Bin wirklich am Schaffen, statt bislang fünf Stunden nunmehr nicht unter zehn bis zwölf Stunden am Tag, während sich Benni derweil um Nana kümmert. Gute drei Jahre lang, dann überholt sich auch dieses Bestehende wieder, ich kann es nicht mehr halten. Der Grund ist ganz simpel: Benni ist inzwischen im Westen angekommen! Hat eine Band für sich gefunden – und somit auch wieder einen anderen Blickpunkt eingenommen. Nun zieht es ihn zu seinen Proben, hat er

immer häufiger Liveauftritte. Seinen Job als Hausvater kann er dabei nicht mehr erfüllen, somit auch nicht mehr „hinter mir stehen".
Als Folge daraus stehe ich bald mit der ganzen Last der Selbstständigkeit alleine da. Hoffnungslos überfordert und mit dem beständigen Gefühl im Herzen,

„... nirgends mehr zu genügen, niemandem mehr gerecht zu werden ..."

Von alldem bekam Benni nichts mit. Er lebte bereits in einer eigenen Welt. Allerdings nun auf unsere Kosten – hier brauchte es eine neue Gitarre, dort ein spezielles Mikro, auch reichte ihm schlichter Tabak nicht mehr, nun rauchte er ihn oft vermischt mit Gras. Immer häufiger war ich nun gezwungen, eine Aushilfe für mich an den Gravurenstand zu stellen, um am Nachmittag Nana versorgen zu können. Schuldgefühle, Druck, Zukunftsängste hegte ich nun auch Nana gegenüber, so konnte ich nicht weitermachen, irgendwas musste geschehen. Mit Benni war diesbezüglich kein Reden mehr, also beschloss ich für mich:
„Entweder Benni findet sich hier wieder ein, oder er muss raus aus dem Haus – und somit auch raus unserem Leben! ... Wo die Vereinbarung einer Zweckverbindung nicht mehr erfüllt ist, hebt sich auch der Vertrag auf, das ist nur zu normal. Es ist ja alles schon chaotisch genug. Und eines werde ich ganz bestimmt nicht zulassen, dass Nana ein

Milieukind wird. Haltlos schwankend, aufwachsend in einer miefig-stinkenden Marihuanahöhle ..."

Mein Beschluss trifft Benni jedoch völlig unerwartet. „Wie, Entscheidung?!", fragt er irritiert. „Es ist doch alles in Ordnung!" Fassungslos starrt er mich an, während ich zurückschnaube:
„In Ordnung?! Ist das dein Ernst?! Anscheinend ist es schlimmer noch, als ich dachte, wenn du dieses Leben in bester Ordnung findest!"
„Aber was ist denn nicht in Ordnung?", will Benni wissen. Jetzt bin ich es, die fassungslos ist:
„Sag mal, willst du mich auf den Arm nehmen?!"
Doch zugleich geht es mir auch auf. Natürlich, für Benni ist ja alles in Ordnung, sogar in bester Ordnung, er hat ja alles, was er zum Leben braucht. Und mir dessen sehr bewusst, dass man niemandem eine Entscheidung abverlangen kann, der nicht ebenso wie man selbst die Notwendigkeit dazu einsieht, treffe ich nun die Entscheidung für uns beide:
„Weißt du was, Benni, ich will darüber auch gar nicht mehr reden. Du wirst ausziehen – und das bald! ... Klar?!"
Benni schweigt. Die Lippen zusammengepresst. Den Blick starr ins Leere gerichtet. So sitzt er da, eine halbe Ewigkeit.
„Ist der jetzt irre geworden?", frage ich mich still.
„... oh, wie hässlich er jetzt ist ..."
Und in jenem Moment hasse ich ihn – abgrundtief. Nein, nicht ihn, geht es mir am Abend danach auf,

sondern im Grunde mich: dass ich es habe so weit kommen lassen und statt in der Freiheit nun im Gefängnis sitze. Ja, schlimmer noch – versklavt bin! Ausverkauft an ein politisches System, an eine Bank. An die ich zahle und zahle, wobei dennoch die zu tilgende Summe nicht niedriger, sondern gar höher wird, wie mir grinsend der Banker erklärt:
„Sie müssen doch erst die jeweiligen Zinsen abzahlen ... Sehen Sie, hier steht es! ... Das haben Sie eigenhändig unterschrieben."
Ja, das habe ich. Habe mein eigenes Leben und somit auch das meiner Tochter schlicht aus der Hand gegeben. Einem Menschenwort vertraut:
„... keine Angst, das wird super, ich steh doch hinter dir." Oder: „Das Konzept ist gut, Frau Sommermond, wir vertrauen Ihnen, Sie schaffen das ...", anstatt allein dem Warnsignal in mir zu folgen.
„Unglaublich!", schimpfte ich mich selber aus. *„Du idiotisches Huhn!"*

Ich bin restlos fertig mit mir. Kann mir selbst nicht vergeben. Und am liebsten würde ich mich nun gerne auch selbst rauswerfen, aus allem. Entfernen! Aber das geht nicht, ich stecke fest, und doch geht es dabei – freier Fall ins Bodenlose – noch weiter abwärts in die Tiefe. Benni weigert sich auszuziehen: Rosenkrieg! Er zieht in das Wohnzimmer, ich bleibe im Schlafzimmer. Und nun wird Benni frech. Er verlangt die Teilung des Kühlschrankes. Der Tassen, Teller, Löffel – bis hin zum kleinsten Schnipsel

Klopapier. Am Tage schläft, isst oder kifft er. Gegen Abend zieht er um die Häuser. Ist erst gegen Morgengrauen wieder zurück. Dazu das gesamte Rosenkriegspsychoprogramm. Keiner weicht einen Schritt zurück. Versucht gezielt, den anderen auszutricksen, zu vergraulen. Am schlimmsten sind die Wochenenden, die Nana daher, nun inzwischen schon fast ausnahmslos, bei den Nachbarn oder Freunden verbringt, während bei uns, im wahrsten Sinne des Wortes, schlicht die Fetzen fliegen.
Benni weigert sich hartnäckig weiter. Will uns tatsächlich zwingen, aus der Wohnung auszuziehen. Also ziehe ich einen Anwalt zurate:
„... keine Chance! Es sei denn, Ihr Mann wird handgreiflich. Das müssten Sie dann aber nachweisen."
„Eigenartig, dieser goldene Westen", erfasse ich still für mich, *„ich muss also erst halb totgeschlagen sein, eh hier jemand reagiert. Dass ein Kind damit gezwungen ist, sich in einem hochgradig aggressiven Umfeld aufzuhalten, scheint hier völlig ohne Belang zu sein."*

Mir bleibt also keine andere Wahl, als die Dinge selbst in die Hand zu nehmen. Benni nun aber derart zu provozieren, dass er zuschlägt, ist wahrhaft kein leichtes Unterfangen. Er ist kein Schläger, und darüber hinaus weiß auch er von dieser „Schlagmale-Möglichkeit". Sobald ich ihn also provoziere, zieht er sich flugs mit einem breiten Grinsen auf dem

Gesicht zurück. Was nun mich wieder fast rasend macht. Dennoch, letztlich bin ich die Stärkere – trotz allem –, und das weiß ich auch. Ich kann warten. Meine Stunde kommt. Und ehe ich mich versehe, ist sie auch schon da.

In jener Stunde ist es Benni, der zu provozieren beginnt.
„Ahh!", schießt es mir durch den Sinn, *„ganz sicher gab es Ärger in der Band! Mangelnde Anerkennung, da sieht Benni rot."*

Ein Wort erschießt das andere – am Ende schießen wir nur noch unterhalb der Gürtellinie, gehe ich diesmal gar noch einen Schuss weit darüber hinaus, als Benni mal wieder seine sensible Künstlerseele, „gepaart mit starker männlicher Potenz", in das Duell mit einwirft:
„Weißt du, da bilde dir mal nichts ein – im Bett habe ich ewig schon geschauspielert. Aber bei dir am meisten ... Hast du etwa ernsthaft geglaubt, dein Spargelchen könnte auch nur ansatzweise irgendeine Frau hinter dem Ofen vorlocken? Also wirklich!"
Übertrieben belustigt schüttle ich den Kopf. Drehe mich zackig um, lasse ihn einfach dastehen. Zu viel für Benni. Roh greift er von hinten nach meinem Oberarm, reißt mich herum. Schlägt zu! Mir mitten ins Gesicht. Endlich! Nur ein einziges Mal. Aber das reicht ja schon, jubelt es in mir. Triumphierend lache ich Benni an, abrupt lässt der los. Hat

verstanden – ist in die Falle gegangen. Froh laufe ich zum Spiegel. Wunderbar, was ich da sehe. Alle fünfe sind auf meinem Gesicht zu sehen, und auch der Oberarm hat blaue Flecken. Und keine zehn Minuten später sitze ich schon im Warteraum der Notaufnahme des Krankenhauses auf der gegenüberliegenden Straßenseite und erstatte noch in der gleichen Stunde eine Anzeige gegen Benni wegen Körperverletzung.

Der Gerichtstermin ist nur noch eine Formsache. Benni wird mittels richterlichem Beschluss aufgefordert, die Wohnung innerhalb der nächsten zwei Wochen zu verlassen. Das tut Benni auch, und zwar heimlich wie ein Dieb. Restlos. Als Nana und ich an einem späten Nachmittag unvermittelt heimkehren, ist die Wohnung leergeräumt. Einzig die Kinderzimmermöbel sind uns geblieben. Nein, ich bin nicht wütend. Im Gegenteil. Zum ersten Mal seit Monaten fühle ich mich mal wieder so richtig frei. Das feiern wir, Nana und ich, mit Pizza und Eis. Auf kahlem Boden sitzend, in leerem Zimmer. So froh, so frei – einfach glücklich!

Benni war raus aus unserem Leben. Das empfand ich schon als Segen. Doch der Druck der Selbstständigkeit war mir geblieben und lastete nun schwer auf mir. Das Geschäft lief immer schlechter. Inzwischen sprang schon mein Vater am Stand für mich ein, da ich selbst, wegen Nanas Betreuung, nun nicht mehr durchgängig daran stehen konnte. Aber es nützte alles nichts, irgendwann war ich kaum noch in der Lage, die Miete für unsere Wohnung pünktlich zu zahlen. Nein, meiner würdig fand ich dieses Leben nicht mehr. Und mit Freiheit hatte dieses Leben:

„... ungefähr genauso viel zu tun wie ein Delfin mit einer Elchkuh ... ", so murrte ich. *„Schau es dir an, Juli, du sitzt in einer Sackgasse ... The Point of no Return – kein Zurück mehr!"*

Wahrhaft eingestehen konnte ich mir diesen Schlusspunkt aber noch immer nicht. Irgendwo tief in mir hoffte ich noch immer. Worauf? Auf ein Wunder? Nein. Eher darauf, dass diese Schmach irgendwie an mir vorüberginge.

„Es ging doch noch immer weiter. Das kann doch nicht sein, dass ich so jämmerlich scheitere – ich, Juli die Starke, die doch schon so viel mitgemacht hat. He, da oben! Bist du auf Geschäftsreise? Hilf mir!", schreie ich stumm.

Doch das Numinose schweigt. Mehr noch, statt Erleichterung erfahren zu können, kommt es für mich nun noch derber. Das Sein setzt den Schraubstock seiner Zuchtmaßnahmen nun genau in jenen Lebensbereich hinein, in dem ich am stärksten verwundbar bin – wo meine größte Angst sitzt: Nana! Die badet gerade mit einer Freundin in unserer

Badewanne. Herzhaftes Lachen und Schwatzen dringt an mein Ohr, würde zu gerne daran teilnehmen, also mache ich mich auf den Weg zur Badezimmertür. Auf halbem Wege sind Worte deutlich zu vernehmen. Wie angewurzelt bleibe ich plötzlich stehen in Anbetracht der Worte, die meine Ohren da gerade vernehmen:
„Meine Mutter? Ach, die ist doof! Die meckert immer nur herum ... Den Benni hat sie auch rausgeworfen – dabei war der so lieb."
Worte aus Kindermund! Dessen bin ich mir bewusst. Dennoch, es nützt nichts, mich treffen sie mitten ins Herz. Denn was ich befürchtet habe, ist eingetroffen. Nana hat mich entthront, hat keine Achtung mehr vor mir. Wie auch!? Meine Scham darüber ist groß. Traurig schleiche ich mich zum Wohnzimmer zurück. Tränen schießen mir in die Augen:
„Und ich dachte immer, wir wären eine unzertrennliche Einheit", murmele ich vor mich hin. *„Wie kommst du darauf? Ja, gute Frage ... Weil Nana mich das glauben machte?! Ja, genau! Aber auch hier, alles Lüge, alles Betrug!"*

Just wandelt sich Trauer in Wut:

„Weint die echt diesem Schmarotzer hinterher – das ist doch nicht zu fassen. Und meckern? Wann bitte schön meckere ich denn schon mit ihr?! Sie ist doch immer nur die Prinzessin auf der Erbse für uns

alle gewesen. Nahm sich immer, was ihr passte – gleich wo und von wem. Ja, solange es uns finanziell gut ging, wollte sie von ihrem Vater nichts wissen. Jetzt, da ich ihr nicht mehr all ihre Wünsche erfüllen kann, bin ich unten durch bei ihr, ist der Vater wieder der absolute Renner. Logisch!"
Und nun höre ich auch wieder jenen Satz in mir, den ich in den letzten Tagen nur zu oft gehört habe:
„Mama, wenn der Papa mal wieder will, kann ich dann bei ihm übernachten?!"
Ich habe bislang nie darauf geantwortet. Jetzt aber tue ich es, lauthals herausschreiend – für mich:
„Klar, du kannst gleich ganz bei deinem Papa bleiben!"
Mein Schrei verhallt in dem leeren Zimmer. In meinem Kopf aber schallt er als Echo nach – wieder und wieder. Gedanke reiht sich an Gedanke. Emotionen peitschen hoch. Eine Ewigkeit lang. Dann – urplötzlich Ruhe. Und mitten in diese stille Ruhe hinein kommt nun eine Gewissheit felsenfest zum Stehen:
„Es reicht! Ich werde mir das Leben nehmen!"

Der nächste Morgen. Die Ruhe bleibt mir. Nüchtern und ohne viele Worte erledige ich all das, was halt jede Mutter an jedem neuen Morgen zu erfüllen hat. Routiniert schmiere ich das Schulbrot, verstaue Turnzeug, Saftflasche oder diverse Hefte noch im Ranzen, schnüre Jackenriemchen zu, schnalle meinem Kind den Ranzen auf, zupfe hier und da

noch ein wenig an ihm herum, gebe einen Kuss, streiche mit der Hand über weiches Haar und nehme schließlich, bewusst hörend, auch den fröhlichen Abschiedsgruß entgegen:
„Bis später, Mama!"
Schon knallt die Wohnungstür zu, ist Nana verschwunden. Kurz ist das Geräusch ihres Hopsens von den Hausflurtreppen noch zu hören, dann ist es still um mich herum, bin ich endlich allein.
„Okay, muss ich noch irgendetwas tun?", frage ich mich geschwind. „Nein! Es ist alles erledigt ... Nana hat einen Schlüssel, und wenn sie aus der Schule kommt und mich nicht vorfindet, wird sie spätestens am Abend bei der Nachbarin klingeln ..."
Also greife ich die Autoschlüssel, die Flasche Cognac – die ich erst gestern von einem Kunden als Dank geschenkt bekommen habe – und die Rasierklinge, die Benni im Bad vergessen hat, dann mache ich mich auf, zu fahren,
„... von irgendwoher nach nirgendwohin ...", wie ich es schließlich empfinde.
Denn ich fahre stundenlang die Autobahn entlang, nicht wissend, wo ich mich befinde, und auch Gedanken sind da keine mehr. Ich fühle mich leer, einfach nur leer.

An irgendeiner Abfahrt fahre ich ab. „Pension" steht da an dem kleinen Haus nahe dem Wald, dicht bei der Autobahn.

„Haben Sie noch ein Zimmer frei?", frage ich wenig später den knochigen Mann an der kleinen Empfangstheke.
„Für wie lange?", brummt der unfreundlich zurück.
„Nur für eine Nacht – und ich bezahle das sofort."
Der Mann greift einen Schlüssel, reicht ihn mir:
„Der ist nur für das Zimmer. Der Hauseingang wird um zehn geschlossen. Bis dahin müssen Sie im Haus sein ... Ab acht in der Früh ist dann wieder offen."
Dann nennt er mir den Zimmerpreis, den ich sofort bezahle, schließlich bringt er mich trägen Schrittes und mürrischen Angesichts aufs Zimmer:
„Und Frühstück gibt's auch erst ab acht!", sind seine letzten Worte an mich.

Mechanisch stecke ich den Schlüssel ins Schloss, schließe auf und sogleich auch wieder von innen zu. Endlich Ruhe! Ein spartanisch-karges Zimmer empfängt mich. Mit Kirschtapete, brauner Plattenschrankwand und Doppelbett. Also bin ich wohl im tiefsten Osten gelandet, stelle ich nüchtern fest ...
„Na klar doch, das passt, auch der knochigwortkarge Wirt dazu. Himmel, wie ich das alles satt habe!", schüttelt mich ein letzter Anflug von Emotion noch einmal.
Doch schon im nächsten Augenblick setze ich mir die Flasche Cognac an die Lippen und trinke sie halbleer. Würge ein wenig, nehme die Rasierklinge zur Hand und schneide mir den linken Unterarm auf – da, wo ich die Pulsader vermute. Immer breiter,

immer tiefer. Auf dass ich sie ja nur nicht verfehle. Irgendwann spritzt das Blut in Fontänenintervallen heraus. Das nehme ich als Zeichen, dass ich die Klinge beiseitelegen kann. Noch einen letzten Zug aus der nun fast leeren Flasche. Dann kippe ich einfach hintenüber, in das Doppelbett hinein, starre wie gebannt auf die rote Kirschtapete, und fast kommt mich ein Kichern an; so im Wegsinken all meiner Sinne murmelt meine Stimme:
„Albern, so albern: Kirschtapete!"

„Schnaps, das war ihr letztes Wort, dann trugen sie die Englein fort", lautet ein uralter Schlager aus meinen Kindheitstagen. Und nichts hatte ich mir ja schließlich sehnlicher gewünscht als das. Aber mein letztes Wort war nicht „Schnaps", sondern „Kirschtapete". Und genau auf die sah ich nun im frühen Morgengrauen wieder und konnte es nicht fassen:
„Soll das ein Witz sein?!", rufe ich lauthals empört in die Stille hinein, „bin ich nicht einmal in der Lage, mich selbst umzubringen!? ... Selbst zu bestimmen, ob ich weiterleben will oder nicht!? Ich will nicht mehr! Hast du gehört – du da oben?! Ich will nicht mehr!"
Wütend balle ich die rechte Hand zur Faust, schlage damit auf diese mir dämliche Tapete ein. Im Grunde aber schon wissend, dass auch dieser Kampf verloren ist – es kein Entrinnen für mich gibt.
Der Anfall ebbt ab. Tagesbewusstsein kehrt zurück.

„Okay, was nun? ... Raus hier!", kommt es prompt zurück.

„Schön, und wie? Der Alte hat ja die Türen dicht gemacht ...", ärgere ich mich schon wieder, denn vor Stunden hatte ich mich ja hämisch noch an dem Gedanken erfreut, wie er vielleicht am Mittag das Zimmer betritt und eine Leiche in seinem Kirschtapetenzimmer vorfindet. Mich jetzt aber umgekehrt noch halb trunken, winselnd und völlig verwirrt in all diesem Blut lebendig vorfindend – *„... nein, das wird nicht sein!"*, entscheide ich.
Das Zimmer sieht schlimm aus, überall Blut. Meinen linken Arm kann ich kaum bewegen. Der Ärmelbund meines Pullovers, den ich hochgeschoben hatte, um die Ader ungestörter aufschneiden zu können, hat den Oberarm fast abgeschnürt. Komik Gottes – die Wunde am Unterarm ist eklig groß und fleischig, pocht schmerzend, aber das Blut darin ist geronnen –
„... das war's dann wohl", resigniere ich.

In einem kleinen Verbandskasten an der Tür finde ich eine Mullbinde, mit der ich mir notdürftig die Wunde bedecke, und auf dem Tisch Stift und Zettel, auf den ich nun schreibe:
„Entschuldigung! Tut mir leid! Das Geld anbei ist für die Zimmerreinigung, ich hoffe, es reicht."
Dann lege ich zweihundert Mark daneben, greife meine Autoschlüssel und begebe mich ins Bad –

den einzigen Raum, dessen Gitterfenster groß genug sind, dass ich da hindurchsteigen kann. In den ersten Stock hinunter, dann auf das Garagendach. Noch ein letzter Sprung und ich lande mitten auf dem Parkplatz. Große Erleichterung in mir, hier wenigstens scheint der Himmel doch wieder mit mir zu sein.
Einarmig lenkend fahre ich den Wagen an –
„Wohin? Keine Ahnung, weiß ja nicht einmal, wo ich bin."

Keine fünfhundert Meter weiter. Eine Straßensperre. Großeinsatz. Polizist reiht sich an Polizist. Die lenken die ankommenden Wagen zügig in eine Richtung weiter.
„Nun macht schon! ... Nein, nicht hier ... Da entlang!", höre ich deren Stimmen schon von Weitem. Angekommen, spreche ich einen der Polizisten auf den Weg hin an:
„Können Sie mir sagen, wo ich bin?" Statt einer Antwort schnauzt der aber nur:
„Nun mach schon – ich hab gesagt weiterfahren!"
Und etwas leiser fügt er noch hinzu: „Dumme Kuh!"
Das ist dann doch um Einiges zu viel für mich.
„Ja, ja!", schreie ich kreischend zurück. „So viel zum Freund und Helfer – was!?" Fühle mich zutiefst beleidigt:
„Willkommen im richtigen Leben, Juli – heißt das!", äffe ich dem Polizisten noch nach, dann brause ich los. Mit überhöhter Geschwindigkeit die

angewiesene Straße entlang. Selbstgespräche führend.

„Idiot! ... Überhaupt dieses ganze Leben ... Nein, ich geh da nicht zurück! ..."

Wenig später dann entlang der Straße ein Waldstück.

„Wunderbar! Ich setze Karlchen einfach gegen einen Baum – und bums, aus ist der Traum! ... Okay, die nächste Einfahrt ist also deine ..."

Die kommt sofort. Noch ein letztes Mal gebe ich Vollgas, dann lasse ich los! Nehme den Fuß vom Gaspedal und die Hand vom Steuer. Automatisch schließe ich die Augen, berge instinktiv den Kopf im rechten Arm. Dann harre ich der Dinge, die da kommen – wie mir scheint, eine Ewigkeit. Erwarte den Aufprall, einen Knall oder doch mindestens ein Krachen, doch all das geschieht nicht. Stattdessen säuft unverhofft der Motor des Wagens ab. Der schlickert, holpert und poltert zwar, dann aber kommt er einfach zum Stehen. Ganz sanft, ganz sacht – und ganz nah vor einem schlanken, aber meterhohen Baum! Ich bin fassungslos und stehe irgendwie unter Schock, vor lauter Gram über diese Machtlosigkeit, mir das Leben nehmen zu können. Das Nächste, was ich bewusst erst wieder wahrnehmen kann, ist die sanfte Berührung meines verletzten Armes durch Leon, einen lieben Bekannten von mir, der mich aus dem Wald herausholt und in seinem eigenen Auto zum Arzt fährt. Pilzsammler hatten mir zuvor den Weg zu einer öffentlichen Telefonzelle gewiesen, von dort aus hatte ich ihn angerufen und war wieder zum Auto zurückgekehrt, aber von all dem wusste ich nichts mehr. Leon erzählte es mir erst Tage hinterher.

Hochgradig grantig, noch immer am Leben zu sein, liege ich kurze Zeit später dann auf dem OP-Tisch der Notaufnahme. Mein linker Arm ist fest auf eine Lehne geschnallt. Darüber gebeugt ein Oberarzt, der unaufhörlich vor sich hin redet:
„Die Sehne ist durchtrennt – da fehlen ja ganze Stücke! Ein großes Wunder ... Nein, eine Spritze gebe ich ihr nicht – kann ich ihr nicht geben, sonst hat sie durch mich erreicht, was sie will ... Eine Schande! Noch so jung ... Wer sich so zerfetzt, hat wohl kein Problem mit Schmerzen?! Wir machen das später noch Mal auf ... Die Sehne nähen, sonst bleiben die Finger steif ..."
Zu all dem schweige ich, lasse den Doktor, wie er will, an meinem Arm einfach werkeln und spüre tatsächlich nichts – mit Ausnahme der unendlich tiefen Traurigkeit in mir.
„Was mach' ich hier überhaupt?", frage ich mich, indes der Oberarzt munter weiterredet:
„Schicke ihr anschließend den Psychologen – dann kann sie reden ..."

„Warum bin ich nicht einfach im Wald sitzen

geblieben? Der Tod wäre ja offenbar doch gekommen – ganz sicher sogar! Hat dieser Schwätzer hier eingangs zu mir gesagt ..."
„Wie alt ist sie überhaupt? Muss nachher mal in die Akten schauen ..."
„Unglaublich, ich bin doch tatsächlich auch dazu noch zu dumm – ich habe auf ganzer Linie versagt! ... In allem, seit ich hier angekommen bin ...", denke ich gerade noch, da höre ich die letzten Worte des Oberarztes neben mir, doch wie ein Echo in mir.
„... Das tut man doch nicht, sich eines Mannes wegen das Leben nehmen! Ja, wenn sie Krebs hätte ..."
Jetzt brause ich doch auf:
„Sagen Sie mal", fahre ich ungehalten dazwischen, „sehe ich tatsächlich so aus, als würde ich mir eines Mannes wegen das Leben nehmen?" Irritiert schaut der Arzt auf:
„Tat sie das nicht?", er runzelt die Stirn, schaut mir frontal in die Augen – nimmt wohl zum ersten Mal wahr, dass da an dem Arm noch ein Mensch dranhängt.
„Nein, tat sie nicht!", gebe ich spitz ihn nachäffend zurück, „Sie hatte ganz andere Gründe!"
„Ach so?!", gibt der Oberarzt kleinlaut zurück.

Und auf einmal wendete sich das Blatt. Der Arm war längst zugenäht, da saß der Oberarzt noch immer bei mir. Nur, jetzt war ich diejenige, von der er sich – wegen all seiner Probleme – nun Trost holte. Und Trost hatte er denn auch wahrlich bitter nötig. Schon lange nicht mehr hatte ich von einem derart bedauernswerten Leben gehört, da erschien mir mein Leben ja geradezu noch erstrebenswert. Ich besaß nichts mehr, aber wenigstens noch mich. Er stand inmitten von Fülle, auch gerade in der Blüte seines Lebens, hatte aber weder den Himmel noch sich selbst. Düsterer geht es nicht! Irgendwann aber war er getröstet, schien er ein kleines Fünkchen Hoffnung auch für sich wieder zu sehen.

Wir vereinbaren einen Termin:
„Dann sehen wir weiter. Die Sehne muss unbedingt noch vernäht werden. Danke! … Und jetzt bleiben Sie noch liegen, ich schick' Ihnen noch den Psychologen!"
Das tue ich allerdings nicht mehr. Es reicht, befinde ich. Und so lasse ich mich von einem Taxi nach Hause fahren. Vor der Wohnung steht mein Käfer. Leon hat ihn mir nach Hause gefahren. Unklar ist bis heute, warum er überhaupt stehen geblieben ist.

In der Wohnung angekommen stellte ich erstaunt fest, dass mich niemand vermisst hatte. Nicht einmal Nana. Die war am Abend zuvor kurz bei der Nachbarin und ging dann selbstständig ins Bett. Am Morgen stand sie selbstständig wieder auf, ging zur Nachbarin frühstücken und dann zu einer Freundin. Da war sie wohl immer noch, so vermutete die Nachbarin. Ja, klar, fiel auch mir jetzt ein, es war ja

Samstag, da tat Nana das schon blindlings. Nein, keine Frage kam von ihr, so die Nachbarin. Und ebenso tat nun auch die Nachbarin, sie stellte keine Fragen. Was mich schon sehr wunderte, immerhin war ich eine ganze Nacht lang nicht zu Hause gewesen, was nun wirklich alles andere als normal war bei mir. Überhaupt gab es in all der Zeit meines verbundenen Armes, wenn überhaupt, auch nur eine einzige Frage:
„Was hast du …", oder Sie, „… denn da am Arm gemacht?"
Und immer antwortete ich gleich:
„Ach das, das ist nichts weiter! Ich wollte mir das Leben nehmen, hat aber nicht geklappt."
Dabei lächelte ich den Frager stets anhaltend offen an. Woraufhin der, alles andere als offen, verlegen nur zurücklächelte. Unsicher ob der allgemeinen Unkenntnis: Scherz oder Wahrheit?! Die meisten jedoch entschieden sich lieber schnell für Scherz. Klar, die Wahrheit will keiner hören. Die bringt immer nur Probleme. Und wer setzt sich schon gern freiwillig der Selbsterkenntnis aus?

Dass keine Fragen kamen von jenen, die mich vermeintlich doch so sehr liebten, hallte noch lange in mir nach. Vor allem aber nahm ich diese Tatsache als Bestätigung dafür, dass nichts und niemand mich je wirklich brauchte, ja nicht einmal vermisste. In der Folge kapselte ich mich bald völlig von allem ab, was auch nur annähernd Emotionen oder Gefühlsduselei befürchten ließ. Selbst von Nana. Oder besser: gerade von Nana. Die eben in ihrem Sosein sehr aufgeregt war, denn Sören hatte ihr vorgeschlagen, sie mit auf Reisen zu nehmen. Einziger Unsicherheitsfaktor war die Mama. Denn bislang hatte ich mich stets geweigert, Nana freiwillig länger als nur für drei Tage bei Sören zu lassen. Nach unserer Trennung durch die Haft war es mir zunehmend schwerer gefallen, sie irgendwohin wegzugeben, schon gleich gar nicht mehr zu Sören, der jetzt immer mehr versuchte, Nana an sich zu binden.

„Darf ich Mama?", bettelte sie daher nun schon seit zwei Tagen und mindestens einmal pro Stunde.
Doch gelang es mir jedes Mal, mich totzustellen, einem Opossum gleich. Ohnehin hatte ich gerade anderes zu hören und zu sehen, da fiel es leicht, Nanas Bitten einfach zu überhören.

Mit einem lieben Freund fahre ich in ein ehemals ostdeutsches Dorf zu einem katholischen Heiler, der ein naher Verwandter eines Freundes meines Bekannten ist:
„… wir fahren eh hin, da kannst du gleich mitkommen und deine Sehne heilen lassen", so hatte er es mir vorgeschlagen.
Und ich hatte angenommen. Ganz nüchtern, ganz sachlich und ohne jegliche Erwartungen. Ja, im Grunde nur einer inneren Laune folgend, die mir aus irgendeinem verborgenen Grund Freude signalisierte.

Eben sind wir angelangt, da fragt mich der Heiler: „Haben Sie ein Problem mit Heilern?"
„Nein!", antworte ich wahrheitsgemäß, „mit zwanzig habe ich mir von einer Bäuerin den größten Teil meiner Schuppenflechte wegpusten lassen."
Schallend lacht der Heiler: „Nur einen Teil?!"
„Naja, das ist schon Jahre her, so um 1984 herum, die Behandlung zog sich über Monate hin, da die Bäuerin nicht in Berlin, sondern in der Nähe unseres Wassergrundstückes in Ketzin, nahe Potsdam, lebte. In diese Behandlungszeit fiel die Trennung von meinem damaligen Partner – der unser gemeinsames Auto behielt. Und nun ohne Auto nach Ketzin zu fahren, war zu Ostzeiten doch ein sehr schwieriges Unterfangen, zuweilen gar unmöglich."
Der Heiler nickt beflissen. Dann redet er über dies und das. Nichts wirklich Wesentliches, aber dazu bin ich ja auch nicht zu ihm gekommen. Irgendwann schließlich und fast in fließendem Übergang beginnt er dann einfach, leise zu beten. Ruft dabei einen Engel namens Michael an, der mir wie Heimat klingt, meinen Arm dabei in seinen warmen Händen haltend. Im Nu fühle ich mich geborgen wie nie zuvor in Gegenwart eines Menschen. Eine kleine Ewigkeit lang. Dann hört der Heiler auf zu beten, so wie er zuvor damit begonnen hat, im fließenden Übergang. Zeigt mir anschließend noch Fotos von seinen Enkeln.

„Eigenartig", denke ich, „es ist doch nur ein alter

Mann!? Und doch, irgendwas an ihm ist auch irgendwie zeitlos ..."

Vor der Heimfahrt ruft der Heiler diesen mir unbekannten Engel noch einmal an. Diesmal, um das Auto zu schützen, in welchem wir da alle gleich wieder sitzen. Und wieder spüre ich diese warm bergende, so zeitlose Kraft:
„Heiliger Erzengel Michael oben ... unten ... vorne ... hinten ... überall, beschütze dieses Auto und seine Insassen darin. Amen!"
Der Heiler ist ein ehrlicher Heiler. Er verlangt kein Geld.
„Ich kann nur heilen, was und wo ich soll – also allein nur von Gott her, versteht sich." Das sind seine letzten Worte an mich.

Zwei Tage später nehme ich den vereinbarten Termin beim Oberarzt der Notaufnahme wahr. Er löst den Verband und kann es nicht fassen. Sowohl Narbe wie Sehnen sind vollkommen geheilt! Und ich, ich tausche ob dieses Erlebens kurzerhand meinen Boten im Himmel aus: meinen Bruder gegen den Erzengel Michael.

Doch es hilft alles nichts. Der Arm ist zwar geheilt, die Probleme aber noch immer vorhanden. Auch für Nana, die mich stündlich weiter anbettelt. Und sosehr ich mich nun auch gegen dieses – bereits zu erahnende – Sterben bei vollem Bewusstsein wehre,

irgendwann ist es dann doch so weit, ist unentrinnbar jener Tag geboren, an dem ich mal wieder sterben soll, nur um wieder neu geboren zu werden.
Meine Nerven lagen blank. Noch immer wusste ich nicht, wie es nun weitergehen sollte. Konkurs und Arbeitslosigkeit standen mir bevor. Damit hatte ich mich schon abgefunden. Aber da waren noch die Kredite. Und überdies besaß ich kaum noch die nötigen Gelder, um Nana und mich wenigstens annähernd ausreichend zu versorgen. Das blieb natürlich auch Sören nicht verborgen. Also stand er an jenem Tag in meiner Küche und redete auf mich ein:
„Du schaffst das nicht mit Nana. Sie verwahrlost. Du musst erst wieder die Füße auf den Boden kriegen. Lass sie bei mir, bis du dich wieder gefangen hast …"
„Nein!", unterbrach ich ihn schroff, „mag sein, dass ich im Moment keinen Halt mehr habe, aber ich bekomme das in den Griff!"
„Okay, dann wirst du sie jetzt wenigstens die drei Wochen mit mir verreisen lassen. Das tut euch beiden gut!"
Das klang nicht gerade nach einer Bitte, sondern eher wie eine Drohung, dachte ich still bei mir und schickte mich gerade an, dementsprechend ablehnend darauf zu reagieren, da hörte ich Nanas Stimme aus dem Kinderzimmer rufen:
„Ach, bitte Mama! Bitte, bitte!"
Also willigte ich ein. Nana will das so, dachte ich bei mir, und das sollte auch das Einzige sein, was

zählt – wenigstens für mich. Schließlich konnte ich durchaus auch den Vorteil für mich darin erkennen, mir mein misslungenes Leben *„in aller Ruhe einmal"* klärend ansehen zu können. Vor diesem Leben weglaufen, ging ja ganz offenbar nicht für mich, also musste ich mich ihm stellen – irgendwie.

Gemeinsam packen wir also Nanas Sachen ein. Kurz vor der Verabschiedung legt Sören mir noch ein Schriftstück vor:
„Unterschreibe mal hier unten – ist nur für den Fall, dass Nana krank wird oder einen Arzt braucht ..." – das tue ich. Vertrauend – ohne darin zu lesen!

Drei sorglose Wochen folgen, in denen ich tatsächlich auch vieles klären kann. Kurzentschlossen gebe ich der Bank den Computer zurück. Teile dann auch offiziell ihr und allen Gläubigern schriftlich mit, dass ich nicht mehr zahlen kann. Woraufhin die Bank postwendend mit Mahnbescheiden und der Drohung „Gerichtsvollzieher" reagiert. Diese Drohung setzt mir schon sehr zu, doch bleibt mir hier keine andere Wahl, als mich ängstlich darunter zu beugen. Gerichtsvollzieher und Arbeitslosigkeit – beides Wirklichkeiten, von denen ich nie geglaubt hätte, dass sie einmal auch in mein Leben gehören könnten. Denn im Osten gab es diese Wirklichkeiten nicht, und im Westen standen sie für mich bislang ebenso nur für das Genre Randexistenzen. Für Menschen also, die, meiner Meinung nach, schlicht einfach zu faul oder zu dumm waren, ihr Leben selbst anzupacken. Nun gehörte ich dazu! Und ganz offensichtlich gab es auch hier noch unanfechtbare Gesetzmäßigkeiten, von denen ich keine Ahnung hatte. Jedoch, gleichwie, für den Moment schämte ich mich in Grund und Boden, als der Gerichtsvollzieher schließlich in meiner Wohnung stand.

„Nein!", reagierte der indes unverhofft sanft, aber bestimmt auf mein Schuldgefühl, „als Erstes hören Sie mal auf, sich zu schämen. Kopf hoch! Rücken gerade! Ihre Schulden sind Peanuts im Vergleich zu anderen. Und selbst wenn sie es nicht wären – Sie lassen jetzt erst einmal alles los! Legen Sie einen Offenbarungseid ab und melden Sie sich arbeitslos, dann haben Sie Ruhe – zumindest vorerst für die nächsten paar Jahre. Und wenn alles gut geht, dann zahlen Sie später weiter ab …"

Himmel, was war das für eine Botschaft! Wahrlich eine Offenbarung! Da war ein Mensch, der mir zugestand, auch Mensch zu sein. Der mir die Hand reichte, obgleich meine Hand besudelt war, um mich aus der Grube der Selbstzerstörung zu ziehen. Indem er mich durch seine Handreichung lehrte, den ersten wahrhaft freien und selbstständigen Flügelschlag zu tun in einer Welt, die außer „Ellenbogen gegen Ellenbogen" kaum anderes anzubieten hatte. Dieser Gerichtsvollzieher hätte mir ganz sicher auch von dem Wenigen, das ich noch besaß, nehmen können, tat es aber nicht. Grund genug für mich, den von ihm gemachten Aussagen blindlings zu vertrauen.

Wie er also vorschlug, so tat ich. Und wie er glaubte, so geschah es auch. Nachdem ich mich erst angefreundet hatte mit der Realität, nun als Randexistenz oder faule Arbeitslose zu gelten – noch dazu mit geleistetem Offenbarungseid –, ging es mir immer besser, war ich im Nu – vorerst – allen Druckes enthoben. Und erhielt obendrein noch Geld vom Staat, ohne auch nur den kleinsten Finger meiner Hand dafür zu bewegen ...

„Welch wundersame Freiheit", so dachte ich jetzt erleichtert das eine um das andere Mal, *„warum hast du das nicht schon viel früher getan!? Aber nein, da warst du noch zu stolz. Wolltest du nicht auch genau aus diesem Grund so schnell aus der Teppichhalle und dem Übergangsheim raus – um mit diesen Randexistenzen nichts gemein zu haben?! Ja, genau so ist es! ... Dabei: ‚Ist der Ruf erst ruiniert, lebt sich's gänzlich ungeniert.'"*
Wer immer das gesagt hat, er hatte recht, so jedenfalls erfuhr ich das jetzt. Drei Tage lang war ich tot gewesen, nun war ich wieder neu geboren und voller Hoffnung. In diesem neuen Leben galt es jetzt für mich, eine Randexistenz und arbeitslose Schuldnerin zu sein. Tiefer konnte es ja nun gewiss nicht mehr gehen, so war ich mir sicher, also musste

zwangsläufig der Weg des Lebens nun wieder bergauf verlaufen … Ja, und das ist auch wirklich ganz sicher, es geht unweigerlich wieder bergauf, sobald man sich am tiefsten Punkt des Bergtales befindet – dieser Punkt aber war für mich noch immer nicht erreicht. Meine Talfahrt ging weiter. Es ging immer noch tiefer.

Drei Wochen waren um. Von Nana und Sören hatte ich bis dato nichts gehört. Auch ging bei Sören niemand ans Telefon. In vier Tagen musste Nana wieder zur Schule. Und ich freute mich auf sie, also erwartete ich sie nun fast stündlich. Aber Nana kam nicht. Stattdessen kam ein Gerichtsbeschluss, eine Art vorläufige Verfügung ins Haus. Aus ihr ging hervor, „dass der Herr Sören Sennenloh … beim Gericht das alleinige Sorgerecht für die leibliche Tochter Nana Sommermond beantragt hat".
Diesem Antrag hatte das Gericht vorläufig entsprochen bis zur endgültigen Entscheidung, wozu ein Gerichtstermin angesetzt würde, der noch bekannt zu geben sei. Die rechtliche Grundlage für den Entscheid des Gerichtes
„… bildet die freiwillige Übertragung des Sorgerechts in schriftlicher Form durch die Kindsmutter, Frau Juli Sommermond, an …".

Das trifft mich schlimm. Ein Vorschlaghammer auf meinen Kopf geschlagen, hätte mich in der Tat nicht vernichtender treffen können …

„Welch unglaubliche Niedertracht!", tobe ich los. „Und das Schlimmste daran, ich hätte es wissen müssen! Er hat das doch schon einmal gemacht. Hat das Erbe meiner Mutter, das Wassergrundstück, das schließlich nach unserer Trennung als Erbe für Nana verbleiben sollte, schlicht hinterrücks verkauft, obgleich ich es ihm doch ausdrücklich nur unter dieser einen Bedingung überlassen hatte. Er hat es verkauft für Zigtausend Mark, wovon wir nie etwas gesehen haben. Weder ich, geschweige denn Nana ... Du lernst einfach nie, was?", schimpfe ich mich lauthals weiter aus, „vertraust und vertraust und vertraust. Idiotin! Wann begreifst du endlich, dass Menschen durchweg niederträchtig sind!?"
Und wo ich mich eben noch hoch und voller Hoffnung befand, finde ich mich nun nur noch tiefer als tief in vollkommen leerer Trostlosigkeit vor –

„... also kommt jetzt für mich zu dem Offenbarungseid noch ein weiterer Titel hinzu: Rabenmutter!"

Das Gericht hatte das Jugendamt beauftragt, einen Kontrollbesuch bei mir durchzuführen, um die Behauptungen Sörens – einer bevorstehenden Verwahrlosung Nanas, so sie noch länger bei der Kindesmutter bliebe – zu prüfen.
Dieser Kontrollbesucher stand nur wenige Tage später vor mir. Klein und schmächtig, aber mit durchaus befähigter Stimme, die sogleich weithin signalisierte, wie unbestechlich ihr Träger sei. Der

ließ sich die Wohnung zeigen, fragte mich alles Mögliche. Am Ende aber stellte er sachlich fest, dass er die Aussagen Sörens nicht bestätigen werde: „Es gibt hier nichts, was es rechtfertigt, Ihnen die Tochter zu nehmen." Dann sagte er: „Dennoch einen Rat von mir: Sie sollten unbedingt persönlich zu diesem Gerichtstermin gehen! ... Und noch eines müssen Sie wissen. Bei der Befragung Ihrer Tochter, ob sie beim Vater bleiben will, hat sie ja gesagt. Sie nennt dessen Lebensgefährtin schon Mama ..."
„Mama?!", fragte ich erschrocken in mich hinein, während der Jungendfürsorger mich schweigend musterte, *„Nana nennt diese Frau, die Sören selbst nur als seine Putze bezeichnet, Mama?!"*
Ich konnte es nicht fassen, es war einfach zu ungeheuerlich für mich. Diese Offenbarung versetzte mir einen Hieb mitten ins Herz. Selbst körperlich spürte ich jetzt einen gewaltigen Stich darin. Wie betäubt hörte ich mich fragen:
„Und was soll ich dann noch auf dem Gericht?"
Und Tränen schossen mir in die Augen, als ich die Antwort hörte:

„Na kämpfen, Frau Sommermond, kämpfen! Kein Gericht der Welt wird Ihnen die Tochter nehmen ohne einen triftigen Grund dazu. Es sei denn, Sie wollen das. Dann wird das Gericht dieses Schreiben als rechtsfähige Grundlage für seine Entscheidung setzen."

Ich blieb stumm, war nicht mehr in der Lage zu sprechen. Die Tränen liefen mir unaufhaltsam die Wangen herunter. Der Mann verstand, stand auf, lächelte kurz, dann ging er zur Tür und allein hinaus.

Kaum ist er aus dem Haus, da breche ich nun vollständig in Tränen aus. Weine stundenlang. Schluchze und schnäuze – die ganze Nacht hindurch. Dann bin ich durch. Koche mir meinen Morgenkaffee. Gehe anschließend in den nahe gelegenen Park. Klarer Himmel, Sonne satt:
„Achtung Juli, Illusion Hoffnung", mahne ich mich, aber sage mir auch, *„ach, was soll's, sie tut so gut, also gönn sie dir!"*

In der Folge daraus treffe ich eine klare Entscheidung:
„Nein, ich werde nicht zum Gerichtstermin gehen! Wenn Nana das so will, dann ist das besser so – für uns alle."
Die Vorstellung, Nana nur gezwungenermaßen bei mir zu haben, ist schon gleich ganz und gar nicht tragbar für mich:
„Nein! Auf gar keinen Fall – das käme einem Freiheitsentzug gleich."

Wie gedacht, so auch getan. Und zwar hier nun durch Unterlassung. Zum anberaumten Gerichtstermin gehe ich nicht und reagiere auch sonst nicht,

weder schriftlich noch mündlich. Infolgedessen halte ich auch das dementsprechende Urteil in den Händen, ganz so, wie der Jugendfürsorger es vorausgesagt hat: Sören erhält das alleinige Sorgerecht. Mein Fernbleiben wird als Zustimmung zum Antrag Sörens gewertet, als Grundlage dient jenes Schreiben, das mich Sören an jenem letzten Tag hat unterzeichnen lassen. Mir indes wird ein Besuchsrecht zugesprochen, und
„... die Pflicht zur Unterhaltszahlung".
Tatsächlich? Ja! Damit hatte ich nicht gerechnet. Doch wirft mich diese Botschaft nun nicht mehr um. Im Gegenteil, fast sarkastisch nehme ich sie zur Kenntnis:
„Fasst einer einem nackten Mann in die Tasche?"

Von nun an galt ich also als eine Mutter, der man das Kind weggenommen hat. Wahrlich alles andere als leicht, mit einem solchen Ruf fertigzuwerden. Und dass ich damit überhaupt fertigwurde, lag mit Sicherheit nur daran, dass ich mir mit der Zeit auch ehrlich selbst eingestehen konnte, auch hier auf ganzer Linie versagt zu haben. Denn Sicherheit hatte ich Nana wirklich nie bieten können, da mein ganzes Leben stets nur ein Weiter, nie aber ein Angekommen- oder Sesshaftsein war und wohl auch nie sein würde. Sören aber konnte Nana all das bieten, was ein schulpflichtiges Kind idealerweise brauchte: Bodenständigkeit bzw. einen festen Lebensrahmen. Ideal, um ein Abi zu machen. Und so wandelte sich mein einstiger Groll gegen Sören allmählich in Dankbarkeit ihm gegenüber um. Was ich jedoch nie jemandem sagte, schon gar nicht Sören.

Da stand ich nun. Als Vogelfreie. In der Tat, an diese wundersame Freiheit musste ich mich erst gewöhnen. Für niemanden und nichts mehr verantwortlich sein. Plötzlich jede Menge Zeit zur Verfügung haben. Und darüber hinaus auch noch, wenn auch nicht übermäßig viel, doch genügend Geld zur Verfügung. Ja, nun wurde dieser Ausspruch von dem ruinierten Ruf und dem wunderbaren Leben für mich wahrhaftig. So war ich die erste Zeit meines neuen Lebens tatsächlich nur am Schlafen, Essen und Fernsehen. Ganz ungeniert. Telefon und Klingel hatte ich abgestellt. Aus dem Haus ging ich nur, um einkaufen zu fahren, ansonsten konnte mir die Welt im wahrsten Sinne des Wortes einfach mal „gestohlen bleiben".

Einen vollen Monat lang. Dann ging auch diese Phase vorüber. Denn wenn ich es auch genoss, von allem ledig zu sein, ja selbst vom Kinde, so drückte die Last der Geldschuld doch gewaltig auf der Seele. Jene wundersame Freiheit war schön und gut zu leben, ja besser zu leben als ich ursprünglich dachte, war aber eben doch nicht jene Freiheit, nach der ich mich wahrhaft sehnte; jene wahre und einzige, die der Antrieb all meiner Aktionen war, die ich aber nicht benennen konnte. Also machte ich mich auf, Arbeit zu suchen. Was sich nicht einmal als sonderlich schwierig erwies, im Gegenteil, ein anderes Phänomen blockte hier mein Wünschen, die immer schlechter werdende Zahlungsmoral deutscher Unternehmen. In der Tat, schnell wurde ich eingestellt, in den Vorzimmern der Firmen, ebenso schnell jedoch war ich aber auch wieder draußen – gleich ganze drei Mal hintereinander. Es handelte sich jedes Mal um Firmen, die entweder selbst kurz vor dem Konkurs standen – und somit ihren Angestellten den Lohn nicht ausbezahlten –, oder schlichtweg um dubiose Scheinfirmen, die sich, heute kaum geboren, morgen schon wieder in Nichts auflösten. Fast ein ganzes Jahr habe ich auf diese Weise umsonst gearbeitet.

So verblieb ich anschließend lieber wieder freiwillig in der Arbeitslosigkeit, jobbte nun aber nebenher. Hier und da als Verkäuferin, auf Märkten oder in dem kleinen Geschäft meines lieben alten Freundes Leon. So zu handeln, stellte sich für mich als sehr praktisch heraus. Freie Zeiteinteilung, weniger Zeitaufwand und stets mehr Geld in der Tasche, als ich je regulär in einem Büro verdient hätte. Allmählich fand ich mich also auch in diesem Leben zurecht. Das erworbene Geld gab ich für Bücher aus oder die Teilnahme an mir interessant erscheinenden Seminaren. Besuchte an manchen Tagen Vorlesungen an der Uni – Philosophie, Psychologie – und vertiefte

mich nebenher noch in einen Fernkurs für Journalistik. Hatte wieder Anteil am geschäftigen Treiben der Welt, nahm wieder so manche Einladung an und hatte schließlich auch wieder – hier und da – einen neuen Freund. Wobei mir „Freund" noch immer nicht das rechte Wort zu sein schien. Denn ich blieb dabei,
„… den Menschen nicht mehr zu vertrauen".
Es gab viele Bekannte, auch sogenannte intime. Keinem aber öffnete ich mich wirklich ganz, das heißt, nicht mit Leib und Seele zugleich.

Und Nana? Anfangs sahen wir uns noch sporadisch. So alle zwei bis drei Wochen für ein paar Stunden. Mehr war mir von Sören nicht erlaubt. Und mehr wollte ich auch nicht. Denn diese Stunden rissen Nana jedes Mal hin und her zwischen ihren Gefühlen. Sie liebte ihren Vater, tat aber bei mir, als wäre ihr Leben mit ihm nicht schön. Ebenso tat sie umgekehrt bei ihrem Vater, wenn der sie fragte:
„Wie war es bei deiner Mutter?", hörte er von ihr, was er hören wollte:
„Naja, du weißt ja, Papa, langweilig."

Der Umzug hatte aus Nana eine kleine Heuchlerin gemacht. An einem Besuchstag sitzen wir zum Abschluss des Tages in einem Eiscafé, wo Nana diese ganze Unsicherheit für sich auf den Punkt bringt:
„Mama, der Papa meckert nur herum. Und die Monika auch. Immer gibt es Streit. Gestern wollte

ich schon abhauen und zu dir kommen!"
Aha, denke ich, das ist es. Indes Nana schweigt, mich aber fragend anschaut. Meine Antwort fällt kurz und sachlich aus:
„Das wird dir nichts nützen, das Jugendamt wird dich sofort wieder zurückbringen."

Woraufhin nun Nana unendlich enttäuscht ist. Was ich ihr jedoch nicht nehmen kann, denn es entspricht ja der Wahrheit. Von diesem Tage an aber ziehe ich mich endgültig zurück, besuche Nana nur noch an den Geburtstagen. Es ist besser, so befinde ich für mich, Nana in Ruhe nur einen Weg gehen zu lassen. Der Weg mit dem Vater ist vorerst der bessere für sie, auch wenn Nana das so noch nicht sehen kann – der meinige bringt sie nur auf dumme Gedanken.

Sören indes spricht seit jener Unterschriftsbitte in meiner Küche die ganze Zeit über kein einziges Wort mit mir. Er hält mich offenbar tatsächlich für den schlechtesten Umgang, den seine Tochter überhaupt haben kann. Wenn ich nun an Nanas Geburtstagen an seiner Haustür klingle, läuft es stets in gleicher Weise ab: Weder werde ich eingelassen noch darf ich Nana sehen. Die Tür öffnet sich, das Geschenk wird mir abgenommen – wortlos –, schon ist die Tür wieder zu. Das mache ich so an die drei Male mit, dann nicht mehr.

Nana ist jetzt vierzehn. An einem letzten Besuchstag teile ich ihr schriftlich mit, dass „… unsere Zeit noch kommen wird …", dann stelle ich jeglichen Kontakt mit ihr ein.

„Lieber soll sie mich hassen", so entscheide ich, „als zerrissen hin- und herpendeln in einem immerwährenden Wechselbad der Gefühle."

Auf der Suche

Wo eine Tür sich schließt, öffnet sich bekanntlich eine andere. Schwer Erziehbare, Heimkind, Mutter, Ehefrau bzw. Wäscherin, Sekretärin oder Graveurin war ich nicht mehr. Für eine Randexistenz, Gescheiterte oder Rabenmutter hielt ich mich nicht. Wenn ich aber all das nicht war, so fragte ich mich eines grauen Tages, wer oder was war ich dann?

„Es gibt ein Auge der Seele. Mit ihm allein kann ich die Wahrheit sehen", sagte mir Platon eines Tages. Und noch viele weitere Philosophen der Antike bestätigten mir das. Mit ihnen lebte ich eine doch beträchtliche Zeit. Ihre Lehren faszinierten mich, sprachen von einer Welt, die ich noch nicht fassen konnte, von der ich aber schon eine leise Ahnung hatte. Der Ton hatte sie mir als real offenbart und das Wunder der Spontanheilung meines Armes hatte diese Offenbarung nur noch bestätigt. Und doch, wenn ich gehofft hatte, die Antwort auf meine Frage, wer ich wohl sei, in den philosophischen Lehren zu finden, hatte ich mich getäuscht. Sie lehrten mich zwar, „dass sich selbst zu kennen die erste aller Wissenschaften ist" (Platon). Und dass es „allen Menschen gegeben ist, sich selbst zu erkennen und klug zu sein" (Heraklit). Wie auch, dass eben nur die eigene Erfahrung „der Anfang aller Kunst und jeden Wissens ist" (Aristoteles). Nicht aber – logischerweise – die lebendige Erkenntnis meiner selbst. Denn was sie mir da sagten, schien ich im tiefsten Grunde schon zu wissen. Und so fand ich in all dem auch immer nur für eine kurze Weile Trost. Freiheit und Lebendigkeit, danach sehnte ich mich. Die Freiheit der Gedanken aber – so erkannte ich für mich – ist zwielichtig, da, wo sie nur noch über sich selber spricht. Irgendwo fühlte ich mich also verloren in den ganzen schöngeistigen Gedankenkreisen. Obgleich ich nach außen hin immer mehr Boden unter den Füßen gewann.

„Sauna!", beschloss ich, *„am besten, du gehst erst einmal in die Sauna, den Kopf leerzubekommen. Dann kommt vielleicht was Neues rein ..."*
So mache ich mich mit „Karlchen" – meinem VW Käfer – auf den Weg in meine Stammsauna. Als ich dort aber ankomme, finde ich sie verschlossen. An der Tür hängt ein Schild, auf dem die Adresse der nächstgelegenen Sauna steht: „Wir danken Ihnen für Ihr Verständnis", endet der insgesamt freundliche Text darauf. Ohne Frage folge ich dem Hinweis. Bin nicht gewillt, mein Vorhaben zu canceln: Zu sehr ersehne ich einen leeren Kopf, den mir nur ein Saunagang garantiert. Die Sauna liegt im Erdgeschoss eines riesigen Bürokomplexes verborgen. Einige Stahltüren müssen von mir erst geöffnet werden, bevor ich deren Eingang erreiche. Grau und kalt die kahlen Gänge. Dann aber empfängt mich ein satter, für mich jedoch schlicht undefinierbarer Duft, der mich sofort ganz für sich einnimmt. Am Empfang ein untersetzter Mann, so um die sechzig Jahre. Der begrüßt mich sehr offen und freundlich:

„Hallo, ich bin Erni – willkommen in der ersten esoterischen Sauna Berlins!"
Vom Duft ganz benebelt und von der Offenheit Ernis überwältigt, kann ich nur stammeln: „Ja, äh, ich bin Juli – meine Sauna hat zu."
„Ja, das wissen wir", lacht der Sauna-Erni hell auf, „Sie sind nicht die Erste, die heute von da drüben kommt." Und steht im gleichen Moment auch schon dicht neben mir: „Ich zeig Ihnen jetzt die Sauna, dann machen Sie Ihre Gänge – wie Sie mögen – und wenn Sie anschließend noch Fragen haben oder ich Ihnen ein Psychogramm legen soll, dann geben Sie mir einfach Bescheid."

Dann läuft er los, erklärend voraus, indes ich schweigend hinterhergehe. Während wir laufen, erhasche ich kurze Einblicke in das Innenleben der so zahlreich vorhandenen Bilderrahmen an den Wänden des Empfangsbereiches. Mit den meisten kann ich absolut nichts anfangen – obgleich sie irgendwie schön anmuten in ihren Farben, Formen oder fließenden Zeichen. Nur zwei der Bilder besitzen eine eindeutig handfeste Aussage für mich. Sie sagen aus, dass der Bademeister Erni Fichtel ein diplomierter ist und die Sauna eine ausgezeichnete. Aber nirgends steht für mich, was eigentlich „esoterisch" in Bezug auf das Saunen ist. Besser, was der Erni darunter versteht. Bislang verband ich dieses Wort beständig mit der Philosophie, wo es allerdings ein Innerliches meint oder auch eine ungeschriebene

Lehre, mitnichten aber eine äußere Form bezeichnet. Oje, das kann ja heiter werden, befinde ich für mich, und so begehe ich den gesamten Saunakomplex, der im Grunde eher klein ist, durchweg mit sehr gemischten Gefühlen. Einerseits ziehen mich dieser Geruch, die sanfte Musik und die ja fast schon schön zu nennende Reinheit in der gesamten Anlage an. Auf das Penibelste sauber, überall stehen Kristalle, bunte, aber auch glasklare. Die Musik eine Mischung aus Naturvogelstimmen, Wasser und seichten Instrumentalklängen. Und auch der anheimelnde Geruch weht nicht etwa nur von den Aufgüssen aus den zwei Saunakabinen zu mir her, sondern zu meinem Erstaunen vor allem von stetig vorüberziehenden Rauchschwaden, die allesamt diversen perforierten Goldgefäßen entweichen. Andererseits aber nervt mich dieses „Wir lieben uns alle"-Getue all jener, denen wir hier und da begegnen. Dennoch, am Ende gewinnt Erni seinen Werbelauf: „Heute zum halben Preis für Sie, Juli!", spricht er mir aufmunternd zu.

„Okay, das ist ein Angebot!", gebe ich zustimmend zurück. Und denke still bei mir, schließlich bist du alt genug, um dich auszuklinken, sobald sich hier einer genötigt fühlt, dir Gesellschaft zu leisten. Meine Sorge ist aber doch gänzlich unbegründet. In aller Gemütsruhe kann ich meine Saunagänge durchführen, mir noch eine Fußmassage gönnen und anschließend noch an der Saunabar einen kleinen Imbiss einnehmen.

Diese Sauna hatte Flair und Stil zugleich. Alles irgendwie rund, fein aufeinander abgestimmt bis ins kleinste Detail, befand ich nun, während ich im Ruheraum einem Vortrag des Bademeisters Erni lauschte. Der sprach gerade über die Kraft von Steinen. Ja, Steine besaßen auch für mich eine Kraft, die mich magisch anzog. Das hatte ich in den Tagen meines Aufenthaltes im Jungendwerkhof nur allzu oft am eigenen Leib erfahren. Dass jeder einzelne aber nun auch eine eigene Heilkraft besitzen sollte, das war mir neu. Und da Erni schließlich im Anschluss an seinen Vortrag uns Gästen gleich zweimal noch ein kostenfreies Psychogramm anbot, ließ ich mich neugierig auch darauf noch ein.
Hierzu werde ich vom Sauna-Erni an einen gesonderten Tisch gebeten, gleich neben dem Schwimmbecken und schön inmitten einer wahrhaft ambrosischen Atmosphäre stehend – gedämpftes Licht, plätscherndes Wasser, murmelnde Springbrunnen, tanzende Lichtspiegelungen durch Kristalle hindurch an Decke und Wand geworfen, zu Klängen eines sanft geblasenen Panflötenspiels. Auf dem Tisch steht ein rundes Tablett mit Vogelsand gefüllt. Dicht daneben ein silberner Becher, gefüllt mit bunten Steinen jeglicher Art und Form. Erni sitzt mir gegenüber, lächelt mich an:
„Nimm den Becher in die Hand, Juli", fordert er mich auf und fragt sogleich noch darauf: „Ich darf doch ‚du' sagen?!"
Ich nicke zustimmend – er ist schließlich der Ältere!

Schon fährt er fort: „Gut! Dann schüttle den Becher kräftig durch, anschließend kippe ihn über das Tablett aus – möglichst im Kreis entlang."
Das tue ich. Im Nu ist Erni still, schaut konzentriert auf die Anordnung der Steine auf dem Tablett. Indes ich mir derweil die Frage stelle, wie man wohl aus Steinen etwas herauslesen mag, aber dennoch zu keinem schlüssigen Ergebnis finde. Erni liest alles Mögliche darin. Ein wenig Vergangenheit, ein wenig Gegenwart, ein wenig Zukunft. Nicht wahrhaft Dinge, die mir nicht bekannt sind. Geschweige denn mich wahrhaft überraschen. Im Grunde ein paar Allgemeinplätze, die schon verblüffend sind in ihrer Gesamtaussage, mich aber nicht wirklich berühren. Am Ende aber gibt es tatsächlich noch eine Neuigkeit für mich: ein mich durch und durch berührendes Wort ...
„... also, eigentlich alles ist Ordnung, Juli – was immer du auch erreichen willst, kannst du erreichen: Ohne Gott aber schaffst du das nicht!"
Ups, das sitzt! Ich fühle mich erwischt. Nicht von Erni, sondern vom Numinosen selbst – ertappt bei einer ungeheuerlichen Tat: Unglaube! Gott! So also der Name meines Namenlosen, nach dem ich so lange gesucht hatte ...
„... Gott! ...", murmele ich diesen Namen nun vor mich hin, staunend wie ein Kind beim Anblick eines Riesenrades, und just im nächsten Moment ergreift eine unendlich tiefe Freude ganz Besitz von mir. Man kann einen Namen – ein Wort – tausendfach

gehört haben, ja auch unzählige Male selbst ausgesprochen und doch nicht ein einziges Mal wahrhaft verstanden haben oder verstehen. Doch in einem einzigen Augenblick kann es geschehen, da geht dir das Wort hell erleuchtend in jeder einzelnen deiner Körperzellen und in seiner ganzen, absolut einmaligen Bedeutung auf. Was für ein einmalig schönes Erwachen: „Gott habe ich zu suchen", so stand es mir jetzt klar vor Augen, „nicht mich!" Oder anders: *„Ihn gilt es zu finden, dann habe ich ganz sicher auch mich!"*

So läutet dieser Saunabesuch meine ersten Schritte in eine Welt ein, die der Philosoph Pascal als Aufstieg des Menschen von der nur körperlichen Ordnung in die nächsthöher liegende Ordnung der Intelligenz oder des Geistes benennt, während die Mehrzahl der Menschen diese Weltenordnung schlicht nur mit dem Wort „Esoterik" bezeichnet. Der Übergang gestaltet sich sacht fließend, jedoch unumkehrbar für mich. Noch am gleichen Tag suche ich ein Antiquariat auf:
„Kann ich Ihnen helfen?", werde ich gefragt.
„Ja – ich suche eine Bibel!"
Schon stehe ich vor einem breiten Regalfach. Darin dicht an dicht Bibel an Bibel gereiht.
„Welche Ausgabe soll es denn sein?!", werde ich weiter gefragt. „Oh, das weiß ich gar nicht. Ich suche mir einfach eine heraus, ja?! Danke!"
Dann schließe ich die Augen, fahre mit der Hand

über diverse Buchrücken, greife dann wahllos einfach zu, schaue anschließend, was ich da in Händen halte: eine Zürcher Bibel, schwarz eingebunden, aus dem Jahre 1955. Damit gehe ich zur Kasse.
„Eine sehr gute Wahl", freut sich der Buchhändler, „die Zürcher Bibel ist die philologisch wortgetreueste Übersetzung der Heiligen Schrift überhaupt."
„Aha", entgegne ich freundlich, aber leichthin nur zurück. Denn ich habe keine Ahnung, wovon der Mann da überhaupt spricht. Schließlich habe ich das Buch nur gekauft, so denke ich still bei mir, in der Hoffnung darauf, Gott darin zu finden.

Zu Hause angekommen, kann ich es kaum erwarten, in diesem Buch zu lesen. Doch schon nach den ersten Kapiteln lege ich es enttäuscht wieder beiseite. Was ich darin finde, kann ich so absolut nicht mit dem vereinbaren, was ich kenne, und schon gleich gar nicht mit dem, was ich fühle: „Dieser Bibel gemäß wäre Gott also entweder ein Irrer oder schlichtweg nur ein grausamer Despot", stelle ich ernüchtert fest. „Aber vielleicht ist ja die Übersetzung falsch. Wenn einer hervorhebt, es sei ‚die wortgetreueste', zeugt das dann nicht davon, dass es viele, vor allem aber auch sehr unterschiedliche Übersetzungen davon gibt?! Der Sauna-Erni hat mir ja ausdrücklich empfohlen, die Bibel zu lesen, ‚... so du mit Gott gehen willst ...'. Vielleicht sollte ich ihn fragen, welche Ausgabe er mir empfiehlt."

Eine Woche später. Diesmal fahre ich sofort die esoterische Sauna an. Erzähle dem Bademeister mein Erlebnis mit der Bibel, worauf der mit schlichtem Lächeln reagiert:
„Ah, du bist Heidin?! Weißt du, dann lass das mal mit der Bibel noch sein. Sie wird dich rufen, wenn es so weit ist. Bis dahin gehe einfach weiter."
„Wohin?!", will ich wissen. Denn derzeit verläuft mein Leben sehr gemütlich mit autodidaktischen Studien, ein paar Nebenjobs und schließlich auch den wöchentlichen Saunabesuchen. „Weißt du, Erni", fahre ich von daher auch fort, „es ist ja nicht so, dass ich noch irgendetwas erwarte. So wie es derzeit in meinem Leben ist, finde ich es im Grunde perfekt. Das Einzige, was mich drückt, sind meine Schulden, ansonsten würde ich wohl gemächlich immer so weitermachen ..."
„Ja ...", lacht Erni hell auf, „... genau das ist der Grund, warum du diese Schulden überhaupt noch hast – damit du nicht einschläfst, Juli! Du bist ganz offenbar zu mehr berufen in deinem Leben als nur zum Profanen. Deshalb bist du überhaupt erst in dieser Sauna gelandet – und schließlich auch wiedergekommen, nicht wahr?! Gott irrt sich nie, Juli! Und das ist nun nicht etwa nur ein Wort, sondern ein absolutes Faktum, an dessen unabdingbare Existenz in deinem Leben du dich besser mal gleich freiwillig gewöhnen solltest, das erspart dir schon Mal eine Menge Lebensgroll vorab."

Das zu erkennen hatte ich nun genügend Gelegenheit in der sogenannten Eso-Szene. Und Erni behielt recht. Gott irrt sich nicht und es gibt auch keine Zufälle oder anders herum, es fällt dir nur zu, was dir zufallen soll. Anderes trifft dich nicht, berührt dich nicht. So erfuhr ich es jetzt lebendig: hautnah! Denn gleich woran ich in dieser Szene auch immer da teilnahm – spirituelle Sitzungen, Akasha-Lesungen, Tantra – oder was ich mir auch anschaute – Reiki, Astrologie, Hexensabbate, schwarze Magie, weiße Magie, Kartenlegen, Pendeln, Spontanheilungen –, nichts konnte mich wirklich halten. Keine Gruppierung, keine Ausrichtung berührte mich wahrhaftig. Mit Ausnahme der einen: der Zahlensymbolik.
Und von der erfahre ich zum ersten Mal in Ernis Sauna, während ich entspannt im Ruheraum liege. Erni hatte einen Vortrag angekündigt, das Thema stand auf einem Flipchart gleich neben der Ruheraumtür: „Numerologie – die Lehre von der Zahlensymbolik eines Pythagoras von Samos".

Dreieck und rechter Winkel. Der Satz des Pythagoras hatte mich auf ganz eigene Weise schon immer berührt: Die Einheit in der Dreiheit faszinierte mich. Ganz wach und zutiefst interessiert höre ich denn auch zu. Und bin am Ende durchgehend begeistert. Denn zum ersten Mal in meinem Leben höre ich die Lehrsätze des Pythagoras nicht mehr nur von der mathematisch-männlichen Seite her, wie sie mich

Schule oder Philosophie allein bislang zu verstehen zwangen, sondern auch von der mathematisch-weiblichen, also mystisch-spirituellen Seite der Zahlen. Ganz so, wie ich als Kind zum Beispiel die Lehrsätze der euklidischen Geometrie verstand und berechnet habe, bis es mir abtrainiert wurde. Und gleich wie, ob nun als Lehrsatz des Pythagoras oder Kabbalah – religiös mystische Tradition des Judentums – benannt, mit dieser zweiten ursprünglichen Seite einer Ziffer vereint, fühle ich mich nun wieder ganz daheim. Angekommen im ursprünglichen Wesen der Zahl, die nunmehr damit erst wieder komplett für mich ist. Ganz heil. Und was Erni aus den Steinen lesen konnte, so ging mir blitzartig auf, das konnte einer nun auch aus den Zahlen lesen, so er nur, ähnlich der Astrologie, das Geburtsdatum eines Menschen kannte.

Gesagt und getan. Die Numerologie passte für mich auch hervorragend zu meinem bis dato autodidaktischen Studium der gesprächstherapeutischen Psychologie eines Carl Rogers. Mit seiner Zuhörmethode, die nicht etwa dem Klienten einen direkten Weg ansagte – ihn dies zu tun oder das zu lassen anwies –, sondern den Klienten durchweg den ureigensten Weg selbst erkennen ließ, indem er dessen eigene Aussage wieder und wieder hinterfragte. Und das so lange, bis der sich schließlich sich selbst auf die Schliche kam und somit dann folglich, auch wieder aus eigener Kraft heraus, seine Entscheidungen treffen

konnte. Eine Fusion dieser beiden Ausrichtungen könnte diesen Selbsterkenntnisprozess ganz sicher beschleunigen, so war ich nun fest überzeugt, und erklärte dies so auch dem lehrenden Professor in Hamburg: „... eigentlich ganz simpel, statt eines Anamnesebogens halt ein ‚Zahlen-Psychogramm.'" Und auch der Professor findet eine solche Fusion „... keineswegs uninteressant ... und mitnichten verwerflich ...", aber „... in jedem Fall doch kassenuntauglich".
Was für mich wiederum nicht von Bedeutung ist, da ich keine Zulassung anstrebe. Also breche ich alle anderen Studien ab und vertiefe mich ganz und gar nur noch in diese beiden: Gesprächspsychotherapie und Numerologie. Alles Geld, das ich nebenher verdiene, gebe ich nun für entsprechendes Lehrmaterial, Seminare oder Fortbildungskurse – stattfindend in den verschiedensten Teilen Deutschlands – aus. Und lerne dabei die unterschiedlichsten Menschen kennen. Eine Vielzahl von Ausrichtungen, und doch in einem alle gleich: Alle befinden sich, wie ich, auf der Suche. Deshalb lernen wir hier. Unruhig, unstet im Herzen, auf Wanderschaft. Ein jeder mit eigener Gesinnung und nur ganz selten von edler Natur. Auch meine Motivation lag vorweg nicht etwa in der bedingungslosen Hingabe an den Nächsten, sondern zusätzlich zu meinem Interesse an Zahl und Heilmethodik vornehmlich doch in der Möglichkeit, auf diese Weise gutes Geld zu verdienen, um damit meine Schulden abzahlen zu

können. Schlicht, um mir die Freiheit damit zu erkaufen: herauszukommen aus dem Hamsterrad allein nur profan-irdischer Daseinsform, stattdessen hinein in die wunderbare Welt des frei geistigen Weltschaffens. Wer Geld hat und den Bauplan kennt, kann schließlich auch erfolgreich bauen. So redete ich mir ein, eine sehr lange Zeit. Doch noch immer kannte ich den Bauherrn nicht, also verkannte ich den Plan. *„Und damit man sich nicht darin verrennt, kommt auch kein Geld!"*, so stellte ich eines Morgens ernüchtert fest, nachdem ich das folgende Zitat eines legendären chinesischen Weisen aus dem Buch „Tao Te King" verinnerlicht hatte:

„Ton knetend formt man Gefäße.
Doch erst ihr Hohlraum, das Nichts, ermöglicht die Füllung.
Das Sichtbare, das Seiende, gibt dem Werk die Form.
Das Unsichtbare, das Nichts, gibt ihm Wesen und Sinn."

Geld kam also nicht herein. Im Gegenteil, ich gab viel Geld aus in dieser Zeit. Für den Erwerb von Scheinen, die mir im Grunde gleich waren, da sie mir nur Anerkennung nicht aber die Erfüllung all meines Sehnens brachten: Unabhängigkeit.

In Ernis Sauna bin ich inzwischen Stammgast. Noch immer vorwiegend, um den Kopf freizubekommen. Doch ist es real mittlerweile eher so, dass am Ende eines Saunatages doch mehr wieder darin ist, als ich ursprünglich herauszubringen gedachte. Erni bittet mich immer öfter darum, einen Vortrag zu halten oder einem Gast ein numerologisches Psychogramm zu erstellen. Hier ein Gespräch zu führen oder auch mal dort, wenn auch seltener, eine Fußmassage zu geben. All dies tue ich gern und lerne viel dabei. Über mich und den Menschen.

„Anerkannt zu sein ist schließlich nicht das Schlechteste ...", rede ich mir an solchen Tagen dann gerne ein und ziehe mir damit doch lieber wieder den soeben gelüfteten Schleier der Selbsttäuschung über den Kopf. Das ist bequemer, obgleich der Zweifel an der Echtheit dieser Anerkennung stets latent vorhanden bleibt. Schließlich, niemand in dieser Szene weiß ja um mein früheres Leben. Würden sie mich auch dann anerkennen, wenn sie darum wüssten? Das nun glaubte ich nicht.

Die Menschen in meinem jetzigen Leben

Da ist zunächst Simone. Stewardess, allein lebend. Auf der Suche nach „dem Richtigen!", der da bald kommen wird, wie der Wahrsager ihr prophezeit hat. Im Grunde ist Simone mir viel zu überspannt, wie die meisten aus dieser Esoterikszene.
„Aberglaube liegt mir nicht. Er engt ein, finde ich, statt dass er den Menschen frei macht. Ähnlich dem Wissenschaftsglauben." So sage ich ihr es denn auch einmal, ziemlich deutlich.
Doch Simone bleibt. Ist sehr anhänglich, weil sie in mir jene Seelenverwandte sieht, die ihr der Wahrsager vorausgesagt hat.
Mit Simone erlebe ich wirklich unglaublich skurrile Dinge – wie automatisches Schreiben, Poltergeistklopfen oder Engelerlebnisse –, die mich insgesamt zu der Erkenntnis bringen, dass man nie so genau wissen kann, ob ein Ereignis nun eintritt, weil einer gerade zur richtigen Zeit am rechten Ort ist, oder schlicht nur, weil einer gerade gedacht hat, dass es so eintritt. Gott selbst ist kein Geheimnis, sein Wirken aber allemal! Irgendwann lernt Simone auch tatsächlich „den Richtigen" kennen, zieht mit ihm nach Florida.

Ninette. Freie Handelsvertreterin. Alleinstehend, kurz über sechzig. Ihr Zugang zur Esoterik ist der

Tod ihrer jüngsten Tochter, noch im Kindesalter. Von Hause aus ist Ninette eher eine Frau von Format: „Was kostet die Welt? ... Okay, ich nehme alles!"

Es konnte passieren, dass sie um Mitternacht vor meiner Wohnungstür stand und mir vorschlug, „kurz mal eben mit dem Auto nach Franken zu fahren", in das spirituelle Zentrum Ernis, „... um ihn zu überraschen!". Wenn sie dann aber dort war, wollte sie fast ebenso schnell auch wieder zurück. Durch und durch schrill und auffällig – durchweg alles an ihr und um sie herum. Nicht ganz mein Geschmack, und doch auch wieder ganz mein Geschmack. Denn Ninette tat im Grunde immer nur genau das, was sie wollte. Selbst wenn sie dabei hohe Ansprüche an ihr Umfeld stellte, das Umfeld reagierte ihr entsprechend. Ninette verstellte sich nie, sprach niemandem nach dem Munde. Das konnte sie sich auch leisten: „Geld spielt keine Rolle mehr in meinem Leben!", antwortete sie jedem, der versuchte, sie zu kaufen. Und wie ihr Privatleben, so auch ihr Arbeitsleben – Ninette terminierte vom Bett aus. Und vor mittags um zwölf trat sie nur selten bei ihren Kunden auf.

Geduld erreicht alles, lerne ich an Ninettes Seite. Seit Jahren wünscht sie sich einen Mann und stellt dafür alles Mögliche an. Die Folgen davon sind stets kleinere bis mittlere Katastrophen. Durchweg

Peinlichkeiten für sie und alle Beteiligten. Aber das sieht Ninette natürlich ganz anders: „Wer die Rosinen will, muss den ganzen Kuchen essen!" Schlussendlich aber findet sie tatsächlich ihren „Goldfisch", und das auch noch quasi direkt vor der Haustür. Ein Arbeitskollege. Zwanzig Jahre jünger: „Eine Seelenverbindung, Juli!", versichert mir Ninette sofort.
Okay. Fast glaube ich daran, denn die beiden verstehen sich fürwahr, von der ersten Stunde an, wie Latsch und Bommel. Als sie heiraten, machen sie aus mir eine Trauzeugin und im Anschluss daran eine Spielerin.

Nein, nicht einfach nur eine Heimbrettspielerin. Sondern eine ganz große, im Spielcasino. Und auch nicht mit kleinen Spielbankchips, sondern gleich mit Hundertern. Ninettes Goldfisch ist ein Systemtüftler.
Die Faszination, eine Spielstrategie zu finden, die bei einem bestimmten Einsatz pro Abend an die Tausend Mark einbrächte, ließ Goldfisch am Abend oft stundenlang an einem Kinderspielrouletterad drehen. Den Fall der Kugel in den Kessel notierte er dann empirisch. An den Wochenenden stoßen Ninette und ich jeweils dazu. Rotwein, Einsatz und: „Rien ne va plus – nichts geht mehr!", Runde um Runde. Oft bis weit nach Mitternacht. Aber hinter eine brauchbare Zahlenkombination kommt der Goldfisch nicht. Das heißt, kommt er schon, nur

stünde das Verlustrisiko zum Gewinn in einem doch sehr unbrauchbaren Verhältnis. Also einigen wir uns auf ein Setzen der Spieljetons nur auf die Chancen Schwarz oder Rot. Wochenlang testen wir nun auch hier die möglichen Fallvarianten der Kugel aus. Wobei es hierbei explizit nur um die Anzahl der Rot- bzw. Schwarzserienchancen geht. Stetiger Wechsel zwischen Chance und Gegenchance – Schwarz-Rot – nähme sich hierbei schlecht aus. Das heißt, verdient wird an den jeweiligen Serien von Rot oder Schwarz. Hier funktioniert Roulette ähnlich dem Wetter: Auf viele Tage Regen folgt unweigerlich Sonnenschein und umgekehrt. Des Goldfischs Bestreben ist es nun, genau diese Roulette-Wetter-Unwegsamkeit so weit strategisch in den Griff zu bekommen, dass gefürchtete Roulette-Wetterschäden möglichst gering bleiben. Was ihm jedoch nicht vollkommen gelingt. Was nur zu natürlich ist, denn eine Strategie, gleich welche, zielt nun einmal darauf ab, dem Schicksal oder Zufall ein Schnippchen zu schlagen. Genau genommen aber gibt es keine Strategie, die solches vermag. So auch nicht die des Goldfischs.

„Ein Restrisiko bleibt bestehen", so erklärt uns Goldfisch eines Abends, „das liegt einerseits an der begrenzten Einsatzhöhe, viel mehr aber noch an dem Umstand, dass der Beginn einer Serie nie wahrhaft kalkuliert, sondern nur spekuliert werden kann … Und der benötigte Einsatz dabei ist auch

keine Kleinigkeit – mindestens zwanzigtausend Mark!"
Ja, darauf war auch ich schon gekommen. Denn die Strategie basierte auf einer Verdopplung des Einsatzes bei Verlust: Einhundert Mark Verlust erforderten also einen erneuten Einsatz von zweihundert Mark. Zweihundert Mark Verlust einen weiteren Einsatz von vierhundert Mark und so weiter. Nur auf diese Weise konnte eine „Schlechtwetterserie" schadlos durchgehalten werden und brachte schließlich aber auch eine „Schönwetterserie" den ersehnten Gewinn. Denn gewonnen wurde hierbei ebenso, bei entsprechender Farbe, das Doppelte vom jeweiligen Einsatz.

„Und am Ende gewinnt doch immer die Bank", resignierte Goldfisch schließlich nach Monaten seines Trockentrainings entschlossen, „das ist unverrückbare Tatsache. Der Aufwand ist zu hoch. Zeit und Geld – zwanzigtausend – wir lassen das!" Woraufhin Ninette lauthals lachte:
„Na, endlich hab ich dich wieder! Ganz genau Schatz, wir machen das wie immer."

Wie immer, das hieß für die zwei, dass sie sich auf eine bestimmte Geldsumme festlegten und diese dann verspielten, aber keinen Cent mehr – ganz gleich, ob am Ende ein Gewinn stand oder nicht. Und für die beiden, so befand ich still für mich, war das auch durchaus in Ordnung so. Für mich aber nicht. Denn wenn es mir auch finanziell nicht mehr wirklich schlecht ging, so blieb mir dennoch kaum Geld dabei zum effizienten Abzahlen der Schulden. Die aber loszuwerden, hatte derzeit oberste Priorität in meinem Leben. Wenn Goldfisch also nicht mehr wollte: Okay, das war seine Sache. Ich aber wollte es, mehr als alles andere. Und so wurde Goldfischs Strategie zu meiner Sache.

Zwanzigtausend Deutsche Mark besaß ich nicht. Das stellt aber kein Hindernis dar, wenn man weiß, wer sie besitzt und sie darüber hinaus noch ganz unkompliziert leiht, ohne jegliche Zinsforderungen noch sonstige Ansprüche. In meinem Leben war dieser anspruchslose Mensch bis dato schon immer Leon gewesen, den ich beständig nur meinen lieben Bekannten nannte. Kennengelernt hatte ich ihn einst als Kunde an meinem Gravurenstand. Nachdem der Auftrag erfüllt war, lud er mich zum Essen ein. Es wurde keine Liebe daraus, aber eine ganz besondere Freundschaft, die bis heute andauert. Wir traten gegenseitig für uns ein, wann immer für uns „Not am Mann" war, lebten aber ansonsten unsere jeweils eigenen Leben, die entgegengesetzter kaum sein konnten. An Leon wende ich mich also, und wie von mir erhofft, so geschieht es auch: Leon fragt nicht, wie immer, antwortet nur schlicht: „Gib es mir zurück, wenn du es nicht mehr brauchst."
Mir aber ist es wichtig, ihn aufzuklären. Also tue ich es und erzähle ihm von der Goldfischstrategie

und meinem Vorhaben. Dennoch gibt er mir das Geld ohne jeglichen Einwand.

Die Spielbank. Im trauten Heim an einem Kinderspielroulette eine Strategie auszutüfteln ist eine Sache, diese nun auch real in einem der großen Spielcasinos Berlins zu spielen aber noch einmal eine ganz andere. In einer Spielbank geht es zum Beispiel sehr laut zu, was eine Konzentration auf das Wesentliche – den rechten Zeitpunkt des Einsatzes oder die Wahl der Zahl – schon einmal erheblich erschwert. Zudem noch die Vielzahl an emotionalen Schwingungen, die in einer enormen Bandbreite und Intensität von den Spielern sowie auch den Croupiers ausgehen. Hier musste ich mich zunächst erst einfinden, bevor ich zu spielen begann. Und gewann! Gar Tage um Tage war ich am Gewinnen. So an die achthundert bis eintausend Mark pro Tag. Also inkarnierte ich in eine Berufsspielerin. Niemand wusste davon. Jeden Abend fuhr ich mit dem Taxi in die Spielbank. Wechselte das Geld in Hunderter-, Zweihunderter-, Fünfhunderter- und Tausenderjetons – die sogenannten Riesen – ein. Spielte, ging anschließend an die Bar, aß ein Nachtmahl und ließ mich im Anschluss daran wieder nach Hause fahren. Das war mein neuer Job. Ein Teilzeitjob, fünf Stunden am Tag. Und im Grunde auch ziemlich sicher, solange ich es nur verstand, mich vom restlichen Geschehen in der Spielbank völlig abzuschotten.

Der Wendepunkt kam schleichend, für mich fast unbemerkt, da ich von den inneren Ahnungen und Warnsignalen absah, die ich allesamt überhören wollte. Denn schließlich war ich anders als jene Berufsspieler da, die vorwiegend gerade Haus und Hof verspielten, auch vor den Renten ihrer Mütter nicht Halt machten. Nein, mit diesen Süchtigen hatte ich nichts gemeinsam, so empfand ich hochmütig, ich spielte mit Stil und hatte schließlich ein eindeutig nobles Motiv, hier zu spielen. Hatte ich erst die Schulden abbezahlt, würde ich hier auch wieder verschwinden. Und überdies konnte mir auch nichts passieren, da ich nicht auf Risiko ging, sondern stets im Rahmen der Zwanzigtausend blieb – so dachte ich.
„Hallo, ich bin Maxime, darf ich mich kurz zu Ihnen setzen?"
Erstaunt blicke ich auf. Sehe jenen hübschen Croupier neben meinem Barhocker stehen, der mir eben noch meine Gewinnjetons am Roulettetisch ausbezahlte. Zögere aber mit der Antwort, denn soviel ich weiß, ist es keinem Croupier gestattet, mit den Gästen zu plaudern.
„Ich will nur kurz mit Ihnen reden, dann gehe ich wieder", antwortet der prompt auf meine Gedanken, als hätte ich sie laut ausgesprochen. Lächelnd mache ich eine Handgeste zum freien Hocker hin: „Bitte schön! ... Ich bin Juli."
Ohne Umschweife kommt Maxime zur Sache:
„Es ist nicht gut, gegen die Bank zu spielen."

Ja, das glaube ich dir gern, amüsiere ich mich still, während ich laut ausspreche: „So? Ich denke, dazu ist jeder Spieler hier – oder?! ..." Maxime lacht kräftig dazwischen, worauf ich jedoch nicht eingehe, sondern einfach weiterrede: „Es ist ein Spiel, Maxime, also von Haus aus ganz auf das Gegeneinander konzipiert, meine ich ...", kurz halte ich inne, schaue ihm frontal in die Augen, „... schließlich leben Sie davon, und wie es ausschaut nicht einmal schlecht, oder etwa nicht?!"
Statt einer Antwort erhalte ich eine Frage: „Kann ich Sie nach dem Dienst zum Essen einladen?" Maxime wartet still. Spontan nicke ich ihm zu: „Warum nicht?!"
„Ich muss jetzt an den Tisch. Einen Wechsel noch, dann hab ich Feierabend – essen Sie gern spanisch?"
Diese Frage kann ich Maxim nicht beantworten. Ich kenne kein spanisches Essen. Und was ich esse, ist mir just inzwischen ebenso ziemlich gleich. Denn in meinem Innern hinterfrage ich bereits meine soeben gegeben Zusage. Ein ungutes Gefühl beschleicht mich, kämpft in mir, manifestiert sich als Gedankenkette: „Ein Mann bringt nur Unglück ... Es geht immer nur eines: Geschäft oder Mann ... Das wäre das Ende deiner Freiheit ... Das Ende deiner Glückssträhne – so war das immer!"
Indes wartet Maxime geduldig, lächelt charmant. Und plötzlich weiß ich, als ich dieses Lächeln sehe:
„Keine Chance Juli, du kommst nicht daran vorbei!"

Also lasse ich mich ein. Weit nach Mitternacht sitze ich noch immer mit Maxime in dem gemütlichen Restaurant. Spanischer Wein zu Paella und Gitarrenklängen. Mir ist, als säßen wir nicht in Deutschland, sondern tatsächlich im südlichen Spanien. Draußen haben wir Herbst, hier drinnen pur die Sonne. Bin ganz gefangen. Nicht nur davon, auch von Maxime. Oder ist es eher dieses mystisch-magische Flair, das einen jeden Croupier da irgendwie umgibt – geheimnisvoll, ein wenig wehmütig und doch majestätisch aufrecht stehend –, in dem ich mich da neugierig verfangen habe? Die Grenzen hier sind wohl fließend. Tatsache aber ist, dass ich mich irgendwann ganz hingegeben finde an eine künstlich aufrechterhaltene Scheinwelt der Extreme, die tagein, tagaus, nur stets hin- und herpendelt zwischen Glamour und Abscheu, himmelhoher Freude oder totaler Betrübnis: die Welt eines Croupiers! Eliteanspruch kontra Elend der Spieler – ein Croupier lebt schließlich ausschließlich von der Sucht seines Nächsten –, Verstand kontra Gewissen. Das heißt, entweder ist er skrupellos oder selber krank, Maxim indes war beides. Ein Leben als Croupier spielt sich durchweg in der Nacht ab, so ist die Sinneswahrnehmung für das Tagesbewusstsein enorm gestört, ein wirklich realer Bezug zum normalen Leben also kaum möglich. Der glamouröse Luxus, in dem man sich da bewegt und lebt, ist also eine überwiegend künstlich errichtete Welt, keine natür-

liche, kurz: Illusion satt!
Natürlich ist es Maximes Bestreben, mich vom Spielen abzuhalten: „Glaub mir, am Ende gewinnt wirklich immer die Bank!"
Und seine Warnung klingt stets so, als wüsste er auch genau, warum, doch wenn ich ihn nach dem Grund befrage, antwortet er stets gleich:
„Vertrau mir einfach, das ist so!"
Dennoch entscheide ich mich nüchtern dagegen, Maxime zu vertrauen, obgleich – steter Tropfen höhlt den Stein – auch in mir längst der Zweifel am System geboren ist. Doch den wische ich beiseite wie die allmorgendlichen Krümel vom Knäckebrot. Fortan spiele ich nur noch dann, wenn Maxime keinen Dienst hat. Heimlich quasi.

Ziemlich albern, wie sich bald herausstellt, denn das gesamte Croupier-Kollegium weiß bereits von unserer Verbindung und so wird Maxime postwendend sofort zugetragen, wann und wie „seine Neue" gerade auftritt. Was mich nun wiederum immer nervöser werden lässt beim Spielen – fahrig, waghalsig oder ängstlich.

Nun wollte ich nur noch schnell meine Einsätze tätigen, um möglichst schnell wieder draußen zu sein. Immer öfter kam es jetzt vor, dass ich mit plus minus null Einnahmen die Spielbank verließ. Unhaltbarer Zustand. Geteiltes Haus: hier Maximes Hand, die an mir zerrte und aus der zu lösen ich nicht die Kraft besaß – da der Wunsch nach Schuldenfreiheit, den zu erfüllen ich mir durch das Spiel erhoffte. Ich sah mich also deutlich in einer Sackgasse stecken, tat aber keinen Schritt daraus zurück. Und eines Abends war es dann so weit, katapultartig spuckte mich das Roulette aus dieser Sackgasse heraus, dauerte eine Serie für mich endlos an. Ganz so, wie es bislang noch keine getan hatte – über mein ganzes Budget hinaus!

„Am Ende gewinnt immer die Bank!", hallte es schließlich unaufhörlich in meinem Kopf zurück. Echolot! Wie in Trance hatte ich gesetzt. Immer wieder, immer höher. Auch dann noch, als ich längst an meinem Limit – den zwanzigtausend – angelangt war. Und was mir sonst immer gelungen war, abzubrechen, an diesem Abend gelang es mir nicht! Denn an diesem Abend sollte ich eine Spielerin sein, die nicht aufhören kann, bis sie auch den letzten Cent verspielt hat.

Diese Erfahrung ging mir noch lange, dabei heftig zitternd, nach. Eingebrannt ins Herz bleibt mir ein eigentümlicher Schmerz: Ohnmacht genannt. Eine Erfahrung, die mich aufs Höchste erstaunen ließ, denn es war wahrhaftig so: Niemand und nichts hätte mich in jenen Momenten davon abhalten können zu tun, was ich da tat. Weil nicht ich es war, die es tat, sondern eine unendlich viel stärkere Macht als ich. Eine Präsenz völlig autonom von mir, die alle Vollmacht der Welt besaß, mich zu ergreifen, während ich selbst quasi der stille

Beobachter blieb. Unfähig, einzugreifen in das Geschehen, ganz so, als säße ich gerade in einem Kino und schaute einen Film. Kein Happy End? Doch! Nur so ganz anders, als ich es mir vorgestellt hatte. Denn es gibt noch eine andere Tatsache als jene, dass „die Bank immer gewinnt". Eine, die ganz und gar den Spieler betrifft und die da kein Wort so gut beschreibt wie der Songtext von Achim Reichel:
„Komm rüber Spieler, Spieler komm rüber … Erst wenn du nichts mehr hast, bist du frei. Frei."

Genau das durfte ich nun erleben. Das Geld war unwiderruflich verloren. Erst jetzt also konnte ich erkennen, wie sehr diese Spielerei mein Gewissen belastet hatte. Ähnlich dem Joch auf einem Ochsen, hatte sie tonnenschwer auf meinem Rücken gelegen, ohne dass ich es bemerkte. Mich niedergebeugt – sklavisch ergeben statt vollmündig frei.

Nein, ich trauerte nicht um die dreißigtausend, die ich da gerade verspielt hatte, auch war nicht Unruhe oder Scham in mir, wegen Leon – ein paar Schulden mehr oder weniger, was machte das schon. Sondern es hatte mich durchweg Furcht am Kragen gepackt. Ein heiliger Schrecken! Der Mischung aus kindlichem Staunen und höchster Ehrfurcht vor dem Wesen Macht: dem allein herrschenden Willen einer durch und durch übergeordneten Kraft. Das ist der eigentliche Antrieb, warum der Spieler spielt, bis der letzte Cent gesetzt ist, es geht ihm vom Tiefsten her nicht um das Verdienen, sondern um das Besiegen! Er ist angetreten, um zu kämpfen – gegen genau diese numinose Kraft, die da ganz offenbar alles aus sich selbst heraus schafft. Ohne ihn! Das ist der Grund, warum der Spieler die Spielbank betritt: sich selbst zu beweisen, dass er doch alle Macht der Welt besitzt. Dass sein Wille geschieht.

Und so läuft er, so lief ich, von Enttäuschung zu Enttäuschung, von Verlust zu Verlust:
„Er hat alle Zahlen durch und auf allen verloren.
Er weiß: wenn er jetzt verliert, ist er selbst verloren.
Und als er die Hand ausstreckt, um den Riesen zu setzen – hört er die Spieler im Meer.
Den Wind hört er hetzen: Komm rüber Spieler, Spieler komm rüber. Das Spiel ist längst vorbei …
Erst wenn du nichts mehr hast, bist du frei. Frei."

In dem Augenblick, da das letzte „Rien ne va plus" verkündet wurde, ging mir das Wort Maximes restlos auf: „Es ist nicht gut, gegen die Bank zu spielen." Ja, das ist wahr! Aber viel mehr noch, wogegen ich da ankämpfte, war ja nicht die Bank, sondern der Schöpfer aller Dinge daselbst, Gott ist allmächtig!
Spontanheilung. Oder anders: erneuter Tod.
Nicht dass Leon jubelte, als er davon erfuhr, aber er trauerte auch nicht. Er erließ mir die Schuld und ging quasi, ganz schlicht, einfach wieder zur Tagesordnung über. Indes ich noch für einige Wochen

weiter, Abend für Abend, in der Spielbank verblieb. Nun aber nicht mehr am Roulettetisch Geld verspielend, sondern in der Kantine für die Croupiers Brötchen schmierend, die ein Freund Maximes gepachtet hatte, der mich eines Tages um diesen Gefallen bat. Zwei Welten, die unterschiedlicher kaum sein konnten. Radikale Entmystifizierung der Elite für mich, so kam ich schließlich glücklich auch aus dieser Ära heraus. Die Verbindung mit Maxime löste sich dabei fast wie von selber auf. Die Spielerin war gegangen. Die Tür sauber geschlossen. Nun ward ich wieder neu geboren.

Carina und Herr Findhorn. Die Erfahrung hatte mich gelehrt, dass ich nicht im Stande war, meine Schulden auf einen Streich loszuwerden. Also schaue ich mich nach einer Alternative um. Die kommt mir scheinbar entgegen, als ich eines Nachmittags in dem Berliner „Zitty"-Journal in einer kleinen Annonce lese:

„Sie haben Schulden und wollen sie loswerden?! Kontaktieren Sie mich – unkomplizierte Hilfe garantiert Herr Findhorn! …"
Geschmeidig glatt wie warmes Öl dringen diese Worte in mein Bewusstsein ein. Hoffnung keimt auf. Manchmal weiß man erst, wonach man sucht, wenn man es schwarz auf weiß geschrieben sieht, bestärke ich mich selbst. Ja, eine solche Hilfe habe ich gesucht, unkompliziert und garantiert. Wie

sonst?! Den aufkeimenden Gedanken:
„Scharlatanerie – zu hochmütig, um wahr zu sein", dränge ich ganz bewusst zurück. Will ich nicht hören. Nicht jetzt! Jetzt will ich vertrauen, und zwar diesem Menschen und seiner Verheißung. Schließlich hat alles andere – harte Arbeit, abergläubischer Hokuspokus oder Kampfarena Spielbank – in Sachen Schuldentilgung mich auch nicht weitergebracht. Und das beständige Sinnieren oder Vor-mich-her-Brabbeln von positiven Gedanken, wie ich es zusätzlich schon seit Langem tat – „... das Glas ist halb voll, nicht halb leer!" –, hatte ich ohnehin inzwischen mehr als satt. Irgendwie wurde ich das Gefühl nicht los, durch diese ständigen Affirmationen den Bezug zur Realität zu verlieren. Dieses Inserat hier war endlich mal wieder etwas Handfestes, also griff ich zu.

Herr Findhorn entpuppte sich als ein in Berlin lebender Schweizer im Alter eines Pensionärs. Weißhaarig, groß gewachsen, mit prall dickem Ballonbauch. Nicht gerade ein „Santa Claus", aber dennoch insgesamt ein Mann von väterlich gemütlicher Art. Auf seiner Küchenbar hatte er eine runde Schneidemaschine stehen, in der sich stets ein ebenso runder Laib Schweizer Käse befand, an dem man sich konstant bedienen durfte, wann immer man wollte. Ebenso wie an den beiden Schweizer Nationalgetränken, die immer in Findhorns Hause vorhanden waren: Ovo, ein Instant-Malzgetränk, und

Rivella, ein kohlensäurehaltiges Getränk mit Milchserum von eigenartigem Beigeschmack. Und wie das Getränk, so auch der Herr Findhorn selbst: von nicht klar definierbarem Beigeschmack, wie sich bald herausstellte.

Anfangs schien er tatsächlich daran interessiert, seine Nächsten von ihrer Schuldenlast zu befreien. Er hörte nicht nur zu, sondern war auch selbst initiativ. Dies tat er nicht etwa, indem er einfach Geld gab – „Nein, ich bin nicht das Sozialamt", betonte Findhorn hier mehr als einmal –, sondern indem er versuchte, Geld zu machen aus dem, was da einer noch besaß, aus dem Fundus seiner ehemaligen Geschäfte.

„Die Leute haben ja keine Ahnung, was man da alles noch rausholen kann", so seine Geschäftsidee. An der er nun tüchtig verdiente, ohne selbst auch nur das geringste Risiko dabei einzugehen. Ganz simpel. Bei mir befanden sich noch dutzende Spiegel, Glastischplatten oder kleinere Glasschilder im Fundus, die niemand mehr hatte haben wollen – auch nicht der Gerichtsvollzieher – und die der Herr Findhorn nun gemeinsam mit mir an den sprichwörtlichen Mann brachte. Auf diversen Messen, indem er einen Standplatz anmietete, teilweise sogar eine Maschine dazu. Dann einen eigens hierfür kreierten Stand designen und bauen ließ und schließlich das benötigte Geld dafür, sowohl für den Stand als auch für die Standmiete oder mitunter erforderliche Logis, verauslagte.

„Sicher", verteidigte Herr Findhorn gern sein

Konzept, „das vermehrt die Schulden zunächst, aber nicht der Anfang, sondern das Ende ist entscheidend. Abgerechnet wird bekanntlich am Schluss!"
Und dieser Schluss sollte für mich dann so aussehen, dass ich so gut wie alle Schulden los wäre und zudem das alte Geschäft wieder neu belebt hätte, nun aber erfolgreich und in gehobenem Stil. Ob ich das überhaupt wollte, fragte Herr Findhorn nicht, und auch ich sagte nichts dazu.
Nach unserer ersten gemeinsamen Messe, die für uns sogar durchschnittlich gut verlief, gehe ich im Hause Findhorn wie selbstverständlich ein und aus. Wie ein blutsverwandtes Familienmitglied lässt mich Herr Findhorn nun auch immer öfter mal darin allein, die Buchhaltung und Anrufe zu tätigen oder Sekretärinnendienste auszuführen für sich und für mich. An einem solchen Tag lerne ich auch Herrn Findhorns zweiunddreißigjährige Lebensgefährtin näher kennen, die er ansonsten gerne totschweigt, Carina. Sie kommt, um „… dem Dickerchen mal gehörig den Marsch zu blasen", wie sie mir laut lachend am Telefon ankündigt. „Willst du wissen, warum? Ungehorsam ist er, hat nicht gehört, was ich ihm aufgetragen habe!"

Jetzt steht Carina vor mir, grinst breit, förmlich bis über beide Ohren. Und keine zwei Sekunden später auch ich, in Angedenken der Gestalt und des ansonsten so ehrwürdig scheinenden alten Herren, denn Carina ist sein genaues Gegenteil. Klein, aber kernig und flippig-schrill, gut über die Hälfte jünger als er. Sofort werden Carina und ich Freunde, und noch ehe Findhorn eintrifft, sind wir zwei schon für den Abend verabredet, ohne dass er darum weiß:

„Findhorn darf davon nicht wissen", bestimmt Carina, „sonst regt er sich nur auf. Er will nicht Geschäft und Privates vermischen. Ich auch nicht! Aber bei dir ist das etwas anderes ... Ich koch was und dann plaudern wir – hast du Lust?"
„Ja, warum nicht?!", gebe ich nüchtern nur zurück, im Innern aber längst neugierig geworden auf diese maskuline, kurzhaarig blonde „Findhornfrau" mit leicht frechem Zillemilieuslang, die auf mich den Eindruck macht, als käme sie aus einer ganz anderen Welt, einer, in der man sich selbst und das Leben doch eher locker anstatt bierernst nimmt.

Wie vereinbart, stehe ich am Abend vor Carinas Tür. Werde überschwänglich herzlich erst von ihr begrüßt, bevor sie mir ihre Wohnung zeigt. Nun stehen wir in ihrer Küche, die, wie auch der andere Teil ihrer Wohnung, nun wahrhaft alles andere als im Mittelmaß eingerichtet ist.
„Wow!", entfährt es mir denn auch. „Ihr lebt ja nicht schlecht von uns Gestrauchelten!?"
Carina schmunzelt, sieht mich mütterlich gütigen Blickes an: „Sag mal, Juli, hast du das wirklich noch nicht geschnallt?"
„Was?!", frage ich ahnungsvoll betroffen zurück.

„Hey, ihr seid nur Tarnung! Ein Geschäft für die Steuer, damit die Findhorn in Ruhe lassen … Angekommen?!" Carina hält inne. Schaut mich fast mitleidig an, indes mir mal wieder die Knie weich werden vor Scham. Betroffen stehe ich da. Bringe keinen Ton heraus. Dafür Carina umso mehr:
„Ja, ja – nun fang dich mal wieder, alles halb so wild. Deshalb hab ich dich ja auch eingeladen – weil du halt anders bist. Alles, was du hier siehst, hat nur am Rande mit Findhorn zu tun. Auch bin ich nicht Findhorns Lebensgefährtin. Er lebt allein. Gibt mich aber gern für sein Stallhäschen aus – ist leichter so für ihn, sagt er …", Carina hält inne, schaut kurz in ihren Kochtopf, fährt dann fort, „… Findhorn ist nur ein Kunde von mir …"
„Okay, und was kauft er bei dir? Ganz sicher doch keine Tupperware, oder?!", will ich nun wissen.
Carina lächelt still, schaut mir erst frontal noch in die Augen, bevor sie mir dann schnell, aber doch durchweg gut artikuliert nun Medizinballgleich ihre Antwort entgegenwirft: „Ich bin seine Domina!"

Das Wort „Domina" trifft mich nun wirklich unverhofft. Carina genießt ihren Auftritt sichtlich, das ist nicht zu übersehen. Und doch, ihre Offenbarung wirft mich ganz sicher nicht so um, wie sie es vielleicht erwartet hat. Im Grunde ist da nur ein großes Staunen in mir, deshalb werde ich jetzt auch fast laut:
„Himmel! Warum ziehe ich eigentlich immer

wieder Milieu an, kann mir das mal einer sagen?"
Carina schweigt dazu, schaut mich nur weiter fest an. Kein Wort hallt zurück. Aber die Stille spricht zu mir:

„Ärgere dich nicht, freu dich über die Desillusion!"

Klar, Tarnung und Domina – diese Mischung war es, die den mir bislang undefinierbaren Beigeschmack an Findhorns Gutsein ausmachte. Ein hervorragender Blender, mal wieder war ich reingefallen. „Aber jammern nützt dir da jetzt wenig", so befand ich schließlich weiter in die innere Stille hinein, während Carina geräuschvoll eine Tomatensuppe pürierte, *„ich werde dennoch dabei bleiben und schauen, was daraus wird ..."*

Der Abend bei Carina wird noch sehr bewegend für mich, vor allem sehr aufschlussreich. Während wir essen, verrät sie mir den wahren Grund ihrer Einladung:
„Du bist doch keine Dumme, Juli ..."
Herrje, wie oft hatte ich das schon gehört! In mir regt sich sogleich ein Widerstand: Wieso halten mich eigentlich alle für schlau, wo doch die Realität ganz anderes bezeugt?! Offenbar war ich doch sehr dumm sogar – könnte ich sonst beständig immer nur wieder an unseriöse Firmen geraten?! Also ist das nur eine Floskel, die ganz sicher schon wieder dem nächsten Fallstrick dienen soll, befinde ich letztlich,

während Carina indes ihren Satz unterbricht und zu dem eben anklingelnden Telefon läuft. Nicht lange, da ist sie schon wieder da, nimmt ihren Satz auf, als wäre sie nicht unterbrochen worden:
„… was kleckerst du denn da herum mit deinen paar Mark!? Überleg doch mal, nirgends lässt es sich so gut verdienen wie in unserer Branche – steuerfrei!"
„Wie jetzt", fahre ich gereizt dazwischen, „ist Findhorn etwa so eine Art Zuhälter? Ist es das, was das Finanzamt nicht wissen darf?" Carina lacht hell auf:
„Findhorn? Himmel, nein! … Der ist durch und durch masochistisch – liebt Züchtigung, aber nur für sich selbst … Weiß auch nicht, was der sonst für Geschäfte macht – will ich auch nicht wissen!"

Dann schlägt sie mir vor, mit ihr ins Studio zu fahren, und ich schlage ein.

Im Studio ist gerade Hochbetrieb. Und, wie ich finde, ein ziemliches Gewusel im Gange. Aber nein, „das gehört alles mit zum Geschäft", werde ich sofort aufgeklärt. Dann stehen wir im Empfangszimmer. Aus einer Ecke schießt gerade ein schwabbeliger mittelgroßer Mann hervor, angetan allein nur mit einer weißen Zimmermädchenhaube auf dem Kopf und einer ebenso weißen, aber winzig kleinen Schürze um die Lenden. Carina begrüßt ihn keck: „Hey, so eilig heute?!" Der Mann rennt an uns vorbei, nickt kurz, schiebt sich flink erst durch

die offene Eingangstür hindurch, bevor er mit piepsiger Stimme antwortet:
„Die Herrin will, dass ich die obere Etage putze – sofort …" Und sogleich ist er auch schon verschwunden, im Treppenflur dieses Altberliner Mehrfamilienhauses.
„Ach, euch gehört das ganze Haus?", frage ich Carina darum ehrlich erstaunt, in der festen Annahme, dass dieser Mann wohl kaum in dieser Aufmachung durch ein fremd bewohntes Wohnhaus hüpfen wird, zumal sich das Studio selbst noch im Erdgeschoss befindet. Carina lacht:
„Nein, das nicht! Aber genau das ist ja sein Adrenalinkick!"
Dann zeigt mir Carina das Studio. Nicht gerade klein. Aber durchaus nicht ungemütlich, wenn ich von den bizarren Geräten und Gästen darin einmal absehe. Aus einzelnen Zimmern dringen abwechselnd Befehlstöne, stöhnen, bitten, betteln oder klagen. Die verschiedensten animalischen Töne, die ganze Skala rauf und runter. Von all dem hatte ich bislang nur gehört. Es nun auch real zu sehen, jagte mir schon hin und wieder einen Schauer über die Haut. Eine Mischung aus Ekel teilweise, aber mehr noch Fassungslosigkeit. Vor allem, als Carina mit mir in das sogenannte Verlies – eine Kelleranlage direkt unter dem Studio – geht. Darin eine Art mittelalterlicher Gefängniszellen. Drei an der Zahl. Ohne Fenster, zweiseitig hoch mit Eisenstangen vergittert, sich gegenüberliegend. Ausgestattet mit

Nachttopf, Stroh und einer Art Schüssel. In der hintersten Zelle vegetiert ein Mann. Allein nur mit einem dünnen Häftlingsstreifenanzug angetan. Als wir der Zelle entgegenkommen, fällt der auf die Knie, prosterniert, bleibt stumm so liegen. Carina öffnet die Zellentür, greift sich die Peitsche von der Zellenwand, schlägt ein paarmal hart zu:

„Du Hund – hast du noch immer nicht gelernt?!"
Dann tritt sie gegen den Körper des Mannes, als sei der ein Fußball, dreht sich um, geht wieder aus der Zelle heraus. Wirft die Tür scheppernd hinter sich zu. Zieht sodann, wortlos, mit mir wieder in das Studio ein.
„Der Mann hat die ganze Zeit über keinen einzigen Ton von sich gegeben?!", mache ich mir im Anschluss an diesen Kellergang Luft. „Wie lange liegt der da schon so?"
„Ja, ich weiß", entgegnet mir Carina, wieder mit ihrem stillen Lächeln, „der Keller war damals auch für mich das härteste Erlebnis. Aber vergiss nicht, er will das so. Er bezahlt uns dafür!"
„Dass er in einer stinkenden Zelle sitzen darf?", werfe ich ungläubig ein.
„Ja! Und das schon seit Jahren – zweimal im Jahr für drei Tage. Er will auch nichts essen in dieser Zeit, verlangt nur Wasser …"

Und es sind noch so einige Dinge mehr, die dieser Mann nicht will oder alle anderen ganz speziell von

ihrer jeweiligen Herrin wollen – beziehungsweise, noch einmal anders herum, von ihrer Sklavin. Carina zählt alles auf, lässt wohl kaum etwas dabei aus.
„Und wenn was passiert?", will ich schließlich wissen.
„Wir fangen keine Behandlung an, bevor der Klient uns nicht abgesichert hat", kommt die Antwort prompt zurück.

Weit nach Mitternacht ist es, als ich endlich in meinem Bett liege. Schlafen kann ich nicht. Frage mich ernstlich, was das für eine Welt ist, in die ich da eben eingetaucht bin. Als Zuschauer nur – „gottlob!", sage ich mir erleichtert.
„Aber wieso gottlob?!", kommt es prompt auch sogleich als Frage in mir zurück. *„Alles, was da drin geschieht, in dieser eigentümlich herrischen Welt, geschieht in vollstem Einvernehmen aller Beteiligten. Wer wollte dieses Treiben also verurteilen? Ist es nicht eher so, dass es da gar nichts zu verurteilen gibt, wo Einigkeit herrscht? Ja, sogar das Gegenteil davon angenommen werden muss, jedenfalls in der Art, wie Carina ihren Job versteht, als soziale Dienstleistung?! Es ist überwiegend die Oberschicht, die solche Dienste in Anspruch nimmt. Welche Ehefrau will denn wirklich so genau wissen, was ihr Mann denkt, fühlt oder tut? Welcher Arbeitgeber wahrhaftig, was seine Angestellten in der Freizeit treiben? Nein, ich denke, es ist gut für die Gesellschaft, dass es diese Studios*

gibt. Warum? Weil es da ganz offenbar auch diese Triebe im Menschen gibt, die sich bei ihm gar noch animalischer ausnehmen als bei jedem anderen Tier. Im Studio sind diese Triebe gut aufgehoben. Frei ausgelebt, also durch Nötigung, vielleicht am Partner, der Ehefrau oder dem Ehemann, den Kindern oder Zufallspersonen, sind sie für alle Beteiligten durchweg schädigend. Und ist es wider die göttliche Natur? ... Nun, entweder ist mir alles von göttlicher Natur, weil für mich Gott existiert, oder aber gar nichts, weil es für mich keinen Gott gibt."

Und mit diesem letzten Gedanken an einen Gott, der für mich existiert, war ich unvermittelt dann auch ganz durch mit Carinas Welt und deren Frage, ob ich da einsteigen wollte. Nein! Wollte ich nicht. Aber nun nicht, weil ich diese Welt ablehnte, sondern weil ich mir eingestehen musste, dass mir die Begabung dazu fehlte. Um diesen Dienst voll ausfüllen zu können, musste ich unempfindlich sein gegenüber rigoroser Gewalt. Das war ich nicht. Schon geringe Mengen an freigesetzter Energie totalitärer Leidenschaftlichkeit, dick quellend etabliert wie bei Demonstrationen zum Beispiel, lassen mich schnellen Fußes Reißaus nehmen. Allein Geld, um meine Schulden abzubezahlen, wäre das einzige Antriebsmittel gewesen, es überhaupt zu tun. Denn über all das hinaus war ich auch kein Nachtmensch – dafür schlief ich zu gern.

Carina nimmt meine Absage locker auf: „Man kann niemanden zu seinem Glück zwingen", befindet sie nüchtern. Dann lässt sie mich frei. Wir sprechen nicht mehr über ihr Leben. Wenn wir uns treffen, fallen wir uns schlicht nur in die Arme. Ein Lächeln, ein Drücken, schon sind wir wieder am Gehen. Es gibt nichts mehr zu reden.

Früher Herbst. Ein ganz normaler Wochentag. Relaxt betrete ich die Wohnung Findhorns, zu der ich mittlerweile einen Schlüssel besitze. Findhorn selbst ist in letzter Zeit viel unterwegs. Eben koche ich mir meine obligatorische Ovomaltine, da bummert es heftig an die Wohnungstür.

„Aufmachen!", donnert eine kräftige Stimme dazwischen. „Hier ist die Polizei!"

Abrupt halte ich inne, die Aggressivität von Polizeieinsatzkommandos hat mich schon immer unangenehm berührt. Ein Spezialkommando im Wohnhaus zu haben, lässt mich indes jedes Mal fast zu Tode erstarren. Barbarische Energie, kaum zu unterscheiden am Ende für mich, wer hier nun eigentlich der Täter oder wer der Helfer ist.

Dann geht alles blitzschnell. Die Wohnungstür wird eingetreten. Bewaffnete Polizisten stürmen die Wohnung.

„Wo ist Findhorn?!", will einer von mir wissen. Betreten zucke ich mit den Schultern. Sprechen kann ich nicht. Nur allmählich komme ich wieder zu mir. Den Polizisten sind Beamte in Zivil gefolgt. Die durchsuchen nun die Wohnung und beschlagnahmen schließlich so ziemlich alles, was Findhorn an Unterlagen in seinen Schränken hat.
„Und wer sind Sie?", will plötzlich nun doch ein Beamter von mir wissen. Also kläre ich ihn auf und erfahre im Gegenzug dafür, wofür diese ganze Aktion hier steht:„Findhorn ist flüchtig! Es liegt ein Haftbefehl gegen ihn vor – wegen Waffenschmuggels.

„Na prima!", denke ich. *„Offenbar bleibt mir auch wirklich nichts erspart."*

Wenig später trifft auch Carina ein, die nun, im Gegensatz zu mir, tüchtig mit den Beamten schimpft. Aber es hilft alles nichts. Wir müssen die Wohnungsschlüssel abgeben, werden von den Beamten zum Revier gefahren, zur Vernehmung. Ein gute Stunde lang. Dann sind wir wieder frei.

„Siehst du, Juli", sagt mir Carina am Schluss, „das ist der Grund, warum ich nie etwas wissen will." Dann trennen wir uns, ohne noch weiter auf die ganze Sache einzugehen.

Doch schon am Abend steht Carina wieder vor

meiner Tür: „Die haben Findhorn gefunden! Er sitzt jetzt in U-Haft." Carina soll ihm noch einiges besorgen und dann vorbeibringen in den nächsten Tagen, so wurde sie von Findhorns Anwalt gebeten.
„Kommst du mit?", fragt sie mich jetzt.
„Warum sollte ich das tun?", frage ich erstaunt zurück. „Soll ich ihm ins Gesicht sagen, was ich von ihm halte?"
„Weil du einfach Mensch bist, Juli!"
„Ja, ja", murre ich geschlagen zurück, „ist ja schon gut! Es wäre nur mal nett, wenn einer auch mir Mensch wäre, oder?! Meine Schulden hab ich schließlich immer noch …"
Hell lacht Carina auf: „Also hör mal, da kann ja Findhorn nun wirklich nichts mehr dafür, hättest ja bei uns einsteigen können?!"

Findhorn im Gefängnis zu sehen, ist ein Bild, das ich nie vergessen werde. Diese eben noch so große, väterliche Figur, nun sabbernd und winselnd in einer kleinen, gerade mal zwei mal zwei Meter großen Besucherzelle.

„Das überlebe ich nicht", beweint er sich, „hol mich hier raus!", bittet er Carina. Bei mir entschuldigt er sich, ansonsten reden wir kein Wort miteinander.

Also verlege ich mich auf das, was ich im Grunde am besten kann, einfach da sein – hören, sehen, aufnehmen. In Frieden sein inmitten dieses ganzen menschlichen Elends gerade. Findhorn tut mir weder leid noch hege ich irgendeinen Groll gegen ihn. Da ist nur Stille in mir und ein großes Staunen: Was einer wirklich ist, erfährt man tatsächlich nur in den Momenten akuter Gefahr. Welch eine Verwandlung! Der gestern noch schwer brüllende Löwe ist heute nur noch eine ängstlich piepsende und winzig kleine Maus. So klein, dass er allen Ernstes darauf hofft, dass eine Domina den passenden Schlüssel im Peitschenband trägt, ihm die Tür zur Freiheit wieder aufzusperren.

Doch auch die Herrin kann schließlich nichts weiter für Findhorn tun – und will es letztlich auch nicht mehr, wie sie mir im Anschluss an diesen Besuch erzählt. Nach der Verhandlung Findhorns, dem Schuldspruch und dessen Verurteilung zu zwölf Jahren Haft zieht auch sie sich zurück. Und das ganz so, wie ich es vor ihr tat: ohne Groll noch Hader, aber konsequent. Ein paar Jahre später wird Findhorn eine Inhaftierte heiraten und so die vorzeitige Entlassung erreichen. Er hat Deutschland, so erfuhr ich von Carina, sofort verlassen.

Und ich?
Mal wieder einmal mehr geprellt, beschließe ich nun endgültig, den Rat des Gerichtsvollziehers zu befolgen und die Schulden jetzt – ganz einfach mal – schlicht zu vergessen. Das gelingt mir von nun an auch ausnahmslos. Zunächst stürze ich mich wieder ganz in die Esoterikszene, nehme wieder an

Sitzungen teil, arbeite wieder mit dem Pendel oder lege mir die Karten. Und da ich mich nun nicht mehr um Schuldentilgung kümmere, habe ich nun auch genügend Zeit, mir eine Reise zu gönnen. Schon seit Langem zieht es mich nach Ägypten, und zwar aus einem für mich sehr triftigen Grund: In einer Akasha-Lesung, an der ich einmal gemeinsam mit Simone teilgenommen hatte, habe ich von einem Leben erfahren, das ich einst in Ägypten gelebt haben soll:

„Im Tempel der Isis", übersetzte mir damals das Medium, „nicht als Bedienstete, sondern als Priesterin, dort haben Sie mit sexueller Energie die Männer manipuliert, um politische Ziele durchzusetzen. In diesem Leben nun haben Sie die Chance, das wiedergutzumachen – Ihre Macht nicht zu missbrauchen."

Nun wollte ich diesen Tempel sehen. Erfahren, spüren – einfach schauen. Vielleicht war ja da wirklich etwas dran und ich konnte da so etwas wie meine psychisch-geistigen Wurzeln oder Ursprünge finden. Heißt es nicht:

„Finde deine Wurzel und alles findet sich ein."?!

Ja, daran wollte ich jetzt glauben. Ein Zurück in meine bisherigen Daseinsformen gab es für mich nicht mehr. Sie alle hatte ich durchforstet und

meinen Frieden darin nicht gefunden – nicht Erlösung, nicht die Freiheit, nicht das ersehnte „Einfach-glücklich-Sein". Irgendwo aber war es zu finden, davon war ich zutiefst überzeugt. Voller Elan bereitete ich mich also auf Ägypten vor – neugierig, offen, hoffend und sehr gespannt, was ich finden würde, stieg ich schließlich auch in den Flieger ein. Doch was ich dann „im Land der Pharaonen" erfuhr, war mal wieder so vollkommen anders, als ich erwartet hatte.
Wonach ich Ausschau hielt, war eine spirituelle Erfahrung. Eine Berührung mit der absoluten Präsenz Gottes. Oder mindestens doch einem Hinweis, der mir die weitere Richtung weisen würde. Der Grund meiner Reise war also klar definiert. Weder flog ich nach Ägypten der rein wissenschaftlich oder geografischen Geschichte wie Historie wegen noch der Menschen oder gar der Animationen wegen. Weder buchte ich Unterhaltung noch Urlaubsbekanntschaft, sondern im Grunde nur einen Flug, neben der Möglichkeit, in möglichst kurzer Zeit viel über Ägypten, vor allem aber über den Tempel der Isis zu erfahren. Und Urlaub hatte ich derzeit ohnehin tagtäglich.

„Dazu muss ich nicht verreisen", hatte ich die nette Dame im Reisebüro aufgeklärt, als die mich höflich warnte vor einer Nilkreuzfahrt: „Fast ausnahmslos Rentner ... Oder so verschieden anderes noch ..."

Jetzt sitze ich in meiner Schiffskabine und weiß bereits, dass sie recht hat. Diese ganze Reisewelt – wie gekünstelt, wie aufgebauscht sie sich mir doch darbietet.

„Auch nichts anderes als Augenwischerei", so buffe ich denn auch Hadit, unseren Reiseleiter, oft neckend an, „nur eben gehobenen Stils … Und dafür zahlt man dann auch noch."
Was der wiederum lächelnd auch gut annehmen kann: „Ich kenne diesen Zirkus schon seit Jahren! Da könnte ich ganze Romane schreiben … Das will mir ja immer keiner glauben, aber es ist tatsächlich so, im Urlaub bewegt sich so manch einer durchweg nur auf Kindergartenniveau."

Also das glaubte ich Hadit gern, in Anbetracht jener Gruppe von Reisenden, in der ich mich gerade befand, deren Interessen nicht unterschiedlicher hätten sein können und die von daher schon fortlaufend wie ein Sack Flöhe anmuteten: ein jeder mit anderer Zielsetzung und somit mitunter vollkommen entgegengesetzt springend, untereinander ebenso wie zu dem vom Reiseveranstalter vorgegebenen Reiseplan samt seinem festen Zeitrahmen. Das evangelisch-christliche Ehepaar anders als das homosexuelle Pärchen oder die zwei anonymen Alkoholiker wieder noch einmal ganz anders als Ludmilla, die alleinstehende Lesbe. Oder ich, die Esoterikerin auf dem Selbstfindungstrip, im Gegensatz zu den

zahlreichen Rentnern, die eine Nilkreuzfahrt gern vornehmlich als Event speziell für Senioren verstehen. Ja, tatsächlich, die Dame im Reisebüro hatte nicht untertrieben: „Fast ausnahmslos Rentner – oder so verschieden anderes noch ..." Kein sonniger Spaziergang also, so ein Reiseleiterjob.
„Da ist Ablenkung und Abschalten am Abend lebensnotwendig – auch für dich!", bestimmt Hadit just am elften Tag unserer Kreuzfahrt nach Assuan hinauf.
„Ja!", kann ich nur zustimmen, denn ich bin tatsächlich inzwischen von all dem doch ziemlich genervt.

Ägypten ist wunderschön, monumental und von daher auch enorm beeindruckend in seinem Landschaftsbild und seiner ewig uralten Geschichte, die mir wie ein Märchen aus Tausendundeiner Nacht anmutet. Geheimnis pur! Aber Geheimnisse lassen sich heutzutage halt nicht mehr verkaufen, also werden wir zugetextet – gleich wo immer wir uns auch gerade befinden, ob an Felsengräbern, an der Sphinx, den Pyramiden, schlichten Dörfern oder Tempelanlagen. Überall die gleiche Verfahrensweise: wissenschaftlich-politisch gefärbte Exegesen statt Sinneswahrnehmung. Dazu noch diese enorme Menge an Menschen, wo auch immer wir hinkommen, deren einziges Anliegen an der Außerordentlichkeit Ägyptens, zu Hadits großem Leidwesen, wohl einzig im Ankauf von Gold oder dem Herauspulen von Steinen aus den Tempelanlagen zu

bestehen scheint. Die dauernden Animationen am Abend auf dem Schiff. Der stete Zeitdruck, der keinen Raum für ein vertiefendes Schauen oder gar individuelle Erfahrungen zulässt: Allein die Gruppe gibt den Ton an, und so ich mich herausbewege aus der Gruppe, grabschen arabische Beduinen nach mir. Und schließlich noch Ludmilla, die Lesbe, die mir, wie noch kein Mann zuvor, tagtäglich den sprichwörtlichen Hof macht.
All das habe ich jedoch bislang mehr oder weniger gut annehmen können, nicht aber nun mehr Hadits neuerliche Offenbarung, die er mir am Vormittag – wie eben mal so nebenbei – kredenzt:

„Haben die dir das nicht gesagt?! ... Der Tempel der Isis steht nicht mehr an seinem Originalort, Juli. Er stand ursprünglich auf der Insel Philae, ist dann aber, nach dem Bau des Assuan-Staudammes, beständig überflutet worden. Da hat man den Tempel kurzerhand Stein für Stein abgebaut und weiter nördlich auf der Insel Agilkia wieder aufgebaut ..."
„Ach so?!", fahre ich ungehalten dazwischen. „Ist ja großartig! Der Besuch dieses Tempels ist der einzige Grund meines Hierseins!" Enttäuschung schnürt mir fast die Kehle zu.
Hadit ist überrascht: „Tut mir leid ..."
„Tut dir leid?!", unterbreche ich ihn wieder. „Hey, was ist los mit euch Ägyptern – verkauft ihr euer Land oder was? Der Ort eines Geschehens ist doch das Wesentlichste an einem Geschehen überhaupt.

Wie könnt ihr glauben, es sei noch das gleiche Gebäude, wenn ihr es einfach woanders hinsetzt? Ist es nicht! Es fehlt ihm jetzt die Einheit mit seinem Urgrund. Verstehst du?!"
Betroffen schaut Hadit mich an, will mich unterbrechen: „Also geo...", aber ich lasse ihn nicht.
„Nein!", fahre ich ungehalten drein. „Nicht geografisch, versteht sich, sondern spirituell, Hadit, seiner Energien wegen. Gerade du musst das doch am besten wissen, du bist Reiseführer!? ... Wie viele Gebete, wie viele Preisungen, wie viel Danksagung – Tränen der Freuden auf Tempelgründen. Und wie viele Flüche, Schmerz und Leid – Tränen der Trauer an einem solchen Ort. Verstehst du? Mit Tränen getränkter Boden ist heiliger Boden! Da wäre es ja besser gewesen, ihr hättet den Tempel gleich untergehen lassen, so aber habt ihr ihn entweiht."
Schweigen. Betreten schauen wir uns an. Eine kleine Ewigkeit lang. Dann ist es Hadit, der wieder zu sprechen beginnt: „Ich hatte ja keine Ahnung, wie wichtig dir das alles ist. Ich meine, wir haben Dutzende Tempel, muss es ausgerechnet der sein?"
„Ja!", gebe ich ohne Umschweife zurück. „Alle bisherigen haben mich nicht berührt."
Hadit druckst, fast kleinlaut ist er nun: „Hm ... Dann wird es morgen der Ramses-II-Tempel in Abu Simbel auch nicht tun – der ist ebenso versetzt."
„Abu Simbel – wieso Abu Simbel?", will ich wissen, doch zugleich erahne ich auch die Antwort bereits. „Ich denke, wir fahren mit den Booten nach

Agilkia?"
„Nein, die Gruppe hat sich anders entschieden. Die will weder den Isistempel noch die anderen Anlagen darauf sehen, sondern sie haben die Alternative dazu gewählt – Busfahrt nach Abu Simbel ..."

Damit war dieser Urlaubstag für mich gelaufen, und da er eh ein reiner Schiffstag war, verbrachte ich ihn bis zum Abend denn auch restlos im Bett.

Der nächste Morgen, früh um fünf. In meinem Kopf hämmert ein Amboss. Liege in aufgewühlten Kissen. Hadit neben mir. *„Wieso?"*, frage ich mich erschrocken. Zeitgleich fällt es mir wieder ein. Unser Schiff lag vor Anker für die Nacht, vor Kom Ombo. Der Ablenkung wegen hatte Hadit mich am Abend zu einem Streifzug durch das Nachtleben der Stadt eingeladen:

„... dorthin, wo keine Touristen sind ..."

Wo immer wir eintraten, rauchten die Einheimischen ihre Wasserpfeifen – ich kräftig mit. Wir tanzten – Hadit lehrte mich den Bauchtanz –, lachten, amüsierten uns mächtig – wie zwei Teens. Aber weder weiß ich jetzt, wann oder wie wir wieder auf das Schiff kamen, noch wie Hadit in meine Kabine, in dieses ewig breite Doppelbett, kam.

Das Piepen der Armbanduhr an Hadits Arm reißt

mich jäh aus dem Grübeln heraus.

„Frag ihn einfach, Juli", rede ich mir mutig zu.

Doch fragen brauche ich nicht, Hadit ist es, der sofort spricht: „Hallo, schon wach, wie geht es dir?"
Groß schaue ich ihn an: „Ich weiß nicht … Wie sollte es mir denn gehen? Sag du es mir …"
Hadit schmunzelt: „Du weißt also gar nichts mehr – hm?! … Du hast mich nicht gehen lassen, also bin ich hiergeblieben …"
„Ups, ja, das könnte passen", denke ich erschrocken bei mir. Denn gleich welche Droge – Alkohol, Schokolade, Zucker oder eben auch Hanf –, ein Zuviel davon ließ mich stets sehr anhänglich werden. Also bezweifle ich seine Aussage auch nicht, sondern frage lediglich: „Und nun?"
Schwungvoll springt Hadit aus dem Bett, greift nach seiner Hose: „Na, du weißt doch, heute ist mein letzter Tag auf dem Schiff. Am Abend fahre ich nach Kairo zurück und dann nach Deutschland …"
„Ja, ich weiß, zu Frau und Kind", denke ich, ohne zu antworten, während Hadit sich ins Bad zurückzieht. Fälschlicherweise hatte ich bis gestern Abend Hadits Ring an seiner linken Hand für einen Verlobungsring gehalten. Er war aber verheiratet. Für einen echten Araber gilt: ‚Es ist die Linke, die von Herzen kommt, nicht die Rechte', so hatte Hadit mich schließlich aufgeklärt.

"… aber wenn du magst, komme ich dich in Berlin besuchen, ich habe sehr viele Freunde da."

Ob ich möchte oder nicht, weiß ich jetzt noch nicht. Für den Fall aber, dass ich doch einmal möchte, gebe ich Hadit meine Telefonnummer. Noch einen letzten Kuss, dann lasse ich ihn gehen – zu seiner Schiffskabine herüber, die er sich mit Chesed, dem zweiten Reiseleiter, teilt, der die Gruppe nun für den Rest der Fahrt begleiten wird, indes ich, zumindest an diesem Tag, nirgends mehr hingehe. Nicht zum Frühstück, nicht zum Mittagessen, auch nicht zum Abendbrot und schon gleich gar nicht fahre ich an jenem Urlaubstag in dem Reisebus nach Abu Simbel mit. Den ganzen Tag lang und die Nacht hindurch verbringe ich in diesem ewig breiten Doppelbett, meinen Rausch ausschlafend und die Traurigkeit, die wie zähflüssiges Pech da gerade in meinem Herzen pocht. Am Morgen jedoch geht mir urplötzlich endlich auch lebendig die Erkenntnis auf, dass ich all diese Gemeinplätze, samt ihrer Traurigkeit, nur deshalb immer noch erfahre, weil ich falsch suche. Nach außen gerichtet statt nach innen. Es war gar nicht nötig, zu reisen, ja, nicht einmal nötig, mich zu bewegen, um auch in der irdischen Realität zu finden, was ich suchte! Solange ich nur auf die sichtbare Form achtete, nicht aber auch das Urwesen selbst dabei betrachtete – das pur Göttliche, das selbst formlos ist –, konnte ich nicht fündig werden, blieb ich stecken in dem Gefängnis der Ordnung reiner Körperlichkeit, statt dass mir der Schritt hinüber in den Kosmos der Intelligenz und des Geistes gelang. Wie konnte ich im Außen etwas finden wollen, was überhaupt keine Form besitzt, oder anders, überhaupt keine Form nötig hat, um zu existieren?! So hatte mir die Reise letztendlich doch einen entscheidenden Gewinn gebracht: Nie wieder das Verlangen nach einer Pauschalreise zu haben oder nach Stätten, die der Volksmund heilig nennt. Von solcher Art Begehren war ich nun ein für alle Mal geheilt.

Ludmilla. Die ganze Reise über hatte ich mich entweder vor ihr gedrückt oder aber sie behandelt, als sei sie eine unangenehme Zecke, welche man am besten noch vor dem Eindringen in die Haut von seinem Körper entfernt. Mein One-Night-Date war ihr nicht verborgen geblieben,
„… das Schiffspersonal schließt am Beginn der Reisen Wetten ab – wer mit wem …", so hatte mir Hadit am letzten Abend noch lachend verkündet. Ob er nun die Wette gewonnen hatte, hab ich nicht gefragt. Aber es war mir jetzt nicht unangenehm, dass Ludmilla dadurch davon erfuhr, dachte ich doch, damit sei ich sie endgültig los. Dabei wusste ich nicht einmal genau, warum ich sie eigentlich loswerden wollte, aber eben auch nicht, warum es mir nicht gelang, ihr das klar und deutlich zu sagen. Nicht, dass das Thema „Liebe unter Frauen" mir nicht bekannt war. Frauen warben bislang etwa in

fast gleicher Weise und Anzahl um mich, wie es auch Männer taten. So also, wie es in dieser Zeit mit den Männern stand, so ebenso auch mit den Frauen: Die eine oder andere ließ ich gern schon mal zu. Allesamt ‚One-Night-' oder ‚One-Day-Dates', spontane Geschichten, rund um einen Partybesuch herum. Jedoch suchte ich solche Geschichten nie, sondern sie fielen mir ausnahmslos – ganz nüchtern betrachtet – einfach zu.

Auf dem Heimflug nun saß Ludmilla neben mir. Die Augen rotgeweint, beschwerte sie sich ohne Unterlass bei mir: „Du hast mir ja nicht mal die Chance gegeben ..., bin ich denn so abstoßend für dich?! ... Bei diesem Araber hast du dich nicht so gehabt ..., bitte, bitte, du kannst jetzt nicht einfach verschwinden ..."

Wie sie so da saß ... Irgendwo tat sie mir jetzt leid, also lenkte ich ein wenig ein und gab Ludmilla schließlich meine Adresse, nicht aber meine Telefonnummer, was sich letztlich auch als vollkommen richtig erwies. Denn von diesem Tage an hatte ich nun täglich Post von Ludmilla: allesamt Liebesgedichte, vornehmlich von Rainer Maria Rilke, Gedichte, in denen ich schon immer meine eigene Herzenssehnsucht wiederfand, vor allem in:

„Ich lieb ein pulsierendes Leben"

Ich lieb ein pulsierendes Leben,
das prickelt und schwellt und quillt,
ein ewiges Senken und Heben,
ein Sehnen, das niemals sich stillt.

Ein stetiges Wogen und Wagen
auf schwanker, gefährlicher Bahn,
von den Wellen des Glückes getragen
im leichten, gebrechlichen Kahn ...

Und senkt einst die Göttin die Waage,
zerreißt sie, was mild sie gewebt,
Ich schließe die Augen und sage:
Ich habe geliebt und gelebt!

(Rainer Maria Rilke, Band 3, S. 31)

Rilkes Gedichte waren es, die mich letztlich dann doch dazu bewogen, Ludmilla in ihrem Haus, nahe der Nordsee, zu besuchen.

Mit den Gedichten hatte Ludmilla mich gefangen. Das Drama war nun, dass wir sie so völlig verschieden verstanden. Ludmilla hatte Erwartungen an mich, die ich niemals hätte erfüllen können. Sie sah und verstand alles rein gegenständlich. Durchweg verhaftet in jener nur körperlichen Welt, aus der ich mich gerade im Bergriff war, zu befreien . Ludmilla war sehr schön. Nun, Schönheit vergeht! Ludmilla war hochgebildet. Was aber ist wahre Bildung? Glaubensgewissheit oder erlernbare, bloße wissenschaftliche Theorie? Auch war Ludmilla reich, sowohl an materiellen wie an geistigen Gütern. Was aber macht den wahren Reichtum aus? Vergänglichkeit oder ewig geistliches, formloses Sein? Und Ludmilla war eine Gute. Ja! Aber dieses Gutsein war derart in einem Absolutheitsanspruch verfangen, dass mir, wo immer ich auch neben ihr saß, fast keine Luft zum Atmen mehr blieb. Was Ludmilla von mir wollte, war quasi eine profane Ehe mit mir. Was ich wollte, war das genaue Gegenteil: pulsierende Lebendigkeit.

Nach zwei Tagen reiste ich ab. Schnell war es mir klargeworden, warum ich Ludmilla wieder und wieder abgelehnt hatte. Sie wollte Besitzen. Liebe aber kann nicht besessen werden. Sie verströmt sich. Frei – nur für den Augenblick. So man sie einsperrt, stirbt sie – schnell wie ein Kolibri im Käfig.

Zweierlei hatte ich nun gelernt an dieser Geschichte um Ludmilla. Zum einen, dass zwei Menschen, oder wie viele auch immer, zwar Gleiches sehen, aber grundsätzlich anderes verstehen – und demnach auch leben. Nicht einer ist dem anderen gleich, nur annähernd vielleicht, so man Glück hat. Dass da viele Gleiches reden, ist nur eine Täuschung. Sie reden, was sie gelernt haben, nicht was sie wahrhaft schauen – deshalb lebt der Mensch auch mehr Schein als Sein. Und zum Zweiten: Dass ich gar nicht beziehungsunfähig war – ja nie gewesen bin –, wie ich bislang doch immer dachte. Falsch! Denn ich war durchaus in der Lage, jedwede Beziehung einzugehen, die es auf diesem Planeten gibt. Allein, ich war bindungsunfähig! Diese Bindungsunfähigkeit aber gehörte zu meinem Wesen wie das Ein- und Ausatmen zu meinem Körper, denn Nichtbindung an die Form ist mir angeboren. Alles Leben ist Bewegung, ist ein stetes Voranschreiten. Wer aber gebunden ist, kann nicht schreiten – ich aber wollte schreiten, immer weiter oder immer höher – weit aus, um jeden Preis. Deshalb verließ ich Ludmilla.

Spätestens ab hier war mir klar, dass es da noch mehr geben musste für mich als das, was ich bis hierher kannte. Da mich alles andere auf Erden nie vollkommen erfüllte. Urplötzlich wurde ich gezogen, latent, aber doch beständig – weg von den materiellen Dingen, hin zu einem Leben aus dem reinen Geist heraus. Nun von innen nach außen heraus und nicht mehr – wie bisher – ausschließlich nur von außen nach innen und so beschließe ich schließlich, mich nun ganz und gar darauf einzulassen.

Der Buddhismus und die Stille

Erste Bekanntschaft machte ich mit beidem kurz vor meinen Spielbankerlebnissen. Der Sauna-Erni hatte mich bekannt gemacht mit einem Buddhisten-Pärchen, das mich eines Tages mit in einen buddhistischen Tempel nahm, in welchem die Mönche transzendentale Meditation praktizierten und lehrten. Die Stille und die Mönche überwältigten mich auf sehr eindringlich angenehme Weise. Hier schien die Zeit stillzustehen. Der fast leere, aber doch durchweg stilvolle große Raum als innerstes Zentrum der gesamten Tempelanlage barg das Charisma der Mönche in gewaltig geballter Kraft in sich. Eine Mischung aus Klarheit, Ruhe und – tatsächlich! – sorglosester Gelassenheit.

„Tritt ein in diesen Raum, und schon bist du getragen von wahrhaftigem Sein, noch bevor überhaupt ein Mönch zu sehen ist", verhieß mir das Pärchen vorab.

Und genau so war es dann auch. Dieses Erleben hatte sich tief in meine Seele geprägt, war nicht mehr zu löschen. In einer Art von Trance schwebte ich im Anschluss an diesen Besuch noch einen ganzen Tag lang durch die angestammte Gegend. Lichthell. Dann hatte mich die Erde wieder. Den Rat des

Meisters, doch mit täglich fünf Minuten Meditation zu beginnen, „möglichst immer um die gleiche Zeit", befolgte ich jedoch nicht. Mein Leben als Spielerin nahm mich zu sehr gefangen, und so vergaß ich das Ganze wieder.

Nach meinem Besuch bei Ludmilla aber, war es jäh wieder da. Dieses lebendige Bewusstsein dessen, „dass es da noch etwas anderes gab". Denn wenn ich einen ganzen Tag lang quasi wie abgehoben durch das Leben schweben konnte, dann zeugte das davon, dass dieses andere Leben bereits schon existierte, nur eben mir noch nicht offenbar. Ein weiteres Mal suchte ich also den Tempel auf, in dem Bestreben, diese geistige Welt noch einmal zu erkunden, und empfing das gleiche Erleben wie damals: ganz eingebettet zu sein – angehoben in eine Welt, in der alles Leiden ein Ende hat.
„Und zu diesem Bewusstsein könnt ihr immer erwachen …", lehrt der Meister an jenem Tag, „und werdet am Ende siegreich ins Nirwana eingehen, so ihr die Übungen des Edlen Achtfachen Pfades praktiziert! …, der Achtfache Pfad besteht aus den Übungen in rechter Erkenntnis, rechter Absicht, rechter Rede, rechtem Handeln, rechtem Lebenserwerb, rechter Übung, rechter Achtsamkeit und rechter Meditation, aber fangt nur mit der Übung der rechten Meditation an …", rät der Lehrer auch diesmal, „… die anderen ergeben sich dann fast von selbst …, tut es einfach, für den Anfang nur mal fünf Minuten am

Tag."
Dann lacht der Meister und legt noch ein Wort nach, bevor er uns schließlich – nun schweigend wieder – in die „Welt des Leidens" entlässt:
„Ohne Fleiß kein Siegespreis!"
Also setze ich mich hin. Abend für Abend. Fünf Minuten lang. Jedes Mal ein Kampf davor: *„Wozu das Ganze, das ist doch albern ..., egal, denk nicht darüber nach, tue es einfach ..., Quatsch! Das bringt doch nichts außer Abhängigkeit ...vielleicht ... aber wenn du es nicht probierst, bist du auch nicht glücklicher ..."*, und schließlich doch stets, *„ach komm, lass dich ein, kann ja nicht schaden!"*

Und wie mit der Meditationsübung, genauer gesagt mit der Übung, leer von Gedanken zu werden, ergeht es mir auch mit jenem Gebet, welches mir der Sauna-Erni täglich am Abend und am Morgen zu beten aufgetragen hatte: der reinste Kampf! All das empfand ich irgendwie als Druck. „Verpflichtungen"!? Nein, die wollte ich nicht mehr haben, doch am Ende erfüllte ich sie doch – freiwillig sogar.
„Vater unser im Himmel, geheiligt werde dein Name ...", betete ich nun täglich zweimal.

Ja, Vater unser im Himmel, das wollte ich jetzt wieder glauben. Nicht zu glauben, hatte mich auch nicht weitergebracht. Im Gegenteil. Zudem meditierte ich mittlerweile dann schon zweimal am Tag, mindestens eine halbe Stunde lang. Jeden Tag zwang ich mich ein wenig länger zu sitzen – einfach stille zu sein.

Nein, es ging mir dabei nicht um eine Flucht aus dem Alltag, was ich suchte, war geradezu der Schlüssel, diesen Alltag zu meistern. Schlicht Himmel und Erde miteinander zu verbinden, um nun beides gleichermaßen leben zu können. Obgleich die Verlockung, mich in diesem transzendentalen Zustand ganz zu verlieren, stets auch latent vorhanden war. Denn insgesamt fühlte ich mich leichter, getragener in dieser Welt des absoluten Nichts – der Formlosigkeit. Ein ganzheitliches Dasein strebte ich an. Jenes „Entweder-oder", das ich vordem gelebt hatte, hatte mir nur Leid gebracht. Trennte ich Himmel und Erde voneinander – also die Form von deren geistigem Ursprung –, hatte ich keine Lebensqualität, vegetierte ich stattdessen nur. Dass dem so war, stellte schlicht die unverrückbare Tatsache für mich dar, dass ich mich noch immer nicht erlöst und in Frieden mit mir und der Welt befand. Die Lösung musste also in der Mitte zwischen beidem liegen: Welt und Geistliches vereint. Selbstbeobachtung, Meditation – harte Arbeit. Sicher ein Unternehmen, für das man nicht einen Cent erhielt, das aber dennoch durchweg Reichtum brachte.

Den Tempel betrat ich nie wieder. Wozu auch, befand ich. Meditieren ging für mich nur in der Stille. Und mich hinsetzen und stille sein konnte ich

zu jeder Tageszeit.
Ohnehin war ich davon überzeugt, dass man Meditieren nicht lehren kann und braucht, sondern einfach nur tun muss. Hatte der Meister nicht selbst zum Abschied gesagt, dass wir nur erst meditieren sollten, dann ergebe sich alles andere wie von selbst? Ja, das hatte er! Also, was sollte ich noch in dem Tempel? Der Lehrer hatte mir schon alles mitgeteilt, was ich wissen musste. Und dass er richtig lag, erkannte ich an den Folgen aus den Meditationsübungen. Mein ganzes Wesen schaute insgesamt ruhiger, ja gelassener in die Welt, obgleich sich an den äußeren Umständen nichts geändert hatte. Mehr und mehr ward ich einem Beobachter gleich, der zwar noch mitfühlt mit seiner Welt oder den Protagonisten darin, sich selbst aber als durchweg unbeteiligt daran empfindet.

Der Schlüssel, den ich suchte, lag indes geduldig in meinem Kommodenkasten. Die Meditation führte mich zu ihm. Nicht zu einem religiösen Menschen, zu keiner Religion. Obgleich ich in dieser Zeit auch viele streifte. Nicht suchend, aber immer wieder durch Menschen empfangend. Hinduismus, Islam, Taoismus, Brahmanismus, Christentum. Schnell ging mir auf, dass alle einen gemeinsamen Fokus haben – das Streben nach Glück, Liebe, Erlösung –, die Wege dahin sehr unterschiedlich, aber durchweg verordnet sind. Und das war etwas, was mir generell missfiel, schon immer missfallen hat. Von daher war es auch nur zu natürlich, dass mein Weg mich abseits der Straße führte …, „… auf der üblich die breite Masse geht".

Die Meditation führte mich weg vom Menschen, stattdessen hin zum Wort!

Eines Morgens war es, nach etwa einer zweistündigen Meditation. Da hatte ich den leisen Impuls, die Kommode aufzuräumen, und tat es auch. Bei dieser Gelegenheit ergreifen meine Hände auch jene Bibel, die ich vor einiger Zeit in dem Antiquariat erstanden habe. Mit einem saloppen Schwung will ich sie gerade in den Papierkorb werfen, da gleitet sie mir, wie von Geisterhand gestoßen, aus der Hand und landet direkt vor mir auf dem Boden. Aufgeschlagen eine Seite. Betroffen knie ich nieder, schaue auf die Seite, lese, was da steht:

„Darum – so spricht der Herr: Wenn du umkehrst, lasse ich dich umkehren, dann darfst du wieder vor mir stehen. Redest du Edles und nicht Gemeines, dann darfst du mir wieder Mund sein. Jene sollen sich dir zuwenden, du aber wende dich ihnen nicht zu." (Jeremia 15,19)

Ein heiliger Schrecken packt mich, fährt mir durch Mark und Bein. Begleitet von einem Geistesblitz: Das sind nicht nur Buchstaben! Dieses Wort lebt, hatte mich gerade angesprochen, ganz persönlich!

Ich hatte meinen Lehrer gefunden – das Wort! Mehr brauchte ich nicht. Davon war ich jetzt zutiefst überzeugt, in diesem Buch würde ich alle Antworten finden: wieso mein Leben so verlaufen ist und nicht anders, vor allem aber auch den sicheren Weg, Himmel und Erde miteinander zu vereinen.

Also begann ich, die Bibel zu studieren. Und hatte so absolut keine Schwierigkeiten mehr damit, sie für mich zu entschlüsseln. Es war, als besuchte ich tagtäglich einen lieben Freund und ginge in den Dialog mit ihm. Nicht jedes Wort berührte mich, aber ich sog doch jedes einzelne ein, verschlang es gierig oder kaute es wieder und wieder durch, ähnlich wie die Kuh das frische Gras. Es tat so gut, immer wohler fühlte ich mich in meiner Haut und war durchweg zufrieden mit meinem derzeitigen Sein, das da momentan noch immer aus der Numerologie mit der Gesprächspsychotherapie und dem Jobben als Verkäuferin auf diversen Märkten Berlins bestand. Das war der äußere Rahmen, in dem ich mich bewegte. Dazwischen dann noch so allerhand Menschelndes, natürlich, denn ich war ja bestrebt, Himmel und Erde für mich zusammenzubringen, sprich, nun die Freuden aus dem Wort und den Meditationen jetzt auch in meinem Leben verwirklicht zu sehen. Und so machte es sich dann auch aus: Schritt für Schritt meditierte ich mich aus dem alten Kreislauf heraus. Wurde ich wacher, was das lebendige Leben anbelangt. Offener, mich darauf einzulassen, das Leben zu bejahen. Und das schließlich ganz so, wie es mir da gerade entgegenkam.

Als erstes kam da Steve

In einem schwarzen Chrysler angefahren. Hinter mir her, bis an die auf Rot gestellte Ampel heran. Kommt wie ich da zum Stehen, steigt dann aber aus, springt forschen Schrittes auf meine Fahrertür zu und spricht mich nonchalant an, während ich irritiert die Autoscheibe herunterkurbele:
„Hallo, ich bin Steve, ich fahr schon eine ganze Weile hinter Ihnen her – jetzt habe ich einen Termin, aber kann ich Sie hinterher zu einem Kaffee einladen?"
Schon hat er eine Visitenkarte in der Hand, reicht sie mir in das Auto. Mechanisch greife ich zu …
„… wer kann diesem Mann schon widerstehen?!", ermesse ich blitzschnell dabei. Schlank und rank in schwarzem Anzug steckend, weißem Hemd und blaugrau schillernder Krawatte, die seine wundersam großen und leuchtend blauen Augen gleich noch zweimal mehr hervorheben. Schön eingerahmt in dieser blonden Lockenpracht, wild und schulterlang geschnitten … – „… genau wie ich es mag …, und erst dieser Duft!"
Die Ampel springt um, die Autos hinter uns beginnen zu hupen. Steve wartet dennoch ruhig auf

meine Antwort: „Bitte! Machen Sie mir die Freude und rufen Sie mich an!"
Ich nicke stumm, komme mir vor wie eine Idiotin –
„... hoffentlich hast du ihn nicht angestarrt!"
Schon springt er wieder in seinen Chrysler zurück und startet den Motor. Schert dann sogleich aus der Autoschlange aus, winkt lachend noch einmal zu mir herüber und ist im Nu auch wieder verschwunden.

„Was war das denn?", frage ich mich jetzt. *„Eine Szene aus einem Kinofilm? ... Versteckte Kamera?"*
Zu Hause angekommen schaue ich mir die Visitenkarte genauer an. „Immobilienkorps", steht darauf, „Geschäftsführer Steve Morowitz", Adresse und Telefonnummer darunter. Also das hört sich ganz schön gewaltig an, denke ich so bei mir: zu groß für mich! Dennoch bin ich nicht in der Lage, diese Karte einfach wegzuwerfen, drei Tage später rufe ich an und habe einen hocherfreuten Steve am anderen Ende der Leitung. Gehe anschließend mit ihm Kaffeetrinken und erlebe einen durch und durch charmanten Mann. Drei Jahre jünger als ich, so voller Leben, so voller Ideen, vor allem aber: so ganz, ganz anders als ich. Zu Steves Firma gehört noch ein zweiter Geschäftsführer, sein bester Schulfreund. Gemeinsam mit ihm erbaut er gerade einen riesigen Wohnkomplex am Stadtrand Berlins. Ganz spontan fährt er hin mit mir. Was ich sehe, lässt mich dann wirklich vor lauter Achtung diesen Freunden

gegenüber fast erstarren – „*... Himmel, ich hab nicht mal ein Kleinstgewerbe hinbekommen und die bauen hier mal, so mir nichts, dir nichts, gleich ein ganzes Wohngebäude aus dem Nichts heraus!*"

Das imponiert mir schon gewaltig, aber viel mehr noch, ist es tatsächlich Steves Werben um mich, durchweg mit Stil: Blumen, Sekt, kleine Geschenke. Auch „Bierstube ist nicht gleich Bierstube", lerne ich von Steve – er liebt Exklusivität, aber das nicht des Preises wegen, sondern um das jeweils Besondere darin hervorzuheben – und noch viel, viel mehr. Zuvorderst Spontaneität: „Du nimmst das Leben viel zu ernst", beweist er mir oft, „bleib gelassen! Wo ist sonst deine Freude daran!?" Bis dato hat mich nie einer so oft angenehm überrascht wie gerade Steve. Eben noch telefoniere ich mit ihm, da steht er im nächsten Moment auch schon vor der Tür. Eine Flasche Sekt in der Hand: „Es ist Vollmond – zieh dich an."
Dann zieht er mit mir los, quer durch Berlin. Am Ende landen wir auf einem Wohnhausdach. Den Sekt aus der Flasche trinkend, Joint rauchend, still den vollen Mond betrachtend. Anschließend barfuß tanzend oder eng umschlungen auf weich-sattem Rasen stehend. Freie Parkanlage, freie Liebe – das war Steve.

Nicht lange und wir ziehen zusammen. In meine Wohnung. Hier entpuppt sich Steve zunehmend als

Hausmann und exzellenter Koch. Koch hat er einmal auch gelernt. Wir unternehmen sehr viel, Kino, Theater, Tagestouren innerhalb Deutschlands. Haben jede Menge Spaß. Schnell habe ich auch verinnerlicht, dass Haschplätzchen oder Jointrauchen durchaus das Leben verschönern können, so kein Suchtpotenzial dabei im Spiel ist. Das half mir sehr, mit Benni meinen Frieden zu finden, in dessen Zeiten ich das Jointrauchen noch sehr hochmütig für ein ausnahmslos abzulehnendes Milieuverhalten hielt. Tatsache aber war, so lernte ich jetzt, dass sich dieses Konsumverhalten durchweg auch in allen Gesellschaftsschichten wiederfand. Ganz hohen wie ganz niedrigen: nur, dass halt eine jede anderes damit verband und somit auch unterschiedlich damit umging. Ein Beamtenpärchen zum Beispiel, das ich in dieser Zeit durch Steve kennenlernte, rauchte gern täglich nach seiner Bürozeit erst in aller Ruhe einen Joint, bevor es „die zweite Schicht" – wie dieses Pärchen seinen Familienalltag nannte – begann. Deren drei Kinder galten dennoch als „Primus" in ihren jeweiligen Schulen, waren lebensfroh und alles andere als verhaltensauffällig.

Natürlich, das Beschaffen von Gras war illegal, galt als strafbare Handlung. Aber genau diese Mischung machte den ganzen Steve aus. Einerseits der seriöse Geschäftsführer, dem Bank, Anleger und Baufirmen vertrauten, der Manager oder der durchweg um das Wohl anderer besorgte Vatertyp. Andererseits eine

Art italienischer Mafioso, sein Leben stets am Rande der Legalität führend. Ein Nein akzeptierte Steve nur schwer. Und alles, was verboten schien oder gefährlich anders, reizte ihn geradezu, es auszuprobieren. Steve konnte, wo er wollte, fast jeden davon überzeugen, dass die Farbe seines Pullovers gelb sei, wo sie doch eindeutig rot war.

Mit dieser Charaktermischung von einem Menschen lebte ich also jetzt zusammen. Wahrlich die aufregendste Zeit meines bisherigen Seins, ganz sicher, was Action, Erotik, Humor oder Spannung anbelangte – Daumen hoch für diesen Liebesfilm. Doch was das Filmkriterium Kommunikation anbelangte, hing der Daumen für mich eindeutig nach unten. Und schließlich ist es zudem auch tatsächlich so, dass kein Mensch ewig unterwegs sein kann, irgendwann muss er ankommen: Ruhe zu finden. Einfach mal die Seele baumeln lassen, für Steve war das unmöglich. Er rotierte wie ein endlos aufgezogener Kreisel, hierhin, dorthin – immer unter Starkstrom. Meine Seele indes konnte so nicht. Sie konnte gut eine Weile ebenso rotieren, aber nie langanhaltend, bald musste sie wieder in die Stille zurück. Nach den schönen Anfängen oder auch gemachten Grenzerfahrungen sehnte ich mich wieder nach mehr. Nicht nach einem Mehr an Action, Gütern oder Anreizen, sondern nach einem Mehr an authentischer Freude. Nicht dass etwa keine Freude da war in diesem Leben mit Steve, aber irgendwie wurde ich das Gefühl nicht los, dass ich mich da nach einer ganz anderen Freude sehnte, einer, die keine äußeren Impulse oder Anstöße brauchte, sondern die grundlos, schlicht und einfach latent in mir vorhanden war. Ganz so, wie ich sie in den Meditationen oft vorfand: nicht Freude am Sein, sondern selbst die Freude sein. Mir fehlte das Meditieren, wofür Steve nicht zu begeistern war: „Das Leben ist zu kurz – ich glaube nicht!"

Steves Lebenseinstellung war durchweg hedonistisch. Und das gleich noch in jenem hohen Maße, das die buddhistische Lehre ablehnte, wovor sie mich gar da beständig warnte: „Keine Extreme wie Hedonismus oder Askese!", hieß es da, sondern „immer schön auf dem mittleren Pfad bleiben". Die Glaubensfrage blieb unser Streitpunkt. Eine Frage der Zeit also, so wusste ich bereits nach nur wenigen Wochen unseres Zusammenlebens, wann wir uns wieder trennen würden …

„Steve galt mir noch einmal als letzter Versuch, das göttliche Naturgesetz doch umgehen zu können, vielleicht dennoch eine Bindung eingehen zu können. Aber nein! Die Gesetze Gottes sind unumstößlich, hier bleibt es, wie es ist: Mit jeder Bindung kommt dieses ‚Mein'- oder ‚Dein'-Wort und -Denken ins Spiel, auch in der allertiefsten Beziehung, und zerstört sie sofort – restlos. Denn jetzt herrschen Anspruch und Egobehauptungen in dem zuvor

eingegangenen, frei spielerischen Spiel der Beziehung. Aber Anspruchsdenken und wahre Beziehung – beziehungsweise bedingungslose Liebe, die echte Tiefe im momentanen Erleben überhaupt erst möglich macht – schließen einander aus. Können nicht zusammengehen, weil alles Natürliche selbst – also auch der Mensch – von seinem Ursprung her keinen Anspruch kennt. Und wenn doch tatsächlich, sodann nur diesen einzigen: in Symbiose miteinander zu leben! Also in der Einheit der Freiheit zwischen Wirt und Symbiont ohne die Unterschiedlichkeit der Größenverhältnisse anzweifeln, aufheben oder gar vernichten zu wollen. Jegliches Anspruchsbegehren verhält sich zur Liebe wie der Efeu zu seinem Baum: Es erwürgt sie. Um also eine echte Symbiose – natürliche Bindung – mit einer anderen Person überhaupt eingehen zu können, braucht es die absolute Unabhängigkeit beider, jederzeit Neues beginnen und wieder beenden zu können. Unnatürliche Bindung aus durchweg abhängiger Anhaftung heraus bedeutet Stagnation, Kastration, Vakuum – also lebendig begraben zu sein. Kein Tier würde sich je so ein Leben antun, der Mensch tut es gar freiwillig – wie ich gerade mit Steve!", schreibe ich sichtlich ernüchtert, nach unserem ersten Glaubensstreit, in mein Tagebuch. „Aber Gottes Gesetze sind nicht wie Menschengesetze. Sie sind nicht zu umgehen oder zu verdrehen, wie es gerade gefällt ... Klar sind sie und unabänderlich! Und ob dir das nun passt oder nicht, Juli, dieser Tatsache hast du dich nun zu stellen – ebenso wie auch dem Ringen um die wahre Freude, den rechten Hedonismus, besser, der rechten Unterscheidung seiner."

„Hedonismus", diesen philosophischen Begriff kannte ich ursprünglich von den Denkern der Antike her, vornehmlich durch Epikur. Nun, da ich ihn im Zusammenhang mit dem Mittleren Weg der Buddhisten wiederfand, fragte ich mich zum ersten Mal wirklich, was Freude oder Lust eigentlich wahrhaft ausmacht – *„Wann ist Lust ausleben ‚vernünftig', sprich, handelt es sich um einen Trieb, der meiner Natur entspricht, und ab wann ‚unvernünftig' und somit auf lange Sicht Schmerzen nach sich ziehend?"*

Doch sosehr ich mich auch bemühte, eine Antwort darauf zu finden, finde ich sie in dieser Zeit nicht. Also lasse ich mich weiter auf Steve ein. Der sich nun in seinem Powereifer ganz darin verliert, mein berufliches Leben „wieder auf Vordermann zu bringen". Sein Konzept und der Einsatz sind schlicht und einfach. Die Aufmachung aber gewaltig. Ganz im Stil der Tradition seines Immobilienkorps: „Die Aufmachung macht's!"
Dieser Ausdruck ist Steve zu eigen, wie allem Fleisch die Haut. Er lässt Flyer drucken und Werbung schalten:
„Probleme? Nun, ich kann Ihnen da auch nicht

helfen. Aber vielleicht finden wir gemeinsam einen Weg – Reden hilft", steht da direkt unter meinem Konterfei. Das, ganz in den wärmsten Brauntönen eingebettet, einem jeden weithin nun als Erstes entgegenprangt – in verschiedenen Größen und auf Hochglanz gedruckt. Die größten Flyer im ganzen DIN-A5-Format. Nicht unbedingt mein Stil, obgleich auch ich zu jenen Menschen gehöre, die gern klitzekleine Geschenke in überdimensionale Folien und Stoffschleifen verpacken. Wo es aber um meine Person geht, da bleibe ich doch lieber eher schlicht, am liebsten aber unerkannt.
„Das ist Management, davon verstehst du nichts, lass mich nur machen!", wischt Steve meinen Einwand fort.
Okay, ich lasse Steve machen. Gibt es eine andere Wahl für mich? Ganz sicher, nur: Die sehe ich noch nicht!

In seiner Altberliner Bürowohnung überlässt Steve mir ein Zimmer, das er mir als Praxisraum einrichtet. Neben meinem Büro noch eine weitere Fremdmieterin, Miriam, eine Exfreundin von Steve. Eine psychisch enorm instabile Versicherungsagentin, die da beständig nur am Jammern und Klagen ist, was mein Unbehagen, mich ganz auf Steves Konzept einzulassen, nun noch mehr steigert. Eh von Hause aus schon eine Ungereimtheit für mich, in einer Atmosphäre eines knallharten Managements – schließlich geht es im gesamten Rest der Büros doch

ausnahmslos um Verkauf, Ware, Geld und Immobilien – arbeiten zu sollen, empfinde ich schließlich jedoch am unangenehmsten die Art und Weise, in der diese Bürogemeinschaft miteinander umgeht. Sobald sich kein Fremder mehr in den Büroräumen befindet, fliegen hier nicht nur die Krawatten von den Hälsen, sondern auch Hemden vom Oberkörper, Socken von den Füßen bis letztlich hin zu den Hosen von den Hüften – je nach Jahreszeit und emotionaler Verfassung des je Einzelnen und gänzlich unabhängig von den jeweiligen Tages- bzw. Bürozeiten. Dann kriecht die Gemeinschaft buchstäblich zusammen, auf dem kleinen Balkon des Büros, um sich von der Sonne braten zu lassen. Klingelt es dann unverhofft an der Bürotür, hebt ein allgemein hektisches Treiben an. Klappert, rumst und schnieft es: Natürlich, schließlich dauert es, bis alle Kleidung wieder angetan ist.
„*Untragbar! Ja durchweg peinlich ...*", vertraue ich empört meinem Tagebuch an, „*... auch die Tatsache, dass Steve tagtäglich für alle im Büro Mittag kocht: Einfach unprofessionell – der Kochdunst durchzieht das ganze Büro. Überhaupt, was für eine Zeitverschwendung! Ebenso die Gespräche danach. Kaum eines kommt ohne Tränenausbruch oder Streit untereinander aus. Im Grunde ist es doch weniger ein Geschäftsbüro als eher eine Sozial-WG im Sinne von betreutem Wohnen ...*".

Die Bürogemeinschaft. Steve, der Wirbelwind, der

Glücksfänger, der Macher, der ganz Offene, daneben sein Compagnon Dirk, Steves Schulfreund und zweiter Geschäftsführer. Rein äußerlich könnten die zwei gut als Brüder durchgehen, so ähnlich sehen sie sich. Doch charakterlich sind sie sich so gegensätzlich, wie wohl kaum ein Gegensatz sein kann. Dirk ist der geschniegelte Typ, dazu ein Narcissus wie er im Buche steht: pur in sich selbst verliebt. Kein noch so kleines Stäubchen darf frei überleben auf seinem stets korrekt sitzenden Sakko. Schon gleich gar nicht etwa eine Pflanze in seinem Büro oder seiner Umgebung. Der pingelig taube Beamtentyp – „so lautet die Weisung!" –, Fun-Faktor gleich null – langweilig, ängstlich, kleinkariert, geizig mit sich und somit auch mit dem Leben. Aber schließlich ist Dirk auch derjenige, der in der Firma das Geld zusammenhält, während Steve es sorglos verteilt. Und dann ist da noch Ole, der Sekretär der beiden und des gemeinschaftlichen Büros. Ein Diener, wie er im Buche steht. Ein ganz Gehorsamer, ein Kadavergehorsamer. Aber da er nun mal zwei Chefs hat, die gegensätzlicher nicht sein könnten, und sich so stets bei ihm, dem Sekretär, über den anderen auslassen, beschweren oder lästern, ist Ole stets dabei auch schmierig und begierig, sein Fähnchen gut nach dem Wind zu drehen. So ist diese Bürogemeinschaft, gemeinsam nun mit Miriam und mir, im Grunde eine hochexplosive Mischung, die nur zusammengeht, weil jeder Einzelne in ihr in irgendeiner Weise in Abhängigkeit zu Steve steht. Dirk mag mich nicht, ganz offen lässt er mich das spüren. Während Ole sich dreht wie ein Wetterhahn auf dem Kirchendach. Ist Dirk allein im Büro, lässt mich auch Ole abblitzen, hat er dann keine Zeit, mir Organisatorisches oder Schreibdienste zu erfüllen. Ist indes Steve im Büro, verfällt Ole fast in Übereifer, was dann ebenso unangenehm für mich ist. Während Miriam, wenn sie nicht gerade weint und jammert, mir abwechselnd mal die Mutter, dann wieder die um mich werbende Liebende spielt.

Nach der Einweihungsparty des Büros warte ich lange auf Klienten. Die Wenigen, die da kommen, bringe ich aus der Eso-Szene mit. Bevorzugt von deren Messen, bei denen ich an einem Stand numerologische Psychogramme fertige. Nicht für einen Festpreis, sondern auf Spendenbasis. Ebenso würde ich es am liebsten auch in der Praxis halten. Was sich aber als sehr schwierig erweist für mich, denn das Finanzamt will Zahlen sehen. Auf Spendenbasis geht also nicht, und eine kassenärztliche Zulassung besitze ich nicht. So bezahlt, wer immer auch zu mir kommt und egal warum, einen Festpreis und die Sitzungen aus eigener Tasche. Im Grunde aber bin ich selbst einfach nicht in der Lage, meine Dienstleistung in einem Zahlenwert auszudrücken, immer begleitet mein ganzes Zuhören auch eine Art Unzulänglichkeitsgefühl, latent hervorgerufen durch ein tief verwurzeltes Wissen in mir, nicht wirklich helfen zu können. So erstelle ich die Rechnungen durchweg nicht nach Leistungserbringung, sondern allein nach Status der Person. Die Armen wenig bis nichts. Die Reichen mehr bis viel. Insgesamt sind es aber mehr die Armen, die da zu mir kommen. Und so ergeht es mir schließlich, zumindest was den finanziellen Erfolg anbelangt, dem vorherigen Gravurengewerbe gleich: Um gut zu leben, erhalte ich zu wenig, um gut zu sterben zu viel.

Mit Steve nun in einem Haus fast rund um die Uhr, privat wie geschäftlich zusammen zu sein, bedeutete das Aus für unsere Beziehung. Vielmehr aber war es die mangelnde Möglichkeit für mich, mich zurückziehen zu können. Einfach mal allein sein zu dürfen, war nun nicht mehr Normalität in meinem Leben, sondern zur kostbarsten Rarität geworden. Immer öfter begann ich mir demnach stille Zeiten zu erschleichen. Erfand ich die tollsten Geschichten, um am Morgen später in die Praxis und am Abend ebenso wieder früher von ihr loszukommen. Woraufhin ich dann insgesamt nur noch unzufriedener wurde. Stille zu sein war Steve einfach nicht möglich. Selbst am Abend einfach mal nur neben mir im Bett zu liegen, ein Buch zu lesen oder zuzuhören, wenn ich las, war ein Ding der absoluten Unmöglichkeit für ihn. Es musste immer noch ein Tick an Mehr, Höher oder Breiter sein. Das machte mich fast irre. Wie auch unser Silvester in jenem Jahr. Steve hatte beschlossen, diesen Abend ganz mit mir allein zu verbringen: „Ohne Gäste und auch keine

Party – nur du und ich, Juli!", wünschte er sich.
Gegen zwei Stunden vor Mitternacht aßen wir noch gemeinsam den Karpfen, den Steve in der Ofenröhre gebacken hatte. Nun, eineinhalb Stunden später, lagen wir im Bett, wo Steve nicht müde wurde mir zuzuflüstern: „Punkt zwölf will ich mit dir einen gemeinsamen Orgasmus haben."
Und tatsächlich, erst als die Glocken läuten, lässt Steve los – und endlich auch ab von mir.
„Megapeinlich das Ganze!", steht für dieses Silvester schließlich in meinem Tagebuch … *„Als ob einen Orgasmus bekommen eine rein mechanische Angelegenheit wäre … ?!"*
Und nicht lange, da sann ich schon fieberhaft nach einer Möglichkeit, Steve wieder sauber zu entfernen aus meinem Leben. Diese Gelegenheit kam schneller, als ich dachte. Gleich zu Frühlingsanfang. Sonnenklar kam sie mir entgegen, ganz ohne mein Zutun, ich hatte nur abwarten müssen.

Von seiner Pubertät an hatte Steve mit einem Jagdtrieb zu tun. Das Objekt: Frauen! Längst wusste ich, dass ich nicht die Erste war, die er an der Ampel angesprochen hatte. Und auch ganz gewiss nicht die Letzte sein würde, bei der er es tat:
„Der Gute verfährt immer nach der gleichen Masche! …", lachte Miriam mir ins Gesicht, nachdem sie mich nach unserem ersten Gespräch, in dem wir einander vorgestellt worden waren, fragte, wie Steve und ich uns eigentlich kennengelernt haben. „Nein,

warte, sag nichts", entschied sie sich jedoch sogleich um, „ich erzähle es dir, okay?!"
Und dann beschrieb sie haarklein jede einzelne Handlung Steves, als wäre sie dabei gewesen. Als ich Steve am gleichen Abend daraufhin zur Rede stelle, stritt der das nicht einmal ab: „Ja, das ist wahr. Aber mit dem Jagen ist jetzt Schluss, Juli, wirklich – du bist meine Trophäe!"

Damals entschied ich mich, das ganz und gar zu glauben. Jetzt jedoch wollte ich das nicht mehr, jetzt entschied ich: „Der Jäger lässt das Jagen nicht …".
Und so geschah es auch, eines Nachts kam Steve nicht nach Hause, spielte anderen Tags den Untröstlichen. Auch den zweiten Tag noch:
„Juli, nur du kannst mir helfen, davon loszukommen …".
Und den dritten noch: „… ich will nicht mehr jagen – hilf mir bitte!"
Doch schon am vierten Tag bleibt er wieder aus. Daraufhin werfe ich ihn kurzerhand raus. Nehme die Wohnungsschlüssel wieder an mich, am frühen Morgen, und bringe ihm anschließend sein Bettzeug und das Wenige, das sich von ihm bei mir befindet, in das Büro. Ole nimmt es süffisant lächelnd entgegen, verstaut es in jenem Büroraum, den ich gerade eine Woche zuvor verlassen habe. Knapp elf Monate dauerte dieses Dasein, der Tod aber auch dieser Epoche stellte sich schon vier Monate vor Steves Rauswurf ein. Genau an dem Tag, als ich auf einer

Immobilienkorps-Feier zufällig auf Stefan stoße, der ebenfalls wie Steve und Dirk mit einem Schulfreund eine eigene Immobilienfirma leitet. Nur eben nicht selber baut, sondern Fonds verkauft. Vor allem aber, ganz im Gegensatz zu Steve und Dirk, dies auch durchweg professionell und finanziell sehr erfolgreich tut.
Meine einstige Achtung vor den beiden Freunden Steve und Dirk bezüglich ihres Unternehmermutes war durch diesen Vergleich gänzlich umgeschlagen, nun taten mir die beiden nur noch leid.

Wieder allein. Jetzt, da Steve aus dem Haus ist, genieße ich zunächst die Stille wieder. Meditiere täglich wieder zweimal mindestens, und ausgiebig. Den Praxisraum im Gemeinschaftsbüro habe ich endgültig abgegeben. Die wenigen Armen empfange ich jetzt in meiner Wohnung, in jenem Arbeitszimmer, das ich mir nach Nanas Auszug als Büro eingerichtet hatte. Die Armen fragen nicht nach Prestige. Fühlen sich gar wohler in einem Praxisraum angesiedelt im sozialen Wohnungsbau als im gehobenen „Wilmersdorfer Witwen-Ambiente" oder Ähnlichem mehr in Berlin. Und die Reichen bleiben weiter aus. So befinde ich mich finanziell wieder in jener mittelprächtigen Position, mit der ich dieses Leben begonnen hatte: „Ist der Ruf erst ruiniert, lebt es sich ganz ungeniert …" Für den Unterhalt sorgt weiter das Arbeitsamt und für das Mehr an Lebensqualität die wenigen Armen und auch wieder der Verkauf auf Wochenmärkten der Stadt oder in Leons Geschäft. Einen Mann ins Haus, so war mir klar, würde ich mir nicht mehr holen. Keine Bindung mehr! Dieser Grundsatz war als Quintessenz aus der Beziehung mit Steve geboren. Und daran hielt ich nun auch fest. In der Folge gehe ich nur noch Beziehungen, nie mehr aber Bindungen ein. Was sich in der Realität dergestalt ausnimmt, dass sich die nächsten Monate meines Lebens gleich drei Männer gleichzeitig an meiner Seite befinden. Ein jeder von ihnen mir einen anderen Teil erfüllend, alle drei zusammen mir ein Perfektes ergebend. Eigenartig, dieses Drei-in-einem-Leben, wie ich anfangs empfand, aber auch: So ist es nun mal, niemals kann und wird es den einen für mich auf Erden geben, denn: „Gott ist ein eifersüchtiger Gott!" (2 Mos 34,14), wie ich es zudem im Buch der Bücher bestätigt fand. Dessen war ich mir sicher, nur Gott allein wollte und sollte meine einzige Anbindung sein.

Die drei Männer

Meinen fünfunddreißigsten Geburtstag, so habe ich mich entschlossen, verbringe ich im Strandbad Wannsee, auf dem FKK-Strand und im Wannsee badend. Gerade eben fahre ich auf den Parkplatz, da fährt mir von vorn ein rückwärts fahrender hellblauer

BMW auf. Nur leicht, aber doch noch so stark, dass mein kleiner rosa Ford – den ich inzwischen fahre – einen kleinen Ruck nach hinten macht. Mechanisch schalte ich den Motor ab und harre dann, nicht wirklich sonderlich aufgeregt, anschließend der Dinge, die da nun kommen werden. Schon fliegt die Fahrertür des BMW auf. Heraus tritt ein sehr junger Mann. Mit untröstlicher und doch lächelnder Mine sprintet er nun an mich heran: „Sorry, tut mir so leid, ich hab Sie zu spät gesehen!"
„Ja, ja, ist schon gut", gebe ich ebenso lächelnd zurück, „ist doch nichts passiert – oder?!"
Dann setze ich meinen Ford ein Stück weiter zurück, steige aus und schaue mir die Stoßstange an – nicht ein Kratzer ist daran! Wir parken unsere Autos gleichzeitig ein, stehen schließlich nebeneinander, da fragt mich der junge Mann: „Darf ich Sie zu einem Kaffee einladen – als kleine Schreckenswiedergutmachung quasi?!"
„Nein, danke!", lehne ich ehrlichen Herzens ab – zu jung, befinde ich für mich.
„Schade!", gibt der enttäuscht zurück.

Zwei Stunden später. Die Sonne brennt heiß, das Wasser und der Sand sind wohlig warm. Den Vorfall vom Parkplatz hab ich längst vergessen. Der Geist ist träge, der Kopf gedankenleer, das Buch in der Hand wiegt gerade zentnerschwer. Also schieb ich es in die Tasche. Lege mich in die Schlafposition, nichts mehr wollend, einfach die Augen zumachen –

von der Seite auf den Rücken rollend – ist alles, was ich noch will. Doch noch ehe die Augen sich schließen, streift ein letzter Blick den See und macht mich mit einem Schlag wieder hellwach. Faszinierend, was ich da sehe. Kurz vor dem Ufer entsteigt eine männliche Gestalt dem Wasser. Unglaublich schön. Wie gemeißelt, perfekter Körperbau! Erst der Oberkörper, harmonisch muskulöses Harfenspiel, nicht ein Gramm zu wenig, nicht eine Sehne zu viel. Gesund braun gebrannt, nicht zu schwarz, umflirrt und bespielt vom Sonnenglanz im Wasserspiel. Die Gestalt geht weiter, noch zwei weitere Schritte näher an das Ufer heran – ich halte den Atem an –, dann ist die ganze Männlichkeit zu sehen: „Wow! Was für ein Mann … Hinten wie vorn, oben wie unten – einfach alles dran!" Und ich bin nicht die Einzige, die da starrt, wie ich gerade sehe. Bevor ich bemerke, dass ich mich für das Starren schäme.

Mein Herz pocht. Ich habe so etwas noch nie erlebt, was sich da gerade in mir erhebt: Heißes Begehren, und ich kann mich nicht dagegen wehren. Also bleibe ich darunter, schließe die Augen, stelle mich tot, bete: „Lieber Gott, hilf mir aus dieser Not!" Das tut er, postwendend. Vorsichtig öffne ich die Augen, suche das Ufer ab: „Danke!", entfährt es mir erleichtert – die Gestalt ist weg.

Voller Freude setze ich mich nun auf, in dem Willen, anstatt zu schlafen nun doch lieber schwimmen zu gehen, da höre ich eine Stimme hinter mir sagen: „Ah, Sie sind wach!? …"

Erschrocken drehe ich mich um, und blitzschnell wird mir klar, wer die Gestalt im Wasser war – *„… der Junge vom Parkplatz!"*
„Naja", sagt der jetzt fast verlegen, „ich gehe sonst nie weg vom Textilstrand – aber ich nahm an, dass ich Sie wohl nie wiedersehe, wenn ich nicht noch einmal zu Ihnen komme?!"
Das höre ich wie aus der Ferne, deshalb antworte ich auch nicht. Viel bewusster sind mir die Blicke der Leute um uns herum: *„Wie lange saß er denn schon hinter mir?"*, frage ich mich. *„War ich doch weggetreten?"*

Der junge Mann hieß Sascha – und war von jenem Tag an unsterblich in mich verliebt. Indes ich, tatsächlich, von seinem Körperbau wie besessen war. Für den Sascha nicht einmal das Geringste tun musste noch tat. Er besaß diese Schönheit von Hause aus, also auf ganz natürliche Weise. Was mich gleich noch einmal mehr diesen Körper genießen ließ, der auf seine Weise so völlig rein und unverdorben schien. Sascha war gerade achtzehn Jahre alt geworden, lebte aber schon seit seinem siebzehnten Lebensjahr in einer eigenen Wohnung. Sein Vater, Inhaber einer eigenen Autowerkstatt, schenkte ihm den BMW zu seinem achtzehnten Geburtstag. Ansonsten arbeitete Sascha selber sehr schwer. Dreischichtsystem im Schienenbau. Wenn er frei hatte, trafen wir uns immer in seiner Wohnung. Und wenn unsere Körper mal nicht gerade in den Kissen wühlten oder sich vereinten, dann zogen wir durch die Berliner Discos, wo Sascha gern mit mir angab. Er hatte nicht das leiseste Problem mit unserem sechzehnjährigen Altersunterschied. Ganz im Gegensatz zu mir, die ich mich nicht gern öffentlich mit ihm zeigte. Denn die jungen Mädchenherzen flogen ihm nur so zu und signalisierten mir jedes Mal: „Hey – Sascha könnte dein Sohn sein!"

Im Übrigen hatten wir ein stilles Einvernehmen. Ich fragte Sascha nie nach seinem Leben und verlangte ungesagt das Gleiche auch von ihm. Daran hielt er sich, wenn auch schweren Herzens. Sascha wusste nur zu gut, woraus unsere Beziehung bestand. Geistig lagen wir uns ferner als der Mond zum Meer. Sprachkommunikation war nicht Saschas Stärke, dazu fehlte ihm natürlicherweise die Reife. Andererseits war er aber doch auch wieder weise, wie sich gut an der Geschichte um seinen vier Jahre jüngeren Bruder, Björn, erkennen ließ. Der eines späten Sommertages am frühen Morgen die Stelle Saschas in dessen Bett neben mir einnahm, während Sascha Brötchen vom Bäcker für uns alle holte: „Juli?! Das erste Mal soll doch das schönste Mal sein, richtig?", bestürmte er mich.
„Ja, natürlich!", entgegnete ich schlicht.
„Kannst du dann für mich die Erste sein?", fragt er weiter rundheraus.
Und ebenso ohne Umschweife antwortete ich: „Ja, warum nicht?!"

Unschuld!? Nach dem Erleben mit Björn ist mir annähernd klar, was manche Männer so daran fasziniert, eine Jungfrau zu nehmen. Es ist das Gefühl der Macht: „Ich bin erkoren – ich darf nehmen!"
Aufputsch – volle Aufwertung des Egogeistes! Das ist der eigentliche Adrenalinstoß dabei, weniger der Körper selbst. Natürlich prahlt Björn in der Folge überall mit seiner „Entjungferung durch Saschas Freundin Juli", sodass er Sascha regelrecht damit herausfordert.
Aber hier erweist sich Sascha dann eben doch als der Ältere und zeugt so von der ihm innewohnenden Weisheit: „Weißt du, Björn, du wirst noch unterscheiden lernen zwischen Mitleid und Liebe!"
Mit dem Wort „Mitleid" verschloss Sascha seinem Bruder ein für alle Mal den Mund. Und mir schenkte er dadurch die Erkenntnis dessen, warum ich der Bitte Björns so leicht nachgekommen war. Denn in der Tat, es war weder Leidenschaft, die mich dazu getrieben hatte, Ja zu sagen, noch egozentrische Liebe – denn auch jenes Gefühl von Macht stellte sich erst hinterher bei mir ein –, es war ein nüchternes Ja: ja, wahrhaftig – ein mitleidiges Ja.

In diese Zeit hinein ruft mich eines Tages Stefan zu Hause an. Er hat erfahren, dass ich mich von Steve getrennt habe und: „... da wollte ich mal fragen, ob wir am Abend nicht zusammen ausgehen wollen. Ich hab da zwei Karten für's Ballett – Loge ..."
Keine Frage, natürlich will ich! Nicht zuletzt weil

ich Ballett liebe, schon ewig keine Aufführung mehr schauen konnte und schon gleich gar nicht eine von der Loge aus. Schon nach diesem ersten Abend ist mir die Bestimmung auch dieser Beziehung ganz offenbar. Körperlich spricht mich Stefan nicht ein bisschen an, aber unsere Seelen schwingen miteinander im selben Ton. Stefan ist ein Mystiker durch und durch. Wir verstehen uns ohne Worte. Lesen unsere Gedanken gegenseitig, wie aus einem offenen Buch. Die Esoteriker bezeichnen dieses Schwingen als eindeutiges Zeichen für eine Seelenverwandtschaft. Nach der esoterischen Lehre soll jede Seele quasi ein seelisches Gegenstück, also Pendant auf Erden besitzen. Welches es zu finden gilt, so die Seele eins werden will mit Gott: „Aus drei müssen zwei werden, aus den zweien wird das eine, das Göttliche in Gott."

Stefan ist es, der mich ganz mit nach oben in die höchste Höhe mit hinaufnimmt, ohne auch nur das Geringste darüber zu wissen, geschweige denn, darüber auszusagen. Er tut es ganz einfach – ähnlich wie bei Sascha und dessen Körper – durch sein natürliches Sein, im schlichten „Einfach-vorhanden-Sein". Extrem mondsüchtig und somit auch extrem sensibel und ängstlich zuweilen. Magie hat immer zwei Seiten, eine helle und eine dunklere. Furcht zieht die dunkle Seite an – das ist Stefan:

„Also bevor wir miteinander schlafen, hätte ich gern, dass du einen HIV-Test machst", offenbart mir Stefan nüchtern, nachdem wir zwei Wochen lang Abend für Abend ausgegangen sind und er anschließend immer zu sich nach Hause fährt.

Anfangs bin ich noch empört über sein Anliegen, doch dann macht es mir irgendwie Spaß, den ansonsten so erfolgreichen Stefan hierbei nun auflaufen zu lassen. Was ich von Stefan begehre, hat ja nichts mit Sex zu tun, so bin ich fest überzeugt, also muss ich auch keinen Test machen lassen.

„Für mich kommt so etwas nicht infrage, ja existieren solche Krankheiten im Grunde nicht", kläre ich Stefan eines Abends über meine Denkweise auf. „Wenn ich mich auf jemanden einlasse, geschieht das immer aus einer Art innerer Hinwendung heraus, nie ist Mechanik die Motivation, sondern das Einssein im Ton oder dem absoluten Sein. Und wenn ich das Einssein nun auch nie dabei erlebt habe, so bleibt es doch die oberste Intention dabei, der wesentliche Antrieb der Hingabe. Und diese Art Hingabe ist Liebe. Weißt du, da fällt keine Krankheit ein: niemals! Solcherart Zusammensein ist absolut geschützt vom Sein – und das ganz unabhängig nun davon, ob der Partner sich ebenso einfindet darin oder nicht. Schlimm wird es nur, wenn beiden die Hingabe fehlt."

Stefan das zu beweisen, setzte ich mir nun zum obersten Ziel, also unternehme ich diesbezüglich auch rein gar nichts. Während ich mich mit Sascha amüsiere und darin vollste Erfüllung finde, spiele ich bei Stefan die Reine, die Geduldige, die über alle Bettgeschichten Erhabene. Stefan glaubt das, unbesehen. Andererseits unterlasse ich aber auch absolut nichts, um Stefan doch dazu zu bewegen, mich einfach mal zu nehmen. Nach zwei weiteren Wochen ist es dann so weit. Wir kommen gerade von einer Party, auf der ich das seidenlange Schwarze trage, das Stefan mir eigens zu diesem Anlass geschenkt hat. Der Rücken mit tiefem Ausschnitt, der erst kurz vor Bandscheibenhöhe endet. Vom Sekt angeheitert, stehen wir beieinander am Fahrstuhl des Hochhauses, in dessen oberster Etage sich die Partylokalität befindet, ganz erfüllt von dem Bewusstsein, dass nun gleich jeder von uns wieder in seine eigene Wohnung fährt. Der Fahrstuhl hält, öffnet seine Türen, innen ist ein riesiger Spiegel zu sehen. Zu dem drehe ich mich nun hin, dabei Stefan den Rücken zuwendend. Dann greife ich zum Lippenstift, ziehe mir betont langsam die Lippen nach, während ich den weißen Fellbolero vom Rücken weg, ganz schlicht zur Erde gleiten lasse. Stefan fängt ihn gerade noch auf. Seine Hand streift dabei meinen nackten Rücken – wie elektrisiert zuckt er zusammen. Dann ist es aus mit seiner Beherrschung. Er lässt den Bolero fallen. Streicht mir mit beiden Handflächen samtweich über den Rücken, küsst ihn, vom Halsansatz bis hinunter zu seinem Ende. Schließlich schaffen wir es gerade noch so in meine Wohnung – seine liegt zu weit entfernt. Nach einem HIV-Test hat Stefan mich nie wieder gefragt.

Zu meiner großen Überraschung erfahre ich mit Stefan in der körperlichen Vereinigung nun ebenso jene Erfüllung, wie ich sie in unserer Sprach- und Geisteskommunikation erfahre. Ganz anders noch einmal, aber eben auch viel tiefer noch einmal, als ich sie gar mit Sascha erlebe – dem jugendlich Schönen, dem Kraftvollen. Stefan ist nichts von alldem. Genauso alt wie ich und ebenso wie ich auch keine Schönheit. Aber von einer enorm hohen inneren Strahlkraft: Charisma! Und dieses fand sich nun auch in unseren intimen Vereinigungen wieder. Bei Stefan hörte alles Spielen auf – alles Schauspielern! Es war nicht nötig! Seine Männlichkeit berührte mich zutiefst, ohne dass sie auch nur das Geringste dafür tat. Einfach durch ihre Anwesenheit in mir. Kein kurzer Rausch – Schmetterlinge im Bauch –, wie ich es bei Sascha schätzen und lieben gelernt hatte, sondern Intensität, die anhaltend nachwirkte – Wandlung vollbringend. Es gibt eigentlich nur ein Wort dafür: „Feuer!" oder „Gottheit" – tief verborgen!

Von diesem Tag an fallen wir übereinander her, wann und wo immer wir uns gerade treffen. Es scheint, als wäre da für den eher konservativ ausgerichteten Stefan plötzlich ein neues Türchen aufgegangen. Eine verborgene Welt, die er so noch nicht kannte, von der er berauscht war und die er nun umhegte, pflegte und hütete, als sei sie sein kostbarstes Gut und süßestes Geheimnis. Er gibt ein kleines Vermögen aus, um mir Reizwäsche zu kaufen, mich seinem Stande gemäß neu einzukleiden oder mich an den Wochenenden schlicht zu sich zu holen, sobald er sich auf Geschäftsreise innerhalb Deutschlands befindet. Alles, was Stefan anpackt oder besitzt, hat Format. Er ist durchgehend auch authentisch genau das, was er vorgibt zu sein: ein Mann von Welt. Wohnt in einer der exklusivsten Gegenden Berlins, ist Mitglied im Golfclub, geht in den renommiertesten Häusern Berlins ein und aus – selbstredend, wie der Hahn in sein Hühnerhaus. Unter seinen zahlreichen Anzügen im Schrank befindet sich kaum einer, der nicht unter dem obligatorischen vierstelligen Zahlenwert eines überhohen Mittelstandes erstanden worden ist. Und auch seinen Mercedes SL behandelt er nicht anders als seine Wäsche im Schrank – er schmückt sich damit, überlässt aber die Pflege anderen: „Profis, versteht sich!" Bei all dem ist Stefan nie geizig. Alles, was zu diesem seinem Leben gehört, honoriert er ohne jegliches klagende Wort. „Leben und leben lassen!", war sein Leitspruch, der mir gefiel.

Und der für mich auch die Faszination an Stefan ausmachte, denn dadurch war Stefan in der Lage, sich auf allen Ebenen des menschlichen Daseins zu bewegen – und tat es auch. Obgleich er sich

äußerlich nie veränderte, fiel er nirgends unpassend auf. Konnte sich gleichermaßen sowohl in der Oberschicht als auch in der Unterschicht perfekt bewegen. War überall sofort zu Haus. Aber Stefan war nicht reich geboren. Alles, was er besaß, war im Laufe der Jahre erworben. Und hieran erkrankte er bisweilen stark, was sich gut an seinem fast manischen Eifer erkennen ließ, wenn es darum ging, abzusichern, was er eben erworben hatte. Die Vorstellung, wieder arm sein zu können – keinen Namen, kein Prestige, keine Lobby mehr zu besitzen –, trieb Stefan um, machte ihm Angst.
„Nein, dem Leben traue ich nicht!", vertraute er mir eines Vollmondabends an, nachdem ich ihn davon abgehalten hatte, im Schlaf mit der Faust durch das geschlossene Fenster zu schlagen. „Schon morgen kann alles vorbei sein – kann ich wieder bettelarm sein!"
„Ja!", pflichtete ich ihm bei, war ich doch das perfekte Beispiel hierfür, wie ich ehrlichen Herzens in jenem Moment empfand.

Aber genau besehen war es nicht das Leben, dem Stefan da nicht vertraute, sondern er traute der Branche nicht, in der er sein Geld zu verdienen pflegte. Oder noch genauer, der Art und Weise, durch die er in ihr zu immer mehr Reichtum gelangte. Denn Stefan besaß, ähnlich wie ich – nur sich dessen noch vollkommen unbewusst –, zu allem noch den von innen her absolut zwingenden Anspruch, nicht nur äußerlich als integer zu gelten, sondern auch wahrhaftig ganz und gar integer zu sein. Wahrhaftige Integrität aber geht nicht konform mit Handel jeglicher Art noch Form. So auch nicht mit dem Verkauf von Immobilienfonds. Integrität und Verkauf schließen einander aus, das spürte Stefan instinktiv. Und das machte seine nächtlichen Träume aus. Indes auch meine Träume, wie ich eines Tages klar empfand und gerade durch Stefan deutlich erkannte, als ich an ihm nun auch mein eigenes Tun hinterfragte:

„Was waren denn jene Dienstleistungen – Numerologie und Gesprächspsychotherapie – die ich da so feilbot, anderes im Vergleich zum Verkauf von Immobilienfonds?! Ist es nicht so, dass jegliche Form von Dienstleistung im Grunde auch nichts anderes ist als dies: ein Dienst, für dessen Inanspruchnahme der Nächste eine Leistung erbringen muss, so er sie für sich in Anspruch nehmen will?! Ein bloßer Tausch von Ware oder gar bedingungslos liebender Hingabe an den Nächsten – der ja nichts weiter als das Gespräch sucht – findet ja nicht statt. Also ist auch meine Art von Dienstleistung nichts anderes als ein knallhartes Geschäft. Gut verkleidet, dennoch durchweg kalkuliert. Bei dem letztlich nicht einmal mehr das Geschäft selbst, das Zuhören, die Ware ist, sondern der ursprünglich als Tauschmittel gedachte Geldpapierschein sowie harte Münze zur eigentlichen Ware dahinter und somit zum Urgrund aller Handlungen geworden und gemacht ist."

Nein, hier durfte ich mich nicht täuschen, nicht selbst belügen. Hier war eine klare Entscheidung gefragt, das fühlte ich zutiefst. Nicht so sehr für Stefan, viel mehr für mich. Stefan durchlebte diesen Zwiespalt zwischen Gewissensbiss und Begehrlichkeit in Bezug auf das Geld extrem, das war offensichtlich, aber nur so war es mir möglich, darin klar mein eigenes Defizit zu sehen. Jetzt wusste ich, warum ich nicht in der Lage war, einen Preis festzulegen: Beides ging nicht – jedenfalls nicht für mich –, entweder das eine oder das andere: integer sein, also ein reines Herz haben, dafür aber arm an materiellen Gütern sein – oder reich an materiellen Gütern, dafür aber arm an einem friedvollen Herzen sein.

„Weißt du, Herr", schreibe ich denn auch eines Nachts darüber sehr ungläubig, zaudernd und zitternd noch in mein Tagebuch, *„das ist keinesfalls leicht anzuschauen. Schwerer noch, dieses Unvermögen nun auch noch als eine von dir gewollte Tatsache anzuerkennen: Warum darf ich nicht, wie die meisten von uns dürfen?! Die Welt ist voll von Menschen, die nicht den leisesten Anstoß in sich verspüren, selbst ihre Eltern und Kinder noch zu verkaufen, wo es ihnen finanzielle Vorteile bringt. Da wird alles verkauft, was ihnen nicht gehört, indes, was ihnen gehört, sich selbst, dürfen sie behalten, müssen sie nicht hingeben: Warum nicht auch ich? Bin ich weniger wert als diese, dass ich mich ganz hin- und selbst aufgeben muss?! Warum sehe ich, was sie*

nicht sehen? Ich wünschte, du machtest mich wieder blind! Dann bräuchte ich mich nicht zu entscheiden, gehörte wieder dazu und mein Ja und mein Nein wäre weiterhin ein laues Jein ... Und wenn ich darüber stürbe? Ja und!? Was machte das schon! – Ohne Bewusstsein merke ich ja nicht, dass es dich gibt."

Doch im Grunde wusste ich bereits, dass mir alles Jammern nichts nützt. Aus irgendeinem, mir selbst völlig unverständlichen Grund waren mir die Augen geöffnet für das Wesentliche im Leben – und das war und blieb nun einmal das Freisein von aller Anhaftung an die Illusion Besitztum. Mein Unterbewusstsein wusste das, mein Tagesbewusstsein kämpfte noch massiv dagegen an. Besonders dann, wenn es gerade mal wieder „zum Sterben schön war" mit Stefan oder auch Sascha. Was mir dieses Erkennen bestätigte, war zweifelsohne auch die Tatsache, dass ich keinerlei Gewissensbisse dabei verspürte, mit drei Männern gleichzeitig eine Beziehung aufrechtzuerhalten. Im Gegenteil. Ich fühlte mich sehr friedvoll, froh und, ja, auch gänzlich rein. Niemandem hatte ich etwas versprochen. Jeder erhielt, was er wollte – mich –, noch dazu wann er es wollte. Klare Vereinbarungen. Keiner der Beteiligten hatte je einen Bindungs- oder Absolutheitsanspruch an mich gestellt. Stefan setzte, was unser Zusammensein betraf, die gleichen Anforderungen voraus, wie ich sie von Anfang an bei Sascha, als absolutes Muss, voraussetzte: keine Fragen, einfach Sein.

Und genauso stellte sich automatisch auch der dritte im Bunde im gegenseitigen Einvernehmen ein. Und selbst wenn ich gewollt hätte, Tatsache war: Über ein volles Jahr hinweg wollte keiner der drei wahrhaftig eine Bindung mit mir eingehen. Wie viele Frauen wären angesichts dieser Tatsache wohl nicht herb enttäuscht gewesen?! Wie viele hätten mir geraten, alle drei Männer sausenzulassen, weil sie es nicht ernst mit mir meinten?! Für mich aber stellte diese Tatsache den Garanten für meine Herzensfreiheit dar: „Wahrhaft Liebende kann ich nur im Momentanen sein", schrieb ich dazu in mein Tagebuch ein.

Professor Pérez. Er trat ebenso unverhofft in mein Leben ein wie Sascha. An einem Junitag des gleichen Jahres. Gerade eben stand ich noch auf der Treppe des Unieinganges – hin zum Weiterbildungszentrum, um mich für das Folgejahr und Sommersemester als Gasthörerin eintragen zu lassen, da spricht mich eine stark sonore Stimme, dicht hinter mir, an: „Ach, sagen Sie mal, sind Sie nicht zufällig Frau Sommermond?!"
Überrascht wende ich mich um. Der erste Gedanke: „Die Stimme passt so gar nicht zu dem Rest der Person!?" Hell und ausdrucksstark klang die Stimme, der Körper dazu ist klein, knochig, mindestens über sechzig und durchweg dunkel – nicht die Hautfarbe, sondern das Wesen: „Ja", erwidere ich gedehnt, „bin ich tatsächlich – zufällig!" Dann lache ich den

Mann vor mir an und der zurück.
Und da blitzt Verschmitztheit auf in dem dunklen Gesicht – mich durchzuckend berührend. Indes nicht angenehm, sondern fies. Denn schon ohne Lächeln wirkte dieses Gesicht – mit seinen dick bauschig behaarten Augenbrauen, deren Enden zu Zwirbeln gedreht sind, und den kleinen, flink huschenden Augen darunter – mir unheimlich, jetzt gleicht es stark jenem hinterlistigen Teufel mit den drei goldenen Haaren aus Nanas Märchenbuch. Während ich noch überlege, ob ich mich nun vor diesem Mann in Acht nehmen soll oder über mein Fühlen einfach hinweggehe, zieht der einen brauntonigen Flyer im DIN-A5-Format aus seiner Aktentasche und wedelt mir nun damit vor der Nase herum:
„Das sind doch Sie – oder etwa nicht?!"
„Herrje, tatsächlich!", durchzuckt es mich wieder. Es ist mir unendlich peinlich, mein Gesicht auf diesem glänzenden Papier zu sehen, aber es ist nun mal meines, also nicke ich – betreten, weil ich nicht weiß, was als Nächstes kommt. Die Art und der Tonfall des Mannes verheißen mir nichts Gutes.
„Ich versuche schon seit Monaten, Sie zu erreichen – diese Telefonnummer hat wohl einen Zahlendreher, ja?! …"
Er zeigt mit dem Finger auf die Nummer. Richtig, schon auf den ersten Blick erkenne ich es: Da sind zwei Zahlen vertauscht! Aber weder mir noch Steve noch der Druckerei war der Zahlendreher aufgefallen. Kein Wunder also, dass niemand anrief, das

Geschäft nicht anlief.

„Wissen Sie, ich glaube ja nicht an Zufälle", unterbricht der Mann meinen Gedankenfluss, „aber ich habe immer gewusst, dass ich Sie irgendwo treffen werde."

„Aha! Und wozu?", werfe ich schnippisch ein, denn so langsam geht mir der Mann auf die Nerven.

„Ja richtig, ich stell mich erst mal vor ..."

Das Vorstellen geschieht in aller Ausführlichkeit. Nun aber nicht mehr auf der Treppe des Unigebäudes stehend, sondern sitzend in einem kleinen Café, unweit der Uni:

„Ich bin Professor Pérez", stellt er sich vor, „sehr früh schon habe ich habilitiert, bekam mit dreißig den Professor anerkannt, seitdem lebe ich in Deutschland."

Mehr schlecht als recht glücklich wohl, wie ich aus seinem weiteren Lebenslauf entnehmen kann. Ja, er hat einen Lehrstuhl an der Uni inne, aber nicht um Geld zu verdienen – er lebt sehr gut aus den Erträgen seiner zahlreichen Immobilien –, hat viele Bekannte, aber kaum Freunde. Was er sehr bedauert, wie er mir gesteht: „Die Einsamkeit erdrückt mich. Es ist die ewige Suche, wissen Sie, die mir zu schaffen macht." Deshalb hat er mich auch kontaktieren wollen. Mit der Bitte, ihm einen Hausbesuch abzustatten: „Naja, ich habe einen Ruf zu verlieren!", rechtfertigt er vor mir diese ungewöhnliche Bitte, als ich ihm erkläre, dass ich keine Medizinerin bin und Hausbesuche allein von daher schon schlichtweg für mich nicht infrage kommen.

Doch alles, was ich einwende, interessiert den Herrn Professor nicht. Er lässt sich nicht abweisen, scheint ein klares Ziel zu verfolgen. Eines, das mir nicht bekannt, aber doch irgendwie ganz präsent ist: Ich kann es fühlen, fast körperlich spüren, aber verständlich ergreifen kann ich es nicht. Also sage ich indirekt Ja zu dem, was der Professor sich da verspricht, als ich ihm nun doch einen Gesprächstermin in seinem Haus zusage. Obgleich ich genau fühle, dass am Ende Enttäuschung für ihn stehen wird, er nicht erhalten wird noch kann von mir, was auch immer er sich da erhofft.

An jenem Abend trage ich in mein Tagebuch ein: *"Warum habe ich zugestimmt? Diesem fadenscheinigen Professor den Hausbesuch bestätigt? Ich weiß es nicht! Es war wieder dieses Nicht-anders-Können! Jene numinose Kraft, die mich an sich zieht und zuweilen machtvoll vorwärts drängt, Dinge zu tun, die wider alle Vernunft erscheinen. Aber was ist Vernunft? Verstand oder empirisches Wissen gegenüber der Macht des Namenlosen? Nichts! Vernunft schrumpft zum kleinsten Samenkorn dort, wo sie sich dem Willen des Allerhöchsten unterordnen muss. Dass es dem Professor weder um ein numerologisches Psychogramm noch um ein gesprächstherapeutisches Gespräch geht ist klar, schließlich hat er nicht eine einzige Frage dazu gestellt – eher hat er sich wohl in ein Gedankenbild meiner Person verliebt, hervorgerufen durch das Foto auf dem Flyer. Welches heute für ihn lebendig geworden ist ..., und nun geht es wohl darum, dieses erdachte Hirngespinst nach seinen Vorstellungen zu manifestieren. Genau das machte stets mein Unbehagen aus bei dieser so groß angelegten Konterfei-Werbung. Weiß der Himmel, was da alles reinprojiziert oder -interpretiert wird! Im Grunde bin ich froh über den Zahlendreher, und ganz sicher werde ich ihn nicht berichtigen. Schon gleich gar nicht jetzt, wo ich grundsätzlich schon am Zweifeln bin über die Integrität meines neu erworbenen Handwerks ... So ich könnte, würde ich alle Flyer wieder einsammeln, alle Werbung rückgängig machen! Aber dazu ist es nun zu spät. Also werde ich mich dem stellen ... Hab ich nicht damals, als ich den Titel einer Lebensberaterin erwarb, mir geschworen, dass ich selbst den Teufel nicht abweisen werde, so er zu mir kommt?! Sprich, auch diesen therapieren werde, wenn er mich darum bittet – ihn, den Widersacher, den man aus jeder Praxis fortschickt, aus jedem Leben davonjagt, dem niemand zuhören will, geschweige denn hilft?! ... Diese Geschichte von jenem obersten Teufel, der von Therapeut zu Therapeut läuft und um Hilfe bittet, aber keinen findet, der ihn auch nur ansatzweise anhören will – stattdessen nur sich bekreuzigende oder mittels Weihwasser verfluchende*

Therapeuten antrifft –, berührt mich noch immer zutiefst ... Okay, also Juli, was ist los? Da hast du doch deinen Teufel! – Ja, sicher, aber inzwischen bin ich mir nicht mehr so sicher, wer da mit seiner Bitte um Hilfe nun eigentlich wen therapiert: der Therapeut den Teufel oder der Teufel den Therapeuten? Diese Frage hättest du dir eigentlich schon längst anschauen müssen, Juli, das weißt du genau, aber du hast es bewusst nicht getan, nicht wahr?! Denn vor der Antwort graut es dich! ... Okay, okay du hast recht, da war ich wirklich feige – also tue ich es jetzt, ich definiere Teufel und Therapie einmal anders, formuliere die Frage um, in jenen Korpus, der die wahren Hintergründe meines Zweifelns offenbart: Ist der Teufel wahrhaftig ein Feind? Antwort: Der uralten Überlieferung – dem Alten Testament nach – nicht! Demnach ist der Teufel nichts weiter als ein Bote Gottes, ein lichter Engel (‚Lucifer' = Lichtbringer), wie alle anderen auch. Nur eben ein Würgeengel, einer also, der das Licht Gottes – Erkenntnis und/oder neues Bewusstsein – durch Prüfungen an den sprichwörtlichen Mann bringt. Einer, der quasi die ‚Drecksarbeit' tut – den Seelen quer in den Weg tritt, ihnen schwer zu schaffen macht, sie zuweilen in Ketten legt –, ohne das aber selbst als solche zu empfinden. Denn Engel unterscheiden nicht zwischen gut oder böse, hinterfragen den Willen Gottes nicht, erfüllen ihn bedingungslos – so steht es geschrieben und so bezeugt es das Leben ..., und der Wille Gottes ist immer

Ordnung, sprich: Liebe und Schönheit – davon zeugt die Natur. Wenn Gott also den Teufel oder Satan sendet – wie überdeutlich an den biblischen Geschichten: Auszug der Hebräer aus Ägypten und Hiob abzulesen ist (vgl. 2 Mos 2, 1 – 15, 1ff. u. Hiob 1 ff.) –, dann nur, um seinen geliebten Menschen auf den rechten Weg der Liebe, Freude, Fülle, des Friedens und der Gerechtigkeit im Heiligen Geist zu führen. Dass der Teufel in eines jeden Leben existent sein muss und von daher auch ist, Juli, ist also nicht die Frage. Auch nicht, dass er Macht besitzt, dich zu stürzen. Besitzt er aber allgewaltige Macht? Nein! Ganz sicher nicht, denn wäre das so, wäre Gott nicht der Allmächtige. Dann gäbe es nicht universelle Ordnung, sondern herrschte Chaos im Weltenkosmos, ganz so, wie es vor der Erschaffung, beziehungsweise dem Ordnen der Naturkräfte von Feuer, Wasser, Erde und Luft, der Welten stand. Demnach ist der Teufel also nicht nur niemals der Feind des Menschen, Juli, sondern ebenso auch niemals sein Freund! Nicht des Menschen Feind, aber auch nicht des Menschen Freund: Der Teufel ist allein Gottes Freund! Und diese Antwort, Juli, macht dir höllische Angst, nicht wahr?! Denn wenn der Teufel nicht dein Feind, sondern allein Gottes Freund ist – dessen liebende Zuchtrute für dich –, dann kannst du ihn dir auch nicht zum Feind wählen, ohne gleichzeitig auch Gott selbst dazu zu ernennen. Praktisch heißt das: Schützt du dich vor dem Würgegriff des Teufels, schützt du dich vor Gott, oder anders, stellst du dich gegen den Teufel, kämpfst du gegen Gott. Viel schlimmer aber noch für dich ist es, Juli: Ohne ein personifiziertes dir Unheil wollendes Teufelsbildnis gibt es kein Feindbild mehr für dich! Kannst du deine Unzulänglichkeiten nicht länger mehr verstecken hinter einem imaginären Bösewicht außerhalb deiner selbst – denn da ist dann niemand mehr, Juli, der dir schadet, außer dir selbst. Und das ist dann schließlich jene ganze Wahrheit, welche für dein Ego nur schwer anzunehmen ist, die du nun aber nicht nur annehmen, sondern gar noch frei liebend anerkennen muss ... Holdrio! Also dann – das wird ein ganzes Stück Arbeit ...".

Zu dem vereinbarten Termin treffe ich niemanden an. Nur eine Nachricht hängt an einem Baum neben des Professors Gartenzaun: „Bitte rufen Sie mich an!"
Noch einmal habe ich also die Gelegenheit, mich gegen das Leben zu entscheiden mit seiner hundertprozentig flügelstutzenden Erfahrung für mich, denn der Professor hat weder Adresse noch Telefonnummer von mir. Und er war nicht da! Ich habe also eine gute Gelegenheit, mich sauber aus dieser mir unliebsamen Angelegenheit herauszuziehen. Doch so sehr ich mich auch bemühe, es gelingt mir nicht. Wie ferngesteuert greife ich am Abend zum Telefon, sehe meine Finger die Nummer des Professors wählen und höre schließlich auf seine

Entschuldigungen hin meine Stimme süßlich klingen: „Ja, nicht so schlimm – bis gleich dann!"
Keine Stunde später bietet mir der Professor Sekt und Kaviar an, spreche ich ihn schon mit seinem Vornamen „Carlos" an. Carlos tastet nicht lange. Seine Zunge ist ebenso flink wie seine Augen und seine Worte sind sehr geschliffen, zuweilen schneidend wie ein Schwert. Schnell kommt er auf den Punkt, stellt den Fokus seines Anliegens eindeutig klar: „Ich will dir ein Geschäft vorschlagen!"
Es ist wahr, er hat sich in das Bild verliebt, ist sich aber – wenn auch schmerzlich – doch auch seines Alters, Aussehens und „jähzornigen Charakters", wie seine Studenten wohl einmütig sagen, durchaus bewusst –
„... aber ich habe Geld, und damit kann ich helfen! Und du brauchst ja wohl dringend Hilfe, das ist eindeutig, Juli – hättest du sonst diese Flyer nötig?!"
Mit einem Schlag fühle ich mich so klein wie eine Feldmaus: Meine Füße erreichen den Boden nicht mehr, der Kaviar ist mir nun zu groß und zu schwarz, der Sekt hat seinen prickelnden Anreiz verloren – schal ist die Zunge und flau ist's mir nun im Magen: *„ ... welch eine Frechheit! ... Was erlaubt sich dieser Mann!?"*

Es dauert, bis ich mich wieder gesammelt habe. Was Carlos sichtlich genießt. Frech grinst er mir ins Gesicht. Einerseits stehe ich kurz davor, ihm eine Ohrfeige zu verpassen und dann zu verschwinden.

Andererseits ist da aber auch ein Gefühl freudigen Erfassens in mir. Denn so grobschlächtig diese Worte auch waren, die mich da eben getroffen haben, sie trafen mich nur, „... *weil sie wahr sind, Juli, anderenfalls hätten sie dich nicht treffen können*", so geht es mir urplötzlich auf.

Der Kampf, den ich da gerade kämpfe, findet also gar nicht im Außen, nicht zwischen Carlos und mir, sondern ganz allein in mir statt. Es ist der Kampf zwischen einem verletzten Ego und der ewigen Bewusstheit meiner Seele, die definitiv weiß, dass nur der Mut zur Demut sie erlösen kann. Und dies erst einmal erkannt, finde ich mich augenblicklich auch wieder in die Lage versetzt, mir meine Hilfebedürftigkeit einzugestehen, erhalte somit auch meine normale Größe zurück: Meine Füße spüren den Boden wieder, Flauheit wandelt sich in Tatkraft. Vollkommen ruhig kann ich Carlos nun in die Augen sehen: „Okay, verstehe – und weiter?"
Ohne Umschweife fährt Carlos fort: „Ist doch ganz einfach, Juli, ich helfe dir aus deinen finanziellen Schwierigkeiten und du mir aus meiner Einsamkeit."
Nun muss ich lachen: „Ah, ich soll mich prostituieren?"
Jetzt ist es Carlos, der sauer reagiert. „... dummes Ding!", poltert er los, dabei wütend mit den Armen die Luft durchfahrend. „Was du da Prostitution nennst, findet in jeder Ehe statt! Das meine ich aber nicht – das kann ich schließlich jederzeit haben!"

„So?!", frage ich ehrlich erstaunt zurück, ohne mich jedoch von Carlos' Poltern einschüchtern zu lassen. „Was meinst du denn dann? Also ich hätt' schon gern gewusst, worauf ich mich da einlassen soll – deiner Meinung nach!?"
Carlos versucht es mir zu erklären, letztlich aber verstehe ich ihn nicht. Erkenne keinen Unterschied zwischen jener Ehefrauenprostitution oder Prostitution im engeren Sinne überhaupt und seiner Version eines sich nach bezahlten Liebesdiensten sehnenden Menschen, der eine bedingungslose Liebe für sich und den Rest der Welt schon von vornherein für „nicht existent hält", indem er felsenfest behauptet, dass „schon allein vom Schöpfungscharakter her bedingungslose Liebe eine reine Fiktion ist. Wobei der Schöpfer selbst", so es ihn überhaupt gibt, was Carlos ebenso ernsthaft bezweifelt, „im Übrigen mindestens nur ein verwirrter alter Mann sein kann, dem bei der Erschaffung der Welt eindeutig ein Fehler unterlaufen ist."
„Ist das so?", frage ich fassungslos.
„Ja!", schießt Carlos scharf zurück. „Da die Krone der ganzen Schöpfung – der Mensch, oder du, wie auch ich, Juli! – nicht wahrhaft frei ist, über sein Leben selbst zu bestimmen."
Also, wenn das nicht diabolisch ist, denke ich mehr als einmal bei mir.
Als wir nach drei weiteren Stunden des Lamentierens noch immer nicht übereingekommen sind, frage ich Carlos rundheraus: „Okay, dann sag mir

jetzt einfach, was du konkret willst. Was erwartest du von mir für deine Hilfe?!"
„Deine Füße!", kommt es prompt aus Carlos' Mund.
„Meine Füße?", frage ich gedehnt, aber nicht wirklich überrascht zurück. Im Grunde habe ich solches schon vermutet, denn vom ersten Augenblick an hat Carlos unziemlich oft auf meine „zarten Füße in den schönen Sandalen" hingewiesen.
„Ja!", bestätigt Carlos. „Und wenn wir an diesem Tisch sitzen, hätte ich deine Füße dabei gern auf meinem Schoß, damit ich sie alle Zeit halten kann, wenn mir danach ist …, und du sollst sie dann nicht waschen – lass sie so, wie sie gerade sind!"
Carlos hält inne, schaut mich abwartend an, indes ich in mich hineinlausche: „Ist mir dieser Preis zu hoch? Zu abartig unangenehm, um ihn zu zahlen?"
Ja und nein, befinde ich. Unangenehm des „nicht Waschens" wegen und abartig der Kauzigkeit wegen, die mir dieses Begehren über seinen Besitzer verrät: Ein handfester Fußfetischist! Dann aber auch: Na und!? Hab ich nicht schon ganz anderes gesehen?! Ja, hab ich! Und genau besehen ist es letztlich doch wieder eine willkommene Gelegenheit, ja große Chance für mich, über den eigenen Schatten zu springen. Also nicke ich gefasst.
Woraufhin Carlos erleichtert fortfährt: „Dann musst du mich noch ab und zu begleiten oder mal von der Uni abholen."
„Das ist alles?", frage ich ungläubig nach.

„Ja, das ist alles! Aber natürlich kannst du, wenn du willst, auch gern bei mir übernachten – hierin bleibst du frei!"
Herrje, jetzt tut mir Carlos fast leid. Denn ich weiß, ich werde ihm all das geben, wonach es ihn bei diesem Geschäft verlangt – und doch bekommt er am Ende nichts für sein Geld! Es ist nicht Herz noch die Seele, nicht freie Hingabe, welche mich auf diesen Deal eingehen lässt, sondern einzig die Aussicht auf Schuldenfreiheit. Und obwohl Carlos das weiß und dies auch ganz bewusst nicht anders haben will, komme ich mir bei all dem nun stets in der Folge doch auch noch immer ein wenig wie eine Vertragsbrüchige vor: einer Lügnerin gleich.

Carlos fordert mich unbewusst dazu heraus, eine Seite in mir lebendig anzuerkennen, die ich bis dato immer geleugnet habe und ewig wohl weiter geleugnet hätte, so er sie nicht für mich ans Licht gebracht hätte: eben doch nicht nur – wie bei Sascha und Stefan – eine frei Liebende, sondern durchaus, so es darauf ankam, auch eine berechnende Hetäre zu sein. Wie ein Schulmädchen sehe ich mich nun oft auf Carlos' Schoss sitzen, schmierig heuchelnd so lange, bis endlich das Jawort für das gerade Ersehnte von ihm gegeben ist. Bleibt es indes aus, dann entziehe ich ihm einfach meine Aufmerksamkeit, vor allem aber meine Füße, und bald ist er wieder lammfromm und bereit, die Geldbörse zu öffnen. Die Aussicht auf Schuldenfreiheit macht mich zuweilen sehr ungeduldig und somit fahrig Carlos gegenüber. Schließlich kann ich mir nie sicher sein, ob nicht am Ende doch ich die Betrogene sein werde. Aber da tue ich Carlos unrecht. Er hält sich an die Abmachung: „Geschäft ist Geschäft – reine Ehrensache!", so bestätigt er mir. Und schon nach vierzehn Tagen verlangt er all meine Bankunterlagen. Sieht sie durch, rechnet und verhandelt mit den Banken, und ehe ich mich versehe, sind innerhalb von drei Monaten alle meine Kredite getilgt.

An jenem Abend des Tages der letzten Ablöseverhandlung feiere ich tüchtig. Aber nicht mit Carlos, sondern mit Stefan, der genau wie Sascha weder von meinen Schulden noch von Carlos und meinem Deal mit ihm die leiseste Ahnung hat. Im frühen Morgengrauen schreibe ich in mein Tagebuch: *„Endlich Schuldenfrei!!! Danke Carlos! Okay, es war schon ziemlich hart, jedes Mal als stumme, kleine, dumme Göre mit am Verhandlungstisch sitzen zu müssen, während du den bedingungslos großherzigen Retter mimtest: mir vor den Leuten über den Mund fuhrst, mich beschämtest, indem du mich einfach rausschicktest oder am Ende noch auslachtest vor dieser schnippischen Bankerin, weil ich diesen Fachausdruck nicht kannte. Aber siehe, ich bin nicht gestorben daran! Wohl im Gegenteil, denn wie hat Stefan vorhin ausgerufen: ‚Hey, Juli, hab ich da was verpasst? So strahlend hab ich dich ja noch nie erlebt!' Ja, und deshalb, Carlos, auch* *wenn ich dir das nie persönlich sagen werde, so bin ich überdies doch auch unendlich dankbar für jede Minute mit dir, in der ich, eben all dieser deiner Spleens wegen, oft über meterhohe Grenzen hinwegspringen musste. Du wolltest ein Geschäft und wir haben uns beide an die Vereinbarungen gehalten – meine Füße, Carlos, nie hätte ich gedacht, dass mir dein Begehren danach und Knabbern daran so rein gar nichts ausmachen würde. Aber auch nicht, wie schwer es mir fallen würde – immer wieder neu –, dich zu begleiten. Die spöttisch-arroganten Blicke deiner Kollegen oder auch ‚lieber alter Bekannter' im Nacken zu spüren, die alle das Gleiche signalisierten: ‚Na, hält er dich auch gut aus? Wenn nicht, wie wäre es dann mit mir?' Oder das Getuschel deiner Studenten, gleich ob in der Uni oder in deinem Haus: ‚Die könnte doch seine Tochter sein! Wie hält die den nur aus?!' ... Ja, das hab auch ich mich oft gefragt, Carlos, vor allem wenn du mal wieder, wo auch immer wir uns gerade befanden, aus heiterem Himmel einfach lospoltertest. Mich lauthals beschimpftest und dich schließlich noch bei mir beschwertest, ich würde dich nicht verstehen. Nein, Carlos, ich habe dich nie verstanden und ich verstehe dich auch jetzt nicht. Aber weißt du was? Immer wieder von Neuem war mir bei all dem doch auch nie entgangen, dass ich dich auch gar nicht zu verstehen brauche. Du wolltest das Geschäft! Und so, wie du es wolltest, hast du es auch bekommen. Im Grunde sind wir jetzt quitt,*

geht mir gerade auf. Vielleicht war es nicht gerade schlau von dir, Carlos, so schnell deinen Anteil am Geschäft zu erfüllen, ein Zeitplan war ja nie vereinbart! ...
Es gibt da nur einen kleinen Wermutstropfen für mich, dass ich Bennis Kreditanteil nicht habe mit ablösen können. Die Verhandlungen um die Ablösung seines Anteils verliefen nicht nur zäh, sondern blieben schließlich auch gänzlich erfolglos. Die Bank hat inzwischen den Vorgang an ein Inkassoinstitut abgegeben, und das beharrt nun starrköpfig darauf, die Restsumme bei Benni in voller Höhe einzutreiben, statt die von Carlos gebotenen sage und schreibe zwanzigtausend Mark als Ablösesumme anzunehmen. Das ärgert mich zutiefst, kann ich aber nicht ändern. Also lasse ich jetzt los und freue mich an dem, was ich habe, beziehungsweise: genommen bekam – geistig wie materiell. ‚Die Zeit heilt alle Wunden, auch jene, die nie geschlossen werden – so dies nicht vorsätzlich geschah‘, steht auf dem heutigen Kalenderblatt. Daran will ich jetzt glauben! Und gleich auch offen weiterschauen, wie es nun ohne Geldsorgen für mich weitergeht ..."

Das geht ganz eigentümlich, das heißt, mal wieder so ganz anders als je von meinem Verstand erdacht. Wie mir Carlos tags darauf gesteht, ist auch ihm in der Nacht „urplötzlich aufgegangen, dass es nun keinen zwingenden Grund mehr für dich gibt, dir

deine Füße von mir küssen zu lassen".
„Richtig!", lache ich Carlos gelöst durch das Telefon an, während er in ernstem Ton fortfährt: „Du solltest aber doch noch einmal vorbeikommen, ich glaube ich habe da was, das dich ernstlich interessieren dürfte!"
„So, so mein Lieber", gebe ich gekonnt kokett zurück, „willst du mich etwa wieder kaufen?"
Eine Antwort erwarte ich nicht. So unendlich froh bin ich darüber, durch nichts mehr an Carlos gebunden zu sein. Vorsicht ist nicht mehr en vogue für mich. Es fühlt sich so unsagbar schön an, einem Menschen ganz offen begegnen zu können – und das ist auch alles, was ich im Moment gerade fühlen will, mehr nicht. Und aus dieser reinen Freude heraus gebe ich seiner Bitte schließlich ohne Zögern nach, spreche ich die Antwort auf sein Bitten beschwingt in die Sprachmuschel: „Okay, bis heute Abend dann – das hältst du doch noch aus, oder?!", und freue mich tatsächlich auch – nun zum allerersten Mal, seit wir uns kennen – richtig auf ihn.

Carlos empfängt mich mit gewichtiger Mine.
Unsere Umarmung fällt heute wärmer und länger aus als sonst. Auf dem Couchtisch vor meinem angestammten Platz liegt eine flache DIN-A4-Schachtel. Fein in Seidenpapier und Schleifen eingehüllt. Belustigt schaue ich darauf, zwinkere Carlos zu: „Ah, die Sache, die mich so brennend interessieren wird – ja?!"

Carlos wirkt verlegen: „Nein, nur ein kleines Geschenk für dich – kannst du später noch auspacken – wenn du bleibst … Du bleibst doch, ja?!"
Innerlich muss ich schmunzeln – „… wenn du bleibst …", das war so typisch für Carlos, „… wenn ich nicht bleibe, dann auch kein Geschenk. Kann irgendwer berechnender sein als dieser Mann?", amüsiere ich mich sehr, also frage ich nur nach: „Wie lange?"
Die Antwort folgt prompt: „Über Nacht!"

Mir ist viel zu wohlig, als dass ich Carlos heute eine Bitte abschlagen könnte. Ihm nicht und wohl auch jedem andern nicht, der mich heute um eine Nacht mit mir gebeten hätte. Aber das merkt Carlos nicht, und so glaubt er, es sei um seiner vermeintlichen Großartigkeit wegen oder es sei gar doch Zuneigung, die mich bleiben lässt. Er benimmt sich wie ein Gockel. Beschließt sogleich, den Abend mit mir im Bett zu verbringen, obgleich er mich zuvor noch „nobel ausführen" wollte. Also bringt der Lieferservice die Austern, der Sekt steht eh im Kühlraum. Wie immer: perfektes Ambiente, Szenerie wie aus dem schönsten Liebesfilm – nur der Hauptdarsteller passt nicht ganz in Dreh und Rolle rein. Das Geschenk ist ein blauseidenes, langes Negligé, welches jedoch „das Haus nicht verlassen darf", wie Carlos sofort auch bestimmt – nur für ihn darf ich es tragen. Aber auch dieser Anspruch stört mich heute nicht, auf alles lasse ich mich ein, auch auf das

stundenlange Streicheln meiner Füße, die hinterher blitzblank sind. Und gerade bin ich innerlich sehr am Danken, für diesen gelungenen Abend, da eröffnet mir Carlos unverhofft: „Juli, ich hätte gern ein eigenes Kind!"
Das halte ich durchweg für einen Scherz, also antworte ich auch dementsprechend:
„Ja, Carlos, das ist schön, aber nicht von mir, gell!?"
Doch Carlos ist es offenbar ernst damit, stoisch spricht er weiter:
„Verstehe – ich bin dir zu alt. Aber würdest du vielleicht den Rest meiner Tage in meiner Nähe bleiben? Weißt du, sehr alt werde ich ja bestimmt nicht – keiner in meiner Familie hat die achtzig überschritten …"
„Carlos – du wirst erst siebzig!", werfe ich scharf ein in dem kläglichen Versuch, dieses mir unangenehme Gespräch damit zu beenden. Aber dieser Einwurf scheint Carlos jetzt erst richtig anzufeuern, vollen Eifers spricht er weiter:
„Ich richte dir die Wohnung hier im Parterre ein und gleich daneben einen Praxisraum – dann heirate ich dich und als junge Witwe hättest du dann dein Leben lang ausgesorgt …"
Mit einem Schlag bin ich wieder hellwach, ist das wohlige Gefühl verschwunden, als wäre es nie dagewesen.
„Halt mal, stopp, stopp!", weise ich Carlos nun jäh zurück. „Ist das etwa die Sache, die mich

interessieren sollte? – Mich wieder zu binden an dich, über dein Geld?!" Empört schnappe ich einmal nach Luft, blicke ihm dabei frontal ins Gesicht, das mir jetzt wieder maßlos dunkel erscheint. „Also wirklich, Carlos, glaubst du wirklich, dass ich mich auf so ein Geschäft einlasse? Vergiss es!"
Nun wird auch Carlos wieder schroff, Ablehnung kann er nicht vertragen: „Dumme Pute!", wettert er wie üblich los. „Was regst du dich so auf?! In unseren Kreisen ist das durchaus üblich so!"
„Ja, ich weiß!", gebe ich postwendend nun ebenso giftig zurück. „Aber ich gehöre nun einmal nicht zu euren Kreisen, Carlos! Weder vom Titel noch vom Geld her, wie du genau weißt! Aber eben – und das scheint dir permanent dabei zu entgehen – auch nicht als eure Bedienstete. Ist das so schwer zu verstehen?", frage ich aufgebracht nach, ohne jedoch eine Antwort zu erwarten. „Den Deal mit dir bin ich einzig eingegangen, um wieder frei zu sein! Verstehst du? Heute kam ich das erste Mal als Freie zu dir, und alles, was dir dazu einfällt, ist: ‚Mach dich wieder zu meiner Sklavin, Juli!' … Nein danke, Carlos – so funktioniert das nicht, absolut nicht!"

Carlos schweigt betreten, sitzt da wie ein Häufchen Elend und fast tut er mir schon wieder leid, fange ich an zu zweifeln – vielleicht hat Carlos ja recht und Bindung an die Materie ist des Lebens einziger Sinn? –, aber da fällt mein Blick wie zufällig auf das Buchcover auf Carlos' Lesepult. Im Mittelpunkt darauf ein weit ausschreitendes, kleines schwarzes Männlein, eingekesselt von zwei übermächtig großen Händen – abgehalten oder abgeschirmt? Und wenn diese Zeichnung mich schon zutiefst berührt, so nun das Wort des Titels darunter gleich noch mehr: „Co-Abhängigkeit"! Sämtliche Zweifel sind auf einen Schlag verschwunden: Nein! Nie wieder werde ich mich mehr in eine Co-Abhängigkeit bringen lassen, so viel steht fest, nie wieder in meinem Leben – jedenfalls nicht freiwillig noch bewusst!

Carlos war wohl meinen Blicken gefolgt, konnte aber natürlich meine Gedanken nicht fassen. Unsicher erklärt er mir: „Ein Geschenk von einem meiner Studenten – ich habe es noch nicht gelesen, wenn du magst, kannst du es gerne mitnehmen."
Da ist das Eis wieder gebrochen. Sanft gebe ich zurück: „Nein danke, es hat schon zu mir gesprochen …"
Dann verschwinde ich im Bad, als ich zurückkomme, schläft Carlos tief und fest. Auf leisen Sohlen schleiche ich mich zum Schreibtisch hinüber, male einen dicken gelben Smiley auf ein Blatt Papier und hänge ihn an die Badezimmertür. Dann stehle ich mich davon, unendlich erleichtert, raus aus diesem großen schönen Haus: *„Ja, Carlos – als arme Maus, aber doch so froh, so glücklich, so frei!"*, denke ich dabei.

Der nächste Tag war ein Freitag. Da hieß es für

mich, morgens früh um fünf aufstehen, um spätestens um sechs auf dem Wochenmarkt zu sein. Standware aufbauen. Handgefertigten Schmuck, den ich im Auftrag des Künstlers dann von acht bis zwei Uhr nachmittags zu verkaufen hatte. Diesen Schmuck zu verkaufen bereitete mir große Freude, von daher war das Markttreiben auch nicht anstrengend für mich, die Stunden vergingen wie im Flug. Gegen drei am Nachmittag war ich dann stets wieder daheim. Hatte ein oder zwei Klienten noch danach, dann hatte ich frei. Zumeist zog ich dann den Stecker aus dem Telefon, hielt meine Meditationsübungen, las anschließend, schrieb ein wenig oder war mit einem der Männer – zumeist Stefan – verabredet. Ab diesem Freitag jedoch sollte nun alles wieder anders werden.
Als ich um drei nach Hause komme, finde ich keine Klientin vor. Dafür steht Carlos vor der Eingangstür.
„Was machst du denn hier?", frage ich überrascht.
„Du weißt doch, ich habe freitags immer Frau Lindemann ..."
„Ach so – nee, die hab ich grad nach Haus' geschickt!"
„Du hast was?", schieße ich los.
Carlos grinst: „Sie war so sehr erkältet – und dachte, ich wäre als ein Klient von dir noch vor ihr dran. Da hab ich sie in dem Glauben gelassen und ihr erklärt, dass du ganz sicher nicht böse bist, wenn sie heute lieber im eigenen Bett liegt als auf deiner Couch ...

Weißt du, eigentlich so, wie sie es bestimmt ja auch wollte."
Entwaffnend blinzelt Carlos mich an. *"Einfach unglaublich"*, denke ich bei mir, *"dieses kleine hinterhältige Teufelchen!"* Aber irgendwie ist es dann auch schon wieder so schräg, dass ich es irgendwo in mir schon wieder gut finden kann. In der Wohnung angekommen, bestätigt mir Frau Lindemann Carlos' Aussagen auf dem Anrufbeantworter. Sie klingt tatsächlich sehr verschnupft.
Währenddessen liegt nun Carlos auf der Couch – die Lederschuhe fein säuberlich davor gestellt, exakt Spitze an Spitze –, die schwarzbestrumpften Füße ragen dabei mager zur Decke empor, an beiden Fußballen ist ein kleines Loch zu sehen. Dieses Bild ist mir so komisch, dass ich nicht anders kann: Fast schmerzliches Lachen bricht sich durch meinen Stimmkanal Bahn und steckt schließlich auch Carlos an. Eine kleine Ewigkeit, so scheint es mir, lachen und lachen wir – dann ist es urplötzlich auch wieder ganz still. Wenige Minuten später sagt mir Carlos nun, von der Couch aus und in diese Stille hinein, was er diesmal von mir will.

Also, er hat nachgedacht und gibt mir durchweg recht. Er hat mich frei gemacht und frei sollte ich auch bleiben. Aber es ist allemal besser, so versichert er mir, „reich zu sein und den Arm ab zu haben, als umgekehrt". Daher wird er mich jetzt protegieren. Nein, ich solle keine Angst haben, er

wird mich nicht kaufen, sondern nur fördern. Auch brauche ich nicht bei ihm ins Haus einziehen, aber in meiner Wohnung solle ich auch nicht mehr bleiben, so rät Carlos mir: „Du brauchst eine gute Adresse – zum Wohnen und zum Arbeiten! Alles, was du dafür brauchst, strecke ich dir vor."
Auf meinen Einwand hin, dass ich dann wieder Schulden hätte, folgt eine simple Rechnung: „Ja, mag sein, aber nur für kurze Zeit! Du steigst in mein Immobiliengeschäft mit ein, suchst für mich Mehrfamilienhäuser nach ganz bestimmten Kriterien aus und kommt es zum Kauf, erhältst du von mir fünf Prozent aus der Nettoverkaufssumme – die bekommt sonst keiner!"
Das klingt gut, gestehe ich mir innerlich ein, während ich im Außen doch lieber noch schweige. Ganz wach – auf den sprichwörtlichen Haken wartend. Aber so sehr ich auch wache, ich erkenne keinen Haken. Alles, was Carlos da vorschlägt, klingt plausibel und durchaus machbar – auch für mich. Denn ich suchte ja für ihn nur, was er auch tatsächlich haben wollte, hätte aber ansonsten mit den Immobiliengeschäften selbst nichts zu tun. Und so fällt es mir tatsächlich auch nicht einmal schwer, spontan einzuschlagen, als Carlos mir gegen Ende seiner Ausführungen quasi die Pistole auf die Brust setzt: „… aber entscheiden musst du dich gleich! Ich hab da schon die Wohnung für dich, die Vermieterin erwartet uns um sieben vor ihrem Haus."

Dann geht alles sehr schnell. Die Wohnung ist ein Traum! Wirkt wie eine Droge auf mich. Eine Maisonette-Wohnung, mitten im Grünen. Riesige Fenster, offene Wohnküche, umgeben von vierzig Quadratmetern Wohnraum, mit Gästebad und WC im unteren Bereich. Der Boden groß gekachelt, in cremeweiß gehalten.

Oben auf der Galerie ein weiteres Bad, daneben ein kleines Arbeitszimmer, dickflauschig rosafarbener Bodenbelag und noch einmal zwanzig Quadratmeter zum Schlafen wie zum Wohnen. Da stehe ich, schaue und staune: natürlich – kein Vergleich zum sozialen Wohnungsbau! Befinde mich im Rausch der Begehrlichkeit. Hab das Gefühl, unter einer Glasglocke zu stehen. Worte und Gesten kommen nicht mehr klar an, ein scheinbarer Wattebausch hindert sie offenbar daran. Reagiere nur noch. Unterschreibe den Mietvertrag – mit einer Kündigungsfrist von sechs Monaten, sieben Jahren Option und einer Warmmiete von eintausendachthundert Mark pro Monat –, in dem Carlos als Bürge steht. Nur ganz kurz werde ich doch einmal wach, dringt ein kleines Warnsignal zu mir durch, als ich den Vertrag unterschreibend eben mal in Carlos' Augen schaue: „Jetzt hast du dich doch verkauft!", feixen diese. Ja, erkenne ich stumm, aber das stört mich jetzt nicht. Mein Herz ist hoffnungslos in diese Wohnung vernarrt. Hält die Augen stur verschlossen, aus Angst, der Traum könnte platzen. Ja, nicht nur frei, sondern auch reich dazu, das wollte ich jetzt sein.

Der Traum platzt nicht. Das Alte war tatsächlich vergangen. Er, der auf dem Thron sitzt, sprach mal wieder: „Seht, ich mache alles neu." (Offb 21, 5).Und das noch in einem Tempo, das mich zuweilen nicht nur buchstäblich, sondern auch körperlich oft schwindelig machte. Innerhalb dreier Stunden war ich am folgenden Sonntag darauf aus der Sozialwohnung ausgezogen. Die ich, ohne zu kündigen und so wie sie war, komplett an Benni übergab, den seine plötzliche Krebserkrankung mir kurzfristig wieder in mein Leben sandte. So gingen wir ein Stück seines Weges nochmals gemeinsam. Noch im Krankenhaus liegend, lernte Benni dann eine junge Frau kennen, die ihn nach seiner Entlassung liebevoll weiter pflegte. Bald darauf ist Benni wieder auf den Beinen und der Krebs besiegt. So trennen sich schließlich unsere Wege wieder, diesmal aber in aller Freundschaft.

Alles, was zum alten Leben gehört, lasse ich also zurück. Nehme auch kein einziges Möbelstück mit. Einzig die Bücher, meine inzwischen beachtliche Steinsammlung, die paar wenigen Klienten und schließlich noch Sascha und Stefan. Die erste Woche in der neuen Wohnung verbringe ich noch auf dem Boden schlafend und auch der Praxisbereich ist, bis auf ein zu der Wohnung gehörendes enorm hohes und breites Wandregal, noch gänzlich unmöbliert.

Die ersten Klienten empfange ich in der zum Praxisraum hin offenen Wohnküche, an der freistehenden Küchenbar, die, dem gehobenen Standard der Wohnung gemäß, ganz nobel ja schon eingerichtet war. Viele Stunden verbringe ich jetzt mit Carlos. Zumeist in seinem Haus, wo er mich die Gesetze der Immobilienbranche lehrt. Dann aber auch beim Möbelkaufen. Gekauft wird nun natürlich nicht mehr gut und günstig bei Ikea, sondern exklusiv und teuer, bevorzugt bei „Ligne Roset". Hier sehe ich mich Beträge von ein- bis zehntausend Mark pro Möbelstück zahlen und habe nicht einmal sonderlich Bedenken dabei. Es ist, als hätte ich nie anderes gekannt oder getan. Wenn ich jetzt Kleider oder Kostüme brauche – und die benötige ich jetzt in der Tat sehr viel, da Carlos mich nebenher auch noch in die obere Gesellschaftsschicht einführt –, kaufe ich diese nun nicht mehr von der Stange, sondern lasse sie maßschneidern, in kürzester Zeit. So bin ich bereits innerhalb eines einzigen Monats wieder hochverschuldet. Nicht bei einer Bank, jedoch bei Carlos: mit fünfzigtausend Mark. Einen Monat später bin ich jedoch auch schon wieder aus sämtlichen Schulden heraus, denn die ersten beiden Immobiliengeschäfte bringen mir genau sechzigtausend ein. Genug, um die Schulden zu tilgen und die nächsten Monatsmieten selbst zu zahlen. Damit bin ich wieder frei von Carlos und somit auch wieder emanzipierter ihm gegenüber, was er zu meiner großen Überraschung doch sehr gelassen

hinnimmt. Besonders von jenem Tag an, an dem er Stefan früh am Morgen im Fahrstuhl begegnet.
Ohne es zu wissen, stehen sich die beiden still musternd im Erdgeschoss am Fahrstuhl kurz gegenüber. Der eine rauf-, der andere rauswollend:
„War irgendwie komisch, diese Begegnung ...", wundert sich Stefan noch lange hinterher.
Und auch Carlos fragt mich, kaum dass ich ihm die Tür geöffnet habe: „War das da eben ein Klient von dir?"
„Ja klar, Carlos", kontere ich zurück, seinen Argwohn schlicht übergehend, „morgens früh um acht!?" Carlos lächelt verlegen, aber sein Herz kennt bereits die Wahrheit, wie mir just in jenem Moment klar wird.

Immer mehr legte ich es von nun an darauf an, Carlos als sogenannten Liebhaber aus meinem Leben zu entfernen: „Er nimmt mir buchstäblich die Luft zum Atmen", steht in jenen Tagen häufig in meinem Tagebuch, „will keine Bindung mit mir, wie er nicht müde wird mir beständig zu versichern, zeigt aber mit jeder einzelnen seiner Handlungen genau das Gegenteil. Er behandelt mich, als wäre ich ganz sein Eigentum: seine Leibeigene." Und irgendwie stimmt das auch, tief in mir weiß ich das bereits. Oben aber, an der Peripherie des Verstandes, will ich diese Tatsache einfach nicht wahrhaben.

Dann kommt der Tag, an dem Carlos selbstredend

von mir erwartet, dass ich ihm einen Schlüssel für die Wohnung überlasse. Ehrlich empört weise ich diesen Anspruch sofort zurück: „Nein, Carlos – da ziehe ich doch lieber gleich aus!" Und da ich schon einmal dabei bin, packe ich nun auch gleich noch weiter aus: „Es reicht mir, Carlos, ich will ohnehin nicht mehr! Sieh endlich ein, dass du Zuneigung nicht kaufen kannst – weder von mir noch von irgendeinem anderen! Immer wirst letztlich du der Betrogene dabei bleiben, ganz gleich was jene Menschen, die du dir da alle kaufst, dann auch an Worten für dich übrig haben oder an Handlungen für dich tun: Immer bleibt es seelische Grausamkeit, denn es ist erzwungene Handlung, nicht aber liebende Freiwilligkeit! Aber genau die ist es doch, nach der du dich im Grunde sehnst – tut mir leid, Carlos, aber ich bin und werde nie die Richtige für dich sein. Uns trennen nun einmal ganze Welten!"
Dann bin ich restlos fertig mit Carlos. Alles ist gesagt. Absolute Leere in mir. Jedoch nicht nur in mir, sondern auch in ihm, denn: „Ja!", sagt Carlos nur tonlos, dann geht er.

Die ständigen Kontrollanrufe bleiben aus, auch Carlos' spontane Stippvisiten, mit denen er mich fast zur Raserei gebracht hatte. Erst nach einer Woche absoluten Schweigens höre ich wieder von ihm per Telefon: „Es stimmt, Juli, uns trennen Welten! Das letzte Gespräch hat mir die Augen geöffnet, danke Juli! Es ist alles in Ordnung, ich lass dich jetzt los!"

Und das tut er wirklich. Bald sehe ich Carlos nur noch, um Geschäftliches zu klären. Noch immer hat er dabei meine Füße auf seinem Schoß, aber die Loslösung voneinander hat ein für alle Mal stattgefunden. Was da jetzt noch ist, ist reine Angewohnheit. Carlos gibt sich weiterhin alle Mühe, eine feine Dame der oberen Gesellschaft aus mir zu machen. Vergeblich. Denn die bin ich nun mal nicht und werde ich auch nie sein. Wie auch ich mir nun ehrlich eingestehen muss: „Schuster, bleib bei deinen Rappen!", sagt der Volksmund nicht umsonst, von tiefer Weisheit ist dieser Ausspruch. Viel Geld zu besitzen und es auszugeben, ist eine Sache, so zu leben, zu reden und zu denken wie die obere Gesellschaftsschicht jedoch noch einmal eine ganz andere. Bei all dem blieb ich vom Wesen her doch immer wieder nur das, was ich letztlich zutiefst war und auch nur sein sollte: das freiheitsliebende Kind seines Schöpfers, geboren in der Unterschicht, welches mit Wohlstandssorgen nicht wirklich etwas anzufangen weiß. Wie ich deutlich gerade auch in den Gesprächsstunden meines neuen Klientenstammes deutlich spüre. Nicht nur die Klienten also hatten hierbei etwas aufzuarbeiten, sondern allemal auch ich: das wertfreie Anerkennen jener Tatsache, geboren zu sein als der, der man ist – ohne zu murren, zu zaudern oder zu zagen.

Noch immer sind es wenige, die da zu mir kommen. Dennoch, mir sind es durchweg zu viele. „*Wozu führe ich all diese Gespräche eigentlich noch?"*, frage ich mich immer öfter, sobald ich allein bin mit mir, *"wo ich doch deren Rechtschaffenheit als Geschäft für mich ohnehin beständig bezweifle. Handel, Geschäft?! Nicht einmal mehr als solches brauche ich diese numerologische oder therapeutische Betätigung noch. Mein neues Leben bestreite ich ja ausnahmslos aus den Immobiliengeschäften mit Carlos, auf den ich mich hierin auch weiterhin ganz verlassen kann. Doch wie herum ich es auch drehe – selbst bei all dieser Gewissheit darum –, es fehlt mir doch die Kraft, nun auch dementsprechend entschlossen zu handeln. Ich finde keinen wahrhaftigen Grund und somit den nötigen Mut für mich, dieses Geschäft – schlichtweg – einfach aufzugeben."* Zu sehr hing ich noch an dieser Geschäftspraxis, brachte sie mir doch durchweg schließlich Anerkennung und somit ein Geachtetsein ein. Also beließ ich alles, wie es war. Lau statt konsequent! Wie mir selbst just an einem warmen Herbstmorgen aufgeht. An den eigenen Unterlassungstaten hatte ich es erkannt. Denn jene, die da zu mir kamen, kamen einstimmig über Empfehlungen zu mir. Werbung oder dergleichen schaltete ich nicht und weder züchtete ich Klienten noch hofierte ich sie. Eine Frage der Zeit also, so wiegte ich mich in einer Art von vager Hoffnung, dann hätte sich das Geschäft eh von selbst ausgelebt.

„Es ist niemals die Dauer eines Lebens oder Ereignisses, die weise macht, sondern die Intensität, mit der es gelebt wird"

So lautet an diesem Herbstmorgen das Wort zum Tage auf dem Kalenderblatt. Und das berührt nun mein Herz, einer lang ersehnten Verheißung gleich, zugleich aber zeigt mir auch das Leben postwendend auf, was dieses Wort mir zu verheißen hat – zunächst an Sascha. Der ruft gerade mal drei Stunden nach diesem so sinnreichen Morgen für mich an. Fragt fröhlich, ob er sofort vorbeikommen kann. Natürlich kann er. Und keine halbe Stunde später steht er auch schon vor mir. Sein ganzes Wesen strahlt Freude aus: „Was ist los?", frage ich neugierig. „Hast du etwa die Frau deines Lebens gefunden?"
Sascha mimt den Enttäuschten: „Och, Spielverderberin! Dir kann man auch rein gar nichts verheimlichen …"
Dann hebt er mich auf seinen kraftvollen Armen empor, wirbelt mit mir in der Praxis herum und jubelt laut: „Ja, weiseste aller Frauen – ich hab sie gefunden!" Stellt mich abrupt wieder auf den Boden ab, schaut mich hellwach an und verkündet dann: „Aber wir bleiben dennoch zusammen – das ist klar!"

Anfang Mai hatte ich Sascha kennengelernt, jetzt war es Ende November. Seit meinem Umzug im Juni hatte ich für ihn aber schon gehofft, dass er ein Mädchen seines Alters und Geistes kennenlernt. Denn die Faszination makelloser Körperschönheit, die mir Sascha einst so unwiderstehlich machte, war durch die intim-mystische Vereinigung mit Stefan nun mehr und mehr verblasst. Und der einzige Grund, warum ich Sascha dennoch mit in das neue Leben herübernahm, war im Grunde der gleiche wie bei der Nichtaufgabe des Geschäftes: Lauheit! Mein Ego hing an Sascha, denn auch er brachte mir durchweg stets nur höchste Achtung entgegen. Nun aber – und das wusste ich zutiefst – war der Zeitpunkt gekommen, Sascha freizugeben. Und das sagte ich ihm jetzt auch, ganz klar und ruhig:
„Sascha! Wir haben immer gesagt, wenn dir jemals eine Frau zukommen sollte, an die du dich aus freiem Herzen selber binden willst, dann gilt: entweder ganz oder gar nicht! – Richtig?!"
Sascha nickte nur still.
„Okay, dein Jubel zeigt mir, dass dieser Zeitpunkt gerade jetzt gekommen ist – und du brauchst auch keine Gewissensbisse mir gegenüber zu haben, denn dass wir uns in den letzten Monaten so selten trafen, hatte ja schließlich auch seinen Grund, wenn auch nicht den einer Bindung an einen anderen Mann."
Sascha bleibt bei jedem Wort ruhig und gefasst. Erst beim letzten Satz zeigt er eine Reaktion, er

lächelt breit: „Ah, verstehe – du bist schon länger am Gehen als ich!?"
„Ja!"

Und mehr Worte braucht es nicht. Die nächsten zwei Stunden verbringen wir, uns liebend noch einmal, auf dem rosa-flauschigen Teppichboden. Anschließend trennen wir uns, wie wir uns kennengelernt haben, in der einzig wahren Liebe: Freiheit genannt. Höchste Weisheit: Wahre Liebe kennt keinen Anfang noch einen Schluss.

Eine Woche später. Soeben von einer heftigen Grippe genesen, sitze ich das erste Mal nach Tagen wieder in einem Gespräch, einer Klientin zuhörend, die gerade den Tod ihres Hamsters beweint. Während ich still lausche und laut für sie ihre gemachten Aussagen hinterfrage, bemerke ich, wie ich sanft, aber doch unausweichlich absinke – in jenen Zustand unter der Glasglocke, in dem ich mein derzeitiges Leben hier zum ersten Mal betrat. Sehe die Frau weinen, auch den Mund bewegen, kann sie aber weder hören noch mit ihr reden. Alles was ich noch wahrnehme ist das Rauschen meines eigenen Blutes in den Adern. Alsdann wird es totenstill in mir. Eine gefühlte Ewigkeit lang. Und in diese Ewigkeit hinein höre ich nun überdeutlich – und furchteinflößend – eine sonore Stimme mich donnernd fragen: „Kann ein Blinder einen Blinden führen?!"

Mit einem Schlag zerbirst die Glasglocke, der Wattbausch fällt in sich zusammen. Was bleibt, ist ein heiliges Erschrecken, das mich zutiefst erschüttert. Ehrfürchtig, ganz und gar gebrochen sitze ich nun da. Starr im Außen und im Innern eiskalt, bin ich unfähig, mich auch nur einen Zentimeter weit zu bewegen. Doch der Geist ist kristallklar. Untrüglich erfasst er: „Ja, das ist wahr – ich bin die Blinde, der einzig Sehende bist du – mein Gott!"
Lebendiges Erfassen, erschließende Betroffenheit: „Gott lebt und lässt sich von dir nicht verleugnen!"

Wenig später. Wie aus weiter Ferne höre ich die Stimme der Klientin wieder, ernstlich besorgt: „Was ist los? Sie sehen ja aus wie eine Kalkwand!"
Irritiert blicke ich sie an. Dann fange ich hysterisch zu lachen an – natürliche Entladung, ohne Worte. Die sind auch nicht mehr nötig, die Klientin hat auch so verstanden. Räuspert sich hilflos:
„Hm, ähm – wissen Sie, ich glaube, ich geh dann mal ..." Und tut es auch. Indes ich noch immer lache, lache und lache.
Dieses Lachen?! Es ist eine Mischung aus peinlichst berührter Ergriffenheit und innerster Ehrfurcht, vor allem aber einer zutiefst empfundenen Situationskomik. Dieses ganze Leben kommt mir urplötzlich nur noch lächerlich vor, besser, mein ganzes eigenes Treiben darin ...

„... was tat ich hier eigentlich?! In dieser viel zu

großen Wohnung, die ich wegen der riesigen Fenster nicht warm bekam und die mich beständig zwang, ihren weiß gekachelten Boden putzend zu hofieren, samt den überteuerten Designermöbeln – wie überhaupt in dieser ganzen ‚Mehr-Schein-als-Sein-Welt' darin? ..."

„Theater ... Theater ...", singe ich laut krächzend nun von der Terrasse aus in die beginnende Abenddämmerung hinein. Bevor ich dann letztlich im Dunkel sitzend Karteikarte um Karteikarte aus dem Kästchen ziehe, die Namen der Klienten darauf entziffere und – nachdem mir bewusst geworden war, dass die Probleme eines jeden einzelnen Klienten im Grunde durchweg auch die meinen waren – alle Kärtchen in winzig kleine Stücke zerreiße. Konfetti: „Hoch soll sie leben!"
Dabei fällt mir das Wort wieder ein, das mich vor Stunden so tötend getroffen hat. Weiß auch genau, wo es steht, in der Heiligen Schrift bei Lukas, im sechsten Kapitel, Vers neununddreißig.
Wie oft bin ich gerade über diese Zeile gestolpert, sie hochmütig am Ende immer gleich interpretierend: „Der Arzt oder Therapeut ist allzeit der Sehende, stockblind sind jene, die zu ihm kommen."
Falsch, ganz falsch – wo ich unter Arzt oder Therapeut nur eine begrenzte Person verstehe. So erfasse ich jetzt: „Blind ist der, der nicht weiß, dass er den lieben langen Tag lang niemals anderes sieht als nur sich selbst."

Und das Immobiliengeschäft? Ich hinterfragte nun auch die finanzielle Seite meines scheinbar so perfekten Lebens, das ich da vor wenigen Monaten erst begonnen hatte. Geld spielte keine Rolle mehr, richtig, und das genoss ich auch. Dennoch vermochte es diese Art von Sorglosigkeit nicht, mich auch nur einen einzigen Tag lang über die Tatsache hinwegzutäuschen, dass diese Welt, in der ich mich da nun bewegte, für mich im Wesentlichen eine tote Welt war. Tot, weil gänzlich unfrei. Denn mein Arm- oder Reichsein lag allein in der Hand eines einzigen Menschen, noch dazu eines Mannes. Im Grunde ging es hier nicht anders zu als in der unteren Gesellschaftsschicht. Nur fiel das nicht gleich auf, da Reichtum Kompensation ja gekonnt kaschiert, „jeder spielt seine Rolle, aber tu nur einen Schritt daneben, schon bist du raus – das ist in allen Schichten gleich!", murmelte ich grollend nun vor mich hin. *„Was? Geld spielt keine Rolle?! Pah, du Idiotin! Es spielt sogar die wichtigste Rolle, und das gänzlich ohne Vergleich in deinem Bestehen, nämlich genau da, wo es um die einzig wesentliche Entscheidung deines gesamten Daseins geht: Was willst du sein? Eine lebendig Lebende oder eine ewig nur kreisläufig strebende, lebend Tote? Oje, natürlich ...", geht es mir fast zeitgleich mit der Frage auf, „... der gestorbene Hamster! Tot war er und ist er und bleibt er! Bemüh dich nicht länger, Juli, da wurde schon längst für dich entschieden – der Hamster ist gestorben und somit raus aus dem Hamsterrad!"*

Dieses Begreifen ist mein letztes an jenem Abend. Danach wird es mir schwarz vor Augen. Und nebelig im Kopf. Wo ich eben noch erregt auf die Beine sprang, sacken mir butterweich nun die Knie ein. Ein dumpfer Knall, dann geht das Licht in mir aus: erfasse, höre und spüre ich nichts mehr. Totale Umnachtung. Ähnlich der Ohnmacht aus meiner Jugendzeit – und doch auch wieder ganz und gar nicht. Denn scheinbar wenig später schon sehe ich mich vollen Bewusstseins aus meinem Körper gehen, mich wiederfindend in einem gleißend hellen Licht. Eine Farbmischung, die meine Augen niemals zuvor gesehen haben: rosarot opalisierend, dabei irgendwie doch auch kristallklar, strahlend hell oder auch transparent irisierend, dabei durchgängig in stetig fließender Bewegung. Überirdischer Glanz, aber viel, viel mehr noch: absolute Präsenz – Leben! Kein Ton ist zu hören. Und doch ist es nicht still. Pur Lebendigkeit ist dieses Licht und sich allseitig selbst genügend, fühle mich unendlich geborgen, so federleicht schwebend, grenzenlos frei, und doch mich erfahrend als individuelles Leben. Eigenart – endlos. Formlosigkeit! Und doch bin ich nicht körperlos. Großes Staunen: Die schillernd rosarote Farbe, dieses Licht – das bin ich! Aber nicht nur, noch ein anderer oder anderes ist jenes Licht, wie ich erkenne, da es mir durchweg vom Geliebtsein spricht. Unendlich tiefes jauchzen, Freudentaumel wie noch nie: Fraglos – es gibt tatsächlich ein mich liebendes Du! Bin ganz trunken vor Glück, will nicht mehr zurück. Will in liebender Formlosigkeit bleiben: meiner wahren Heimat, meinem wahren Habitus – denn all das vermag der Erdenkörper nicht. Oder anders: Physischer Körper ist weder das Du noch das Ich. Allmählich spaltet sich das Bewusstsein wieder, schaut auf das Licht, das es liebt, und will nur noch eines: ebenso lieben – sich diesem Licht ganz ergeben! Darum verlässt es sein Glück, kehrt in Frieden zurück. Weiß sich geborgen, ganz und gar – gleich nun, wo Bewusstsein sich aufhält, hier oder da. Im Übergleiten habe ich das deutliche Gefühl, dass da noch etwas getan werden muss, bevor ich ganz in dieses geliebte Licht eingehen kann und will – ja wirklich, nicht etwa eingehen kann oder darf, sondern eingehen will!

Das Telefon muss lange klingeln, bevor ich begreife, dass sein Läuten mir gilt. Noch im Halbnebel stehend, hebe ich benommen den Hörer ab, sage wie gewohnt:
„Hallo?!" Höre ich Stefans Stimme und bin just im nächsten Augenblick wieder voll da.
„Hey, du Liebe", klingt Stefan heiter, „wo hast du gesteckt?"
„Na hier!", gebe ich wahrheitsgemäß zurück. „Wieso?"
„Willst du mich auf den Arm nehmen?", empört sich Stefan gespielt. „Ich habe den ganzen Tag versucht, dich zu erreichen!?"
„So?", antworte ich vage. *„Kann es sein, dass ich*

bei all dem Trubel das Telefon nicht gehört habe?", lausche ich irritiert in mich hinein.
„Naja, auch egal – jetzt bist du ja da! Hör mal, du denkst aber schon daran, dass wir heute Abend ins Schauspielhaus gehen?!"
„Heute? Wir wollten am Freitag gehen – jedenfalls steht das so in meinem Kalender?! ..."
Stefan lacht hell auf, wie immer, wenn ich ihm mit meinem Kalender komme: „Ja, ja, bloß gut, dass du den hast, nicht wahr?! – Dann lauf mal schnell hin und sieh nach, welcher Tag heute ist. Ansonsten bis heute Abend dann, ich hol dich gegen sechs Uhr ab ...", und schon hat er aufgelegt.
Kurz überlege ich, ob ich Stefan gleich noch einmal anrufe, offensichtlich hat er mich nicht verstanden. Die Karten für das Schauspielhaus hingen ja an der Küchentheke, also direkt vor meiner Nase, und auch da stand „Freitag" drauf. Entscheide mich dann aber doch dagegen, das konnte ich immer noch tun – vielleicht zur Mittagszeit, da war er eh viel aufnahmefähiger. Für mich gab es jetzt Wichtigeres zu tun, wie mir die zahllosen Papierschnipsel auf dem Kachelboden im Praxisbereich signalisierten ...

„... Donnerstag ...", sinniere ich, „... da hat Frau Seidenteich ihren Termin um eins – und da war noch wer ... Wann?", frage ich mich. Gezielt laufe ich zum Schreibtisch herüber und schaue in den Kalender, alles klar: „... beide Termine abgesagt!", steht da. Sehr gut, freue ich mich. Wieder fällt mein

Blick auf den Donnerstag im Kalender. Unter dem „abgesagt" befindet sich ein Querverweis: Ein kleiner Pfeil mit seiner Spitze auf den Freitag hinweisend. Kurz lausche ich in mich hinein. Was ich angesichts dieser Termine empfinde, ist eindeutig: „Nein, ich kann das nicht tun – nicht mehr!" Alles in mir sperrt sich dagegen, auch nur eine einzige Gesprächsstunde noch zu geben:
„Okay", entscheide ich mich, „es ist Zeit, aufzugeben – loszulassen! Und mit euch beiden fange ich an!"

„Hallo, Frau Seidenteich, hier ist Frau Sommermond", spreche ich der ersten Klientin aufs Band, „also wegen des Termins morgen – den muss ich absagen.
Und überhaupt, es wird keine weiteren Termine mehr geben. Gern vermittle ich sie weiter an einen Kollegen. So Sie das wünschen, rufen Sie mich einfach zurück – danke!"

Ebenso verfahre ich mit dem zweiten Klienten, der meine Bandnachricht postwendend beantwortet. Ebenfalls über Band, während ich inzwischen unter der Dusche stehe: „Hallo, Frau Sommermond, hier ist der Herr Kirschner! Da haben Sie aber Glück gehabt, ich wollte grad zur Tür raus und da hab ich doch Ihre Ansage gehört … Aber wieso morgen? Heute ist doch der Termin! Das ist der verschobene, Sie wissen schon, der von Donnerstag auf Freitag –

naja, jetzt weiß ich gar nicht mehr, was ich tun soll –, soll ich nachher nun zu Ihnen kommen oder nicht? Rufen Sie mich doch bitte mal zurück. Danke!"
Irritiert spule ich die Ansage zurück, höre sie noch einmal ab und verstehe gleich gar nichts mehr: „Donnerstag, Freitag?! Was ist denn los mit diesem Freitag?!", frage ich laut vor mich hin. Fühle mich gereizt, wie ausgehöhlt, ja irgendwie auch sehr hungrig jetzt, wie ich bemerke.
Der Kühlschrank ist leer. Also greife ich die Geldscheintasche und gehe in das Café gleich um die Ecke. Und hier nun geht es mir endlich auf, mir fehlt ein ganzer Tag in meinem Leben: „Freitag", das ist heute, steht auf der Tageszeitung drauf!

Es ist müßig, über etwas nachdenken zu wollen, was das menschlich-geistige Fassungsvermögen vollkommen übersteigt. Also gebe ich es auf. Wozu sollte ich es auch begreifen oder vielleicht für Stefan belegen wollen? Was ich erlebt habe, habe ich erlebt! Ist mir nun nicht mehr nur philosophische Idee, empirisch errechnete Formel oder theoretisches Wissensgut aus zweiter Hand, sondern Glaubensgewissheit. Absolut! Und wollte ich mich je wirklich einem Menschen anvertrauen? Nein!
„Halte dich nur schlicht an die Tatsachen, Juli, das ist noch allemal das Beste", spreche ich mir still zu.
„Und wenn du verrückt bist? ... Das gilt nicht! Wäre dem so, könnte ich jetzt nicht in all dieser Klarheit darüber nachdenken. Fakt ist erstens: Gott

lebt! Zweitens, ich bin nicht das, was ich all die Jahre glaubte zu sein! Und drittens: Ja, es gibt ein Sein außerhalb der physikalisch sichtbaren Welt – formlos und unabhängig von Raum und Zeit –, das ganz und gar diese dichte irdische Existenz durchdringt, wenn nicht gar gänzlich steuert. Und schließlich gibt es noch ein Viertes, das eigentlich nicht das Vierte wäre, so es für den menschlichen Verstand ein Erstes vor dem Ersten gäbe: Ja, es ist ausschließlich Liebe, die das gesamte Universum trägt!"

„Gut, das sind die Fakten. Und was heißt das jetzt für mich?", sinniere ich weiter, während es in dem Café immer voller, immer lauter wird. *„Was ist die Konsequenz daraus?"*

Die lag für mich dann schließlich so klar auf der Hand, dass ich absolut nicht mehr denken wollte, sondern nur noch handeln. Und aus dieser Entschlusskraft heraus zahlte ich, verließ das Café und anschließend auch mein derzeitiges Leben – wieder einmal, total. Als Erstes löste ich die Geschäftspraxis auf, dazu rief ich alle Klienten an, verabschiedete mich gebührend oder vermittelte weiter, dann meldete ich das Gewerbe ab. Schon hierbei ging mir auf, wie reibungslos diese ganze Auflösung vonstattenging. Eins fügte sich ins andere, nirgends gab es ein Veto gegen meine Entscheidung. Nur Verständnis, gar auch Zustimmung, nicht einer aber fragte mich nach dem Grund dafür.

Innerhalb einer einzigen Woche nur war das ganze Geschäft abgewickelt, samt Praxisübernahme: Ein Verwandter der Vermieterin hatte gerade sein Medizinstudium beendet und „übernimmt dann die Wohnung ab dem 1. Februar", so hatte die Vermieterin meinem Auszug freudig entsprochen. Offenbar kam auch ihr meine Schicksalswende mehr als nur gelegen.

Der Himmel schien also ganz mit mir zu sein. Das bestärkte mich, gleich weiterzumachen, nun auch das Immobiliengeschäft mit Carlos aufzugeben. Was dieser einfach nur „oberdämlich" fand, mich letztlich aber doch ganz freigab, wenn auch auf eine für mich noch einmal sehr eigentümliche Weise:
„In einer Woche hole ich meine Braut ab, Juli", erzählt er mir.
Verdutzt schaue ich drein, was Carlos sichtlich genießt: „Wie, du holst sie ab? Hab ich da irgendwas verpasst? Was denn für eine Braut?", will ich wissen.
„Na, aus Tschechien …", erwidert Carlos, als wäre es die normalste Sache der Welt, „… Zuzannas Vater verlangt nur zehntausend Mark als Brautpreis – nächsten Freitag fahre ich hin, bezahle und dann kann ich sie gleich mitnehmen."
„Aha?!", kann ich trocken nur zurückgeben, denn nun bin ich ehrlich erstaunt. „Das heißt, du kennst diese Zuzanna gar nicht?"
„Doch! …", unterbricht mich Carlos froh. „Ich hab sie sogar schon als kleines Mädchen gekannt – sie

ist fast mit mir verwandt ..."

„Du bist Spanier, Carlos!"

„Ja! Ich schon, aber der Onkel nicht."

Also, ich komme aus dem Staunen nicht mehr heraus, auch von einem tschechischen Onkel höre ich heute zum ersten Mal. Aber gut, das ist Carlos, und überdies spielt es keine Rolle mehr für mich. Aber eines hätte ich nun doch gern noch gewusst, also spreche ich es an: „Seit wann beherbergst du sie schon hier?"

Carlos lächelt in sich hinein, gedankenversunken rechnet er nach: „Vor vier Monaten etwa war sie das erste Mal hier – und vor zwei Wochen musste ich sie dann erst mal wieder nach Hause schicken ..."

Damit gab mir Carlos genau jene Antwort, die ich im Grunde schon kannte. Vor vier Monaten, das war exakt jener Zeitpunkt, zu dem Carlos vor mir noch mächtig so tat, als könne er ohne mich nicht leben. Eigenartig, fast muss ich lachen, aber da geht mir urplötzlich noch ein Staunen auf: „Und ich hab immer gedacht, ich sei diejenige, die dich betrügt, aber in Wahrheit ist es doch tatsächlich umgekehrt – denn ich hab dir nicht die Ehe versprochen."

Carlos grinst nur. Da geht mir auch der zweite Teil seiner Antwort auf: „... nach Hause geschickt ...?!"

„Herrje, wie alt ist sie denn?", will ich nun auch noch wissen, obgleich ich auch diese Antwort schon erahne. Und richtig:

„Fünfundzwanzig!", platzt es postwendend und

stolz aus Carlos heraus. „Aber keine Angst, ich hab sie geprüft, sie hat tatsächlich kein Problem mit meinem Alter und wünscht sich sehnlichst auch ein Kind – Zuzanna ist die Richtige, Juli, das spüre ich genau!"
Es ist das letzte Mal, dass Carlos und ich miteinander reden. In aller Schlichtheit gehen wir auseinander, ohne Pomp und Gloria, ich habe ihn nie wieder gesehen. Immer aber habe ich, so ich an ihn dachte, ihm doch von Herzen gern gewünscht, dass Zuzanna nun auch in der Tat die Richtige für ihn ist.

Jetzt haben wir Dezember. Heilige Nacht 1995. Die verbringe ich – nicht zum ersten Mal in meinem Leben – ganz mit mir allein. Aber es ist das erste Mal, dass ich dabei so unendlich glücklich bin. Kein Einkaufsstress und allem, was das Gewissen so unendlich drückte, entledigt. „Denn das Gewissen", so schreibe ich an jenem Abend in das Tagebuch, *„lässt sich nicht stillstellen. Es schlägt Alarm! So lange, bis das Hindernis aus dem Weg geräumt ist und die Ausrichtung der Seele und Handlungen des Körpers, nun eines Sinnes wieder, klar auf das Wesentliche, die bedingungslose Hingabe gerichtet sind. Wir orientieren uns gern an der Seinsart der Tiere, rechtfertigen gar nur allzu oft unser eigenes Fehlverhalten damit. Aber das nützt uns nichts. Denn wenn ein Opossum sich einem Störenfried gegenüber tot stellt und ihm dadurch tatsächlich auch im nächsten Moment entfliehen kann, so ist dieses*

Können allein dem Opossum vorbehalten. Nicht also auf eine andere Spezies übertragbar, auch nicht auf die menschliche. Natürlich kann ich, so mich nun mein Störenfried ‚Gewissen' plagt, versuchen, mich ihm gegenüber blind oder tot zu stellen, wie das Opossum. Das steht mir frei, ist aber durchweg ineffizient, denn dieser Störenfried geht nicht weiter! Er ist kein Mensch, auch kein Tier, das weiter muss, weil es das Bedürfnis Hunger oder Durst hat, sondern reiner Geist. Der geht nicht, bleibt da – ähnlich der Sonne hinter den Wolken –, hat ewige Langmut, da, wo er übersehen wird. Immer schön weiter schlagend, monoton ‚bing, bang, bong', wartet er, bis der Totgestellte – von selbst zermürbt, sich selbst zermürbend – wieder zum Menschen wird. Und wir erkennen daran: Nicht das Gewissen ist mir Feind, sondern meine Abwehr gegen Gottes Allmächtigsein."

Gott?! Wer ist er und was bin ich hier auf Erden? Was bleibt von mir, wenn ich nichts mehr habe? Keinerlei Identität mehr besitze: keinen Status, keine Anerkennung – ja, wenn ich ganz und gar „no Name" bin? Das sind die Fragen, die mich jetzt einzig noch interessieren und beschäftigen. Das Alte ist vergangen, schon wieder wird alles neu, nur diesmal erfasse ich das zum ersten Mal auch, ganz klar. Das Alte ist ganz entschieden von mir verlassen worden, freiwillig losgelassen worden. Was werden wird, weiß ich nicht, ist nur ansatzweise da.

Zunächst mein Umzug in eine andere Wohnung, aber selbst hier hatten die himmlischen Mächte der Himmel schon alles geregelt, ein Bekannter Stefans zog mit seiner Freundin zusammen, so war deren Wohnung frei. Ein Vierzig-Quadratmeter-Apartment mit kleiner Terrasse daran, nicht weit von der jetzigen Wohngegend entfernt, aber doch von so völlig anderem Charakter. Eine riesige Neubaublockanlage, in Terrassenbauweise angelegt. Enorm viele Menschen, so herrlich anonym und nun genau das Richtige für mich, denn alles in mir ist jetzt auf Rückzug angelegt, darauf, unsichtbar zu sein, um ungestört den wichtigsten Fragen meines Lebens nachgehen zu können.

Doch zuvor fliege ich mit Stefan am zweiten Weihnachtsfeiertag noch für zwölf Tage nach Spanien: „Einfach ein paar Tage Sonne, relaxen, abschalten – das wäre schön", so wünscht er sich von mir.

So ganz erfreut bin ich anfangs darüber nicht. Mein ganzes Geld – viel hatte ich eingenommen, viel auch wieder ausgegeben – ist aufgebraucht. Das Wenige, was ich noch besitze, muss ich für den Umzug aufsparen und „... für die erste Zeit danach", im neuen Heim, bis ich wieder einen Job habe, um mir Wohnung und Lebensunterhalt damit zu finanzieren.
Doch Stefan bittet so eindringlich um diesen gemeinsamen Urlaub, dass ich mich schließlich doch

darauf freue: „Bitte, Juli, gib mir keinen Korb! …, du brauchst kein Geld für den Urlaub, du bist ganz und gar eingeladen …, das hätten wir schon längst einmal tun sollen …, komm! Lass uns doch einfach zum Flughafen fahren und sehen, wo wir hinfliegen, ja?!"
Das tun wir.

„Alle Flüge ausgebucht für den zweiten Weihnachtsfeiertag …",
„Natürlich!", puffe ich Stefan grinsend an. „Halt Weihnachten, da ist doch keiner mehr im eigenen Haus!"
Die Dame am Schalter räuspert sich: „… ähm, warten Sie mal – da kommt gerade eine Stornierung rein …, Gran Canaria!? …"
„Nehmen wir, nehmen wir!", ruft Stefan lautstark sofort dazwischen, sichtlich hocherfreut, mir doch noch ein Schnippchen schlagen zu können. „Wir buchen sofort, ich zahle bar!"
Und obgleich Stefan ansonsten nie etwas dem Zufall überlässt – im Gegenteil stets alles genauestens durchplanen lässt –, bleibt er doch diesmal völlig gelassen, als ich ihm nun erstaunt die Frage stelle, wo er denn wohl mit mir auf der Insel übernachten wird. Denn ebenso wie die Flüge sind über die Feiertage natürlich auch sämtliche Hotels ausgebucht, doch seine Antwort lautet nur: „Hey, ich fliege doch mit dir! Und wollte ich nicht schon immer einmal alternativ Urlaub machen? Ja, das wollte ich!", narrt

Stefan schließlich munter weiter, sodass letztlich selbst die Dame am Schalter noch herzlich mit ihm lacht.

Alternativ. Das amüsierte auch mich, wenn auch still. Stefan war kein Rucksacktyp. Er war der Typ, der Golf spielte, um Geschäfte zu machen. Er war der Typ, der sich, wo er die Wahl hatte, stets für ein Fünfsternehotel entschied und sich überdies liebend gern bedienen ließ. Und nun wollte er alternativ reisen? Diese eigenartige Anwandlung musste wohl mit Weihnachten zu tun haben, dachte ich so bei mir, es schien tatsächlich so zu sein, wie Kirche oder Volksmund sagen: „In dieser Zeit sind die Menschen besonders empfänglich für Alternativen, denken weniger ans Nehmen, vielmehr ans Geben …"

Indes, meine einzige eigene Pauschalreise war die Nilkreuzfahrt durch Ägypten gewesen, danach buchte ich lediglich Flüge oder Bahnfahrten noch, den Rest überließ ich gern der Vorsehung. Das war nur selten bequem, dafür aber durchweg spannender. Erfüllender! Das wusste Stefan nur zu gut, und gern ließ er sich die eine oder andere Reiseepisode erzählen. Aber immer war mir dabei klar, dass Stefan das Wesentliche am aufrichtigen Alternativreisen – wie die ganze Hingabe an den momentanen Augenblick, das Vertrauen in das ausnahmslose Gutwollen des Lebens – nie wirklich erfasste. Er kannte das Wesentliche – bewunderte es, vertraute ihm aber nicht. So hatte ich also keine Ahnung,

worauf ich mich da wirklich einließ, wenn ich mit Stefan alternativ nun flog, aber fängt nicht gerade hier – im Nichtwissen – jedes wahre Alternativsein an?! Also finde ich mich drein:
„Okay, Stefan! Dann aber auch wirklich nur mit dem Rucksack, alles andere wird sonst zur Last!", bleibt mein einziger Wunsch an ihn.

Am Vorabend des Abflugtages will Stefan schon bei mir sein: „Dann ist weniger Abflugstress", und ist es auch – pünktlichst wie immer. Überraschend allerdings für mich ist, wie er bei mir ankommt. Wahrlich filmreif! Als ich ihm die Tür auftue, schiebt er mir zunächst seinen Rucksack entgegen – mittelgroß –, worüber ich mich sehr freue. Doch schon im nächsten Augenblick folgen zwei riesige Koffer, und als schließlich noch eine gewichtige Golftasche samt Stefans Schlägern dazu folgt, ist es aus mit meiner Selbstbeherrschung – bekomme ich einen regelrechten Lachanfall. Und so nun sollte es auch fast den ganzen Urlaub über bleiben, nie habe ich derart viel und anhaltend lachen müssen wie in diesem Urlaub mit Stefan, wobei Stefan selbst jedes Mal dann die Rolle des völlig Arglosen spielte: „Was ist los? Warum amüsierst du dich so? Ein wenig Komfort gehört doch dazu, denke ich!?"

Ein wenig Komfort?! Gerade mal eine einzige Nacht schafft es Stefan, komfortlos zu leben. Und zwar gleich die erste Nacht, die wohl einen tiefen

Eindruck bei ihm hinterlässt – jedenfalls hat er das Wort „alternativ" nie wieder ausgesprochen. Nach unserer Ankunft am Mittag auf der kanarischen Insel verbringen wir den Rest des Tages damit, einen Jeep zu mieten und uns mit diesem dann, querbeet durch halb Gran Canaria fahrend, ein Bett für die Nacht zu suchen. Das finden wir am späten Abend, uns privat einmietend bei einem Einheimischen, in einer leeren Wohnung stehen. Bad, Küche und zwei Zimmer mit nichts weiter darin als ein paar Stühlen und sechs Eisenbetten, jeweils drei in einem Zimmer stehend. Stefan handelt den Logispreis aus. Empfindet ihn als „reine Abzocke", aber der Besitzer reagiert nicht. Gibt vor, nur Spanisch zu verstehen. So bezahlt Stefan schließlich auch die geforderte Summe, nicht aber ohne dabei beständig vor sich hin zu schimpfen: „… hier, du Raffi, nimm es! … Wirst schon sehen! … Nutzt der doch die Not zweier Menschen aus …"

Als wir dann wenig später in das eine der beiden Zimmer eintreten und das Licht anschalten, sehen wir zahlreiche Kakerlaken geradewegs über die Wände und Betten huschen. Zu viel für Stefan! Wütend stellt er Koffer und Golfausrüstung ab, holt den Besitzer von der Nachbarwohnung herüber und zwingt ihn sogleich, wenigstens zwei der Eisenbetten von den Wänden weg, nun in die Mitte des Zimmers zu schieben. Das hätten wir eigentlich gut auch selber machen können, aber Stefan ist nicht zu beruhigen, lauthals schimpft er den armen Mann an, durchweg empört darüber, wie der ihm, dem zahlenden Stefan, doch „... dieses Kellerloch, das sich auch noch im dritten Stock befindet", überhaupt zumuten kann. Während ich wie blöde dabeistehe, dabei wahrhaft mannhaft dagegen ankämpfend, einen heftigen Lachkrampf zurückzuhalten, damit sowohl der Besitzer als auch Stefan nicht den Eindruck bekommen, ich lachte sie aus. Aber zu herrlich ist das Bild, das ich da gerade sehe: einen entmachteten Stefan auf kargem Eisenbett sitzend, die Füße weibisch angezogen, dabei pausenlos einen Spanier beschimpfend, der sich nicht die Bohne darum schert – und an der Wand dahinter eine schwarz-rote Golftasche mit silbernen Schlägern darin, über die in breiten Formationen dunkel muntere Kakerlaken in Scharen ziehen. Noch heute muss ich herzhaft lachen, wenn ich dieses Bild vor mir sehe.

Die nächste Nacht verbringen wir dann schon standesgemäßer. In einem kleinen Bungalow, zugehörig zu einer Art Campingplatzanlage mit Swimmingpool, Poolbar und dergleichen mehr. Die Betten stehen hier in einem Raum ohne Fenster:
„Dunkel wie in einer Grabkammer!", murrt Stefan.
„Ist doch echt schön", feixe ich, „so können uns wenigstens die Kakerlaken nicht sehen." Stefan findet das gar nicht komisch. Auch ich nicht wirklich, aber das sage ich ihm nicht. Dieser dunkle Raum, die vielen Menschen, die enorme Lautstärke, vor allem

aber Stefans üble Laune jetzt gehen auch mir auf die Nerven. Dennoch, es macht wenig Sinn, sich über etwas zu beklagen, was sich eh nicht ändern lässt, noch immer sind alle Hotels ausgebucht und überhaupt kaum Betten zu finden: „Also ist das hier noch ein reiner Segen", versuche ich Stefan aufzumuntern, doch der bleibt vorerst untröstlich.

„Also, drei Tage hätten Sie da noch auszuhalten", klärt uns spät am Abend der Concierge des Grandhotels Residencia, direkt am Strand von Maspalomas, auf, nachdem wir in sehr vielen Hotels schon angefragt hatten, „dann wäre da ein Zimmer frei – sie können es auch sofort buchen, wenn Sie wollen."
Natürlich will Stefan und bucht auch sofort:
„Silvester verbringe ich nicht in dieser Dunkelkammer!", ruft er sich selber zu.
Daraufhin der Concierge sogleich: „Wenn Sie das Neujahrsfest im Hotel mitfeiern wollen, sollten Sie die Karten gleich mitbestellen. Ich möchte jedoch darauf hinweisen, dass Sie ohne entsprechende Abendrobe keinen Einlass finden."
Stefan schnappt einmal kurz nach Luft und ich denke, jetzt wird er gleich lostoben und diesen vorwitzigen Concierge mächtig in die Schranken weisen. Aber das tut er nicht. Stattdessen zieht er schlicht eine seiner Geldkarten aus patschnasser Gesäßtasche und lässt sie auf den Tresen schnippen – nun ist es der Concierge, der einmal kurz nach Luft schnappt, dann aber überhöflich rege wird.

Da hatte wohl jemand sein Gegenüber nur nach dem äußeren Aussehen eingeschätzt und somit unterschätzt. Aber im Grunde war das auch wahrlich kein Wunder. Denn Stefan war unrasiert geblieben, an jenem dritten Tag auf der Insel, dazu regnete es in Strömen und unser Jeep besaß weder ein Dach noch eine Plane. Als wir also in diesem Hotel ankamen, ähnelte Stefan äußerlich tatsächlich eher einem Rucksacktouristen als einem Fünfsternehotelgast. Für jetzt aber hatten wir keine andere Wahl, drei Tage mussten wir also verbleiben. Und da war es allemal gut, halt das Beste aus dieser Situation zu machen.

Was Stefan wohl am meisten vermisste, war der Service, sprich die Aufmerksamkeit um ihn herum. Das hatte ich unterschätzt. Er war es ja nicht anders gewohnt. Was das praktische Leben anbelangte, legte er selten selber Hand an. Stefan ließ machen, beruflich wie privat. Wie man sich um seine eigene Wäsche kümmert, sie pflegt oder gar wäscht, war ihm nicht bekannt – „dafür fehlt mir die Zeit, ich gebe alles die Reinigung", war seine Einstellung dazu. Nun aber ausgerechnet im Urlaub darauf verzichten zu müssen, war schon ein schweres Opfer für Stefan, das konnte ich sogar verstehen. Und nach einigem Hin und Her gestand ich mir schließlich auch selber ein, dass es, „diesen einen Urlaub lang", letztlich für mich kein Problem darstellte, ihm diese fehlende Aufwartefrau zu geben, „so es nötig ist!". Und spätestens ab hier ging mir auch auf, dass wir tatsächlich sehr unterschiedliche Auffassungen von „alternativ" hatten. Für Stefan bedeutete alternativ, ‚ohne Bedienstete' zu sein. Für mich, allein auf die ‚Vorsehung' zu vertrauen: das ganzheitliche Loslassen von allen Zwängen. Hier also galt es für uns die Mitte zu finden, so wir am Ende ein jeder das erhalten wollten, was wir uns von einem Urlaub versprachen. Diese Bungalowanlage war diese Mitte nicht, war es für uns beide nicht, und doch, die drei Tage vergingen wie im Flug – mit Schlafen, Lesen, Reden, Liebemachen.

Pünktlichst checken wir am vereinbarten Morgen im Grandhotel ein. Verbringen dann aber anschließend den ganzen Nachmittag in den Geschäften. Denn weder Stefan noch ich haben Abendrobe eingepackt, schließlich wollten wir ja alternativ reisen. Stefan macht es sichtlich Freude, mich wieder einmal einzukleiden. Diesmal ganz in Schwarz, mit passenden Schuhen, Tasche und Schmuck dazu. Im Hotel lässt er jetzt buchstäblich das gesamte Personal für sich tanzen. *„Eine Art Aufrechnung für die vergangenen Tage?"*, frage ich mich, sage aber nichts. Denn im Grunde genieße ich dieses luxuriöse Leben gerade in vollen Zügen. Das jetzt zwar so ganz anders als von mir für den Urlaub gedacht, aber doch im Grunde meiner Maxime entsprechend: vertrauend und frei von allen Zwängen. Durch

Stefans Karte kann ich das sein. Etikette gilt für die anderen, gar noch für Stefan – aber nicht mehr für mich, das spüre ich überdeutlich und das lebe ich auch. Gleich ob beim Frühstück morgens im Bett, in der Sauna, beim Dinner oder Konzert. Worüber sich Stefan köstlich amüsiert. Selbst am Silvesterabend hält mich niemand auf, als ich ganz bewusst zunächst erst in Jeans den Festsaal betrete – mit dem Rucksack auf dem Rücken herein- und wenig später wieder heraustrete, nur um dann wenig später mit Stefan am Arm wiederzukommen in „entsprechender Abendrobe". Jetzt aber nicht mehr weil ich es soll, sondern weil ich es so will.

Es wurde das schönste Neujahrsfest, das ich je erlebt habe. Es passte einfach alles. Das Ambiente, die Organisation, die Musik, das Essen, der Wein, die Wärme, Palmen, Wasser, Strand – und nicht zuletzt der Mann an meiner Seite. Ein kleines Märchen: Traum aus Tausendundeiner Nacht. Nur eine Nacht, die aber hatte es in sich, satt an Luxus, an Schönheit, an Erotik. Mysterium: Das alte Jahr endete und das neue begann mit einem atemberaubenden Feuerwerk und genau zu jenen klassischen Klängen, die ich am Ende meiner Zeit im Jugendwerkhof und gemeinsam mit dreißig anderen Jugendlichen, in einer Tropfsteinhöhle hörte: Giuseppe Verdis „Gefangenenchor", den ich in der Folge immer nur „den Freiheitschor" nannte; denn wo einem die Gefangenschaft bewusst ist, da ist einem auch die baldige Freiheit daraus sicher. Wie damals, so tönte mir auch jetzt wieder dieser Chor als frohe Verheißung ins Ohr: *„Nur eine Frage Zeit, Juli, hab noch ein wenig Geduld – die Freiheit ist dir sicher!"*

Einen weiteren Tag verbringen wir noch im Hotel, dann hat auch Stefan keine Lust mehr auf Etikette: „Das hab ich doch tagaus, tagein auch zu Hause!", geht ihm urplötzlich auf. „Ich möchte mit dir alleine sein! Unbeobachtet. Vor allem aber auch nicht mehr unter Deutschen sein – wo sind eigentlich die Spanier in Spanien?", fragt er mich lachend.
„Ja, das hab ich mich auch schon gefragt", gebe ich ebenso lachend zurück, „aber vergiss nicht, dieses Hotel hier war deine Wahl, mir ist es gleich, wo wir die Tage verbringen."

Und das stimmte auch. Glücklich war ich im Grunde nicht der Dinge wegen, die ich da gerade sah oder erfuhr – des Service, des Essens oder der Sorglosigkeit wegen –, sondern allein der Freude Stefans wegen. An seiner Freude freute ich mich, danach verlangte es mich. Wenn er jetzt an diesem „Fünfsternedasein" keine Freude mehr hatte, dann konnte auch ich hier nicht mehr glücklich sein. Also checkten wir kurzerhand aus und bezogen eine kleine Finca inmitten einer ausschließlich von Spaniern genutzten Wochenendwohnanlage. Die kleine Finca gehörte unserem Autovermieter, dem Stefan sein

Leid geklagt hatte und der sich daraufhin postwendend bereit erklärt hatte, sie ihm für den Rest unseres Urlaubs zu vermieten. Diese Finca war nun genau das Richtige für uns. Fernab von allem Tourismustrubel und dennoch nicht stillos. Selbstversorgend, jedoch auch mit sehr gutem Restaurant auf dem Gelände. Selbstputzend, jedoch ohne Bedauern, denn ich hatte meine Freude daran, Stefan die Aufwartefrau zu sein, und Stefan erfreute sich daran, einmal „... wie ein altes Ehepaar" mit mir zusammen zu sein. Damit hatte nun auch Stefan endlich sein „alternativ" gefunden und blühte darin auch richtiggehend auf.

Jeden Tag waren wir jetzt im Jeep unterwegs, erkundeten die Insel. Früh am Morgen fuhren wir los und waren oft erst spät in der Nacht wieder zurück. Besuchten Puerto de Mogán, Arucas, Ingenio, Telde und eine Vielzahl mehr an Städten oder Dörfern und waren durchweg von dieser Seite Spaniens begeistert. Am meisten jedoch von jenem kleinen Bergstädtchen Teror, das uns mit seiner unglaublich einnehmenden Fauna drum herum, vor allem aber auch dem Duft der so zahlreich gerade am Beginn ihrer Blüte stehenden Mandelbäume derart betörte, dass wir weit nach Mitternacht an diesem Tage noch immer nicht wieder in der Finca waren – im Grase unter hohen Pinien liegend waren wir eingeschlafen.
Indes, nur einen einzigen Tag verbringen wir am

Strand von Maspalomas und werden dabei auch prompt wieder eingeholt von deutscher Subkultur. Ein Kamerateam erwischt uns. Gerade steige ich aus dem Wasser, da sehe ich es auf mich losmarschieren, mir zugleich eine Frage zuwerfend: „Finden Sie die Anbringung von Schlechtwetterfahnen auf den Bojen sinnvoll?"

„Ja, natürlich!", antworte ich ohne zu zögern, während ich mich zeitgleich in Richtung Liegestuhl und somit Stefan abwende. Die Kamera schwenkt herum, folgt meinem Blick: „Ah", fragt der Reporter, „findet Ihr Mann das auch?" Und schon hält das Kamerateam voll auch auf Stefan drauf – mit der Folge, dass spätestens nach der Abendschau im deutschen Fernsehen alle Bekannten, Verwandten und Geschäftspartner Stefans genauestens darum wissen, was Stefan eigentlich verheimlichen wollte: wo und mit wem er da gerade Urlaub macht.

„Das ist Vorsehung!", necke ich Stefan sogleich, nicht ganz ohne Schadenfreude.

Doch der nimmt es gelassen: „Weiß ja auch nicht, warum ich überhaupt so ein Geheimnis daraus gemacht habe – ist doch gar nichts dabei ..."

„Genau!", feixe ich weiter. „Aber gib es nur zu, du wolltest dich interessanter machen!"

Und natürlich verbringen wir an einem Tag auch einige Stunden auf dem Golfplatz der Insel. Stefan schwatzend und sein Handicap verbessernd auf der Bahn, derweil ich relaxt ein Buch lesend in dem an-

grenzenden Golfplatzrestaurant sitze. Es bleibt bei diesem einen Mal, obgleich ich Stefan anbiete, ihn auch weiterhin gern an Vormittagen auf den Golfplatz zu chauffieren: „Nee, lass mal, ich brauch das gar nicht", erkennt er schlicht schließlich für sich selber an, „das erinnert mich alles zu sehr ans Geschäft."
Am Ende können wir beide wirklich sagen, dass wir einen wunderbaren Urlaub zusammen verbracht haben. Ganz so, wie wir es wollten: alternativ! Denn gleich ob Eisenbett und Kakerlaken, Grabkammer oder Fünfsternehotel, Rucksack oder Abendrobe, einheimischer Discoschuppen oder edelste Nachtbar – was „alternativ" ausmacht, sind nicht die äußeren Umstände, sondern ist allein die innere Einstellung: Das Erfreuen an der Freude des anderen! Das hat mir dieser Urlaub mit Stefan deutlich aufgezeigt.

Wieder in Berlin. Stefan kauft mir all jene Möbel ab, die ich nicht mit in das Apartment schaffen kann: „So kannst du dich noch etwas länger über Wasser halten!", verteidigt er seinen Entschluss.
Eine Woche lang ist Stefan noch Abend für Abend bei mir, dann jedoch hat ihn sein Alltag ganz wieder – ist er meist in ganz Deutschland unterwegs. Unterdessen verbringe ich den Rest des Monats mit dem Packen von Umzugskisten und dem Renovieren des Apartments – malern, Teppichboden verlegen, Fliesen kleben –, allein, ja, aber nicht einsam oder

traurig darüber. Im Gegenteil, ich genieße es zusehends immer mehr, ganz mit mir allein zu sein: keine Stimme zu hören, die die Stille zerreißt. Denn in der Stille habe ich eher das Gefühl, mit allem eins zu sein: Da ist mir, als sei ich ganz umfangen von diesem Einen, das da in allem und alles ist – für mich.

Schnell ist der Umzug erledigt, eine Umzugsfirma kümmert sich darum. Und ebenso schnell habe ich mich eingerichtet: bin ich am selben Abend schon wieder ganz daheim. Hier nun geht mein Urlaub zunächst weiter. Zwangsweise, denn: „Der neue Anschluss steht erst in vierzehn Tagen", so erklärt mir der Monteur von der Telekom. Ohne Telefon bin ich also wie abgeschnitten von der Außenwelt. Kann mich niemand erreichen. Jedoch dies zu meiner höchsten Freude, denn ich bin gerade unsterblich verliebt. Ganz und gar, mit Haut und Haar. Diesmal in den Himmel, den ich nun tagtäglich in den verschiedensten Bildern, Formen wie Farben betrachten kann. Das Apartment liegt im zehnten Stockwerk, dem obersten des Hauses. Freie Sicht, wohin der Blick auch geht. Dazu atemberaubende Sonnenuntergänge, Wolkenschieben, Blitz, Hagel, Regen und an manchen Tagen kommt das Licht des Himmels sogar fast jenem gleich, das ich von meiner Nahtoderfahrung her kenne. Stundenlang verbringe ich nun auf der Terrasse oder drinnen hinter riesiger Scheibe auf dem Diwan sitzend, versunken in das

Himmelsbild: staunend und lauschend, unendlich glücklich, einfach seiend. Ganze vierzehn Tage lang tue ich wahrhaftig nichts anderes als dies: schauen, meditieren, schlafen, essen, trinken.

Nur ein einziges Mal wird dieser Zyklus ernstlich durchbrochen, von Stefan, der zwischen zwei Dienstreisen ‚schnell mal eben' vorbeischaut – ‚schnell', das ist für eine Nacht, in der ich schlafe und er wacht: „Unglaublich, dieser Frieden hier, der hat mich hellwach gemacht! Ich habe kein Auge zugetan, und doch bin ich ganz klar im Kopf – kein bisschen müde…", wundert sich Stefan am Morgen, kann es sich nicht erklären.
„Nein, erklären kann man das auch nicht. Es muss dir genügen, dass es so ist!", beruhige ich ihn. Und somit gleichzeitig auch mich, denn ebenso wie Stefan war auch mir aufgegangen, dass diese Wohnung nicht zu Aktionen einlädt, obgleich sie augenscheinlich mit ihren wenigen Quadratmetern eigentlich genau das vermuten ließ. Aber auch ich saß am liebsten nur stille in ihr, war selbst nicht mehr geneigt, den Fernseher anzuschalten oder das Radio. Beides stellte ich dann eines Nachts einfach auf die Straße, erlöst mich fühlend – keine Stunde später war es weg. Alles fiel ab von mir, bei diesem Sitzen, an diesem Punkt schien mir das Leben so klar, so einfach zu sein. Nein, eine Erklärung hierfür fand ich nicht, doch wäre es allein nach mir gegangen, wäre ich wohl ewig auch weiter so: einfach nur

sitzen geblieben. Aber es ging nicht nach mir. Der Telefonanschluss war irgendwann gelegt, und wenn ich nun auch deutlich weniger Kosten hatte, so waren doch immer noch welche da: Die Miete musste bezahlt werden, der Strom, die Versicherungen, das Auto, der Unterhalt für Nana, der Kaffee, die Zigaretten und nicht zuletzt das tägliche Brot. Also musste ich raus aus meinem hohen Glockenturm.

Stefan hatte mich an eines der größten Finanzdienstleistungsunternehmen Deutschlands vermittelt: „Da hast du beides, eine fundierte Ausbildung und die Möglichkeit, sofort viel Geld zu verdienen!", pries er mir den Job einer Finanzberaterin an. Dabei war ‚viel Geld verdienen' durchweg Stefans Anliegen, nicht mehr aber meines. Mir reichte es, wenn ich gerade so viel verdiente, dass die monatlichen Ausgaben damit gedeckt waren. Und doch ging ich auf Stefans Angebot ein: und zwar der Freiheit wegen. Schließlich arbeitet ein Finanzberater in eigener Regie und kann sich die Zeit einteilen, wie er will, so dachte ich bei mir. Mein einziges Anliegen hierin war es, Zeit zu erkaufen, damit ich unbehelligt in der Stille sitzen kann. Also inkarnierte ich Anfang März des Jahres 1996 in das Leben einer Finanzberaterin. Und war ehrlich begeistert darin. Zu erkennen, wie Wirtschaft und Politik funktionieren inmitten eines eigens hierfür erdachten Gebäudekomplexes, bestehend aus Gesetzen, Macht und Erwerbstrieb, bescherte mir im

Zusammenhang mit dem gleichzeitigen Studium der Heiligen Schrift eine Offenbarung nach der anderen.

„Unglaublich, aber wahr", so schrieb ich nach dem ersten Ausbildungszyklus in mein Tagebuch, *„das ganze System funktioniert nur, weil es als Basisstation die Angst des Menschen vor Verlust oder Besitzlosigkeit stehen hat. Fehlte dem Menschen die Angst, bräche das ganze System zusammen! Und damit das nun nicht geschieht, gibt es halt zuvorderst die Gesetze, dann den Handel! Gesetz und Handel sind die eigentlichen Macher hinter dem ganzen System – ganz gleich in welchem Berufszweig dreht sich alles um den Verkauf. Ein Mediziner verkauft zu der Illusion langes Leben seine Implantate, der Lehrer zu der Illusion Wahrheit der Wirtschaft genehmes Gedankengut und der Finanzberater zu der Illusion Sicherheit oder Reichtum halt Anlagen und Versicherungen. Das System ist so simpel! Und alle machen mit. Warum? Weil wir durch die Gesetze dazu genötigt sind! Nicht durch die Naturgesetze, wohl aber durch Menschengesetze. Die aber können umgangen werden, so man bereit ist, den Preis dafür zu zahlen. Der zu zahlende Preis ist kein geringer – Ausschluss aus der Gesellschaft –, aber der Siegespreis ist auch nicht zu verachten, heißt er doch: Freiheit von der Angst. Im Grunde habe ich keine Ahnung, wieso ich noch immer in diesem System stecke, gar mitmache, obgleich ich es nicht mehr will. Wo ist der Weg, der*

da hinausführt?"

„Wieso willst du da raus?", werde ich von Stefan gefragt, als ich ihm wenige Tage später dieselbe Frage stelle. „Du magst doch Schönheit?"
„Ja – aber keine Versklavung dafür!", gebe ich trocken zurück. „Was nützt es mir, alle Schönheit der Welt kaufen zu können, sie aber nicht genießen zu können, weil einfach keine Zeit mehr dafür vorhanden ist!? Außerdem kann Schönheit nicht erworben werden, jedenfalls nicht jene, nach der ich mich sehne. Verstehst du, um sie zu sehen, brauche ich eigentlich nur Augen und Herz zu öffnen, sie umgibt mich ja hier überall – da, sieh doch mal den Himmel an! ... Aber ich kann seinen Anblick nicht genießen, weil Augen und Herz vollgepackt sind mit Terminen und Gedanken rund um Finanzanalysen oder halt dem Kampf ums tägliche Brot. Sieh dich doch an, Stefan, wann bist du das letzte Mal einfach mal wieder barfuß auf einer Wiese gelaufen oder hast dir in aller Gemütsruhe die Spiegelung des Vollmondes auf dem See angehen? Das war in unserem Urlaub, nicht war?! Und das wahrscheinlich auch zum letzten Mal, bis zum nächsten Jahr. Ich will das nicht, Stefan! Ich will das umgekehrt: Jeden Tag die Schönheit genießen und meinetwegen, wenn es unbedingt sein muss, ein- bis zweimal im Jahr auch darauf verzichten ..."
„Hör auf, Juli, du bist ein Träumer", unterbricht mich Stefan lachend, „du bist nun mal nicht reich

geboren, also wirst du es wie alle anderen auch tun müssen – erst die harte Arbeit, dann später auch das Vergnügen."
„Später! Genau das meine ich – nicht später, jetzt will ich es! Was weiß ich denn, wie lange ich überhaupt lebe?! Nein, Stefan, ich fühle es genau, es gibt einen Weg da raus, ich kann ihn nur noch nicht sehen, das ist alles."

Darauf weiß Stefan nichts mehr zu sagen, jedoch fühlt er sich durch dieses Gespräch wohl aufgefordert, sich einige Gedanken zu machen. Jedenfalls steht er keine drei Tage später schon früh am Morgen mit fünfunddreißig samt-roten Rosen vor meiner Wohnungstür. Was mich ehrlich überrascht, denn wenn Stefan auch viele Geschenke machte, Blumen schenkte er bislang noch nie.
„Hast du was angestellt?", necke ich ihn denn auch.
„Nein, aber ich werde gleich etwas anstellen …"
Stefan wartet, bis ich ihm den Strauß abnehme. Während ich ihn nun auf dem Boden sitzend in eine Vase drapiere, spricht er weiter: „Würdest du dich mit mir verloben, Juli?", fragt er mich.
Ich blicke nicht mal auf, halte das Ganze für einen Scherz: „Aber ja doch – sofort."
Stefan kniet sich zu mir auf den Boden – hin zu der Vase in der jetzt neben mir die Rosen aufrecht wie salutierende Soldaten stehen: „Hallo! Jemand zu Hause? … Willst du dich mit mir verloben, hab ich gefragt!?"

„Herrje, du meinst das ernst!?" Jäh durchzuckt es mich. Minutenlanges Schweigen. Dann folgt mein schlichtes „Nein!" in dieses Schweigen hinein. Ganz sanft, ganz ruhig, aber bestimmt.
„Wieso nicht, Juli? Wir verstehen uns doch besser als kaum ein anderes Paar – wie Bruder und Schwester!?"
„Ja, Stefan, das ist wahr. Aber genau deswegen will ich auch eine Verlobung nicht. Ich liebe den Himmel, du die Symbiose zwischen zwei sich ergänzende Individuen: der Ehemann und seine Aufwartefrau. Verstehst du? Was ich liebe, kannst du mir nicht mehr sein, und was du liebst, kann und will ich dir nicht mehr sein, das ist Tatsache."
Es dauert einige Zeit, bis Stefan versteht. Dann aber bringt er das Ganze selber vortrefflich auf den Punkt: „Gegen ihn hab ich keine Chance – nicht wahr?!"
„Richtig!", bestätige ich ihm. „Wahrheit ist, dass ich schon viel zu weit fort vom sogenannten Normalen bin, schon zu tief in meinen Himmel eingedrungen bin, als dass ich noch einem Mann anhängen kann. Es geht nicht, immer mehr erfahre ich das Wort in mir:
‚Gott ist ein eifersüchtiger Gott'. (Quelle 2.Mos. 34, 14) Du wirst eine Passendere finden als mich, davon bin ich überzeugt."

Und so ist es dann auch. Ziemlich bald findet Stefan seine Katja, verlobt sich und heiratet postwendend,

denn: „Katja ist schwanger!" Er bleibt mir als Freund erhalten, wobei ich ihn nur dann noch sehe, wenn er gerade Probleme hat. Derweil ich mich unterdessen ganz an den Job verliere. Natürlich wenig erfolgreich, dazu fehlt mir die rechte Motivation oder auch der authentische Killerinstinkt. Es ist mir unmöglich, den Kunden während eines Analysegespräches nicht darüber aufzuklären, dass es im Grunde vollkommen gleich ist, welche Versicherung er abschließt oder in welche Anlage er investiert: „Bevor Sie hier unterschreiben", so kläre ich im Vorfeld stets ab, „sollten Sie sich darüber im Klaren sein, dass es die einmalig sichere Anlage gar nicht gibt. Nichts in diesem Leben ist sicher, alles ist dem Zerfall unterworfen – und über das Wann bestimmen nicht wir! Und jene Versicherung, die heute die günstigste ist, kann morgen schon die teuerste sein …"
Wenn der Kunde dann dennoch kaufte, konnte ich mir wenigstens einreden, ihm nichts vorenthalten zu haben. Doch zumeist gingen solche Aufklärungskundentermine nicht über eine Finanzanalyse hinaus. Meine Abschlüsse tätigte ich denn auch tatsächlich nur bei jenen Kunden, denen es nicht um Aufklärung, sondern einzig um Profit ging. Welche im Gegenteil oft sogar selbst genaueste Kenntnis vom Finanzwesen besaßen, denen es aber durchweg spannender und lohnender erschien, die da von einem jeden Menschen ersehnte Freiheit im Mammon Geld zu finden, so frei nach dem Kindermotto:

„Ich halt mir die Augen zu, dann sieht mich die Realität nicht mehr!" Im Grunde war diese Art von Verkauf ein einziger Krampf für mich. Und von freier Zeiteinteilung konnte ebenso auch wahrlich keine Rede sein: Studium, Produktschulungen, Kunden akquirieren, Kundenbesuche – oft querbeet durch ganz Berlin dazu fahrend – und schließlich noch die ewig langen Telefon- oder Verkaufsgesprächstrainingsstunden im Büro nahmen nicht selten gut an die vierzehn Stunden am Tag in Beschlag. Und das nicht nur an den Wochentagen, sondern vornehmlich gerade auch an den Wochenenden.

Unmöglich für mich, dazwischen noch zu lesen oder zu meditieren. Ausgelaugt fiel ich nur noch ins Bett, sobald ich nach Hause kam. Und oft fragte ich mich dann am Morgen danach, wie das wohl die Kollegen schaffen, die ja da zumeist noch eine Familie dazu hatten, aber immer wenn ich nachfragte, bei dem einen oder der anderen, bestätigte mir all das, was sie mir da von sich erzählten, nur noch mein langsames, aber doch stetes Begreifen, so notiere ich in mein Tagebuch:

„Von Lebensqualität kann in diesem Finanzberaterleben nun wahrlich keine Rede sein, die gibt es hier schlicht nicht! Es sei denn, man hält Leistungsdruck, Entlohnung auf Provisionsbasis, ein geschürtes wie manipuliertes Wettbewerbsverhalten unter Kollegen und das latent – und wie ein Schulkind unter Aufsicht stehend – Gemaßregeltwerden

für eine solche, dann wäre wohl alles in bester Ordnung, aber auch diese Freude findet sich hier nicht."

Unglückliches Paradoxon! Denn in diesem Finanzunternehmen gibt es nicht einen einzigen Freien, obgleich wir alle – rechtlich gesehen – als Freiberufler gelten. Die dabei so viel gepriesene freie Zeiteinteilung ist reine Fiktion. Im Grunde sind wir ärger dran als jeder Angestellte, denn der weiß wenigstens genau, wann er Feierabend hat, und kann diesen dann auch feiern, so er will. Wenn ich jetzt Feierabend habe, kann ich noch lange nicht den Feierabend feiern, denn dann stehen noch die Nacharbeiten, Werbung oder die Terminierung an.
Es ist der Leistungsdruck, der uns sogenannte Freie daran hindert, uns die Zeit so einzuteilen, wie wir es mögen, hervorgerufen durch die Entlohnung auf Provisionsbasis. Ausnahmslos nur Provision zu erhalten, bedeutet nämlich genau genommen nichts anderes als Monat für Monat enorme Ausgaben zu haben, nie aber zu wissen, was tatsächlich am Ende des Monats dabei wieder hereinkommt bzw. für den Lebensunterhalt ausgegeben werden kann. Denn sobald der Kunde einen einmal geschlossenen Vertrag ändert oder gar aufkündigt – selbst nach Monaten noch – muss die erhaltene Provision dafür anteilig oder eben auch in voller Höhe zurückgezahlt werden. Das heißt, sie wird uns Finanzberatern schlicht von der Provisionsabrechnung nächsten Monat

wieder abgezogen. Das ist schier untragbar für mich, denn auf diese Weise besteht immer die Gefahr, dass ich über Nacht vom freien Mitarbeiter des Unternehmens nun zu dessen Schuldner mutiere, so ich einmal in einem Monat nicht ausreichend Abschlüsse getätigt habe oder nicht umsichtig genug in der eigenen Finanzplanung war, um solche Rückzahlungen schadlos zu überstehen. Dass diese Gefahr real ist, erlebte ich in der Folge oft bei dem einen oder anderen Kollegen, am intensivsten jedoch an Demian.

Demian

Er gehörte nicht zu den Machern des Unternehmens. Das heißt, nicht zu jenen, die über ein auffallend fundiertes Fachwissen verfügten. Dafür aber über ein unglaublich strahlendes Lächeln. Damit fing er seine Kunden. Schon sieben Jahre lang. Im Anzug machte er noch etwas her, ohne aber kam er fast wie ein pummeliger Lausbub daher. Niemand nahm ihn wohl wirklich ernst im Unternehmen, dafür waren seine Zahlen nicht hoch genug, aber mehr noch war es wohl der Umstand, dass er mit einer zwanzig Jahre älteren Frau verheiratet war, die „... dicke, satt schwarze Haare auf den Zähnen hat und unter deren handfester Zucht der Demian steht ...", so spotteten die männlichen Kollegen gern. Indes die weiblichen Kollegen sich so ziemlich einig waren, „welch ein Glück diese Frau doch hat, allmorgendlich von diesem Lächeln geweckt zu werden".

„Ja!", befand auch ich scherzend einmal: „So fängt ein Tag gleich warm und sonnig an", ohne allerdings wirklich dahinterzustehen, denn im Grunde konnte ich Demian – und das im wahrsten Sinne des Wortes – partout nicht riechen. Wo immer Demian aber auch gerade entlangzog, auf den Fluren des Unternehmens oder auch in den verschiedenen Büros, hing ewig noch sein Duft im Raum, so stark, dass es mir bisweilen übel davon wurde. Irgendwie schienen sein Parfüm und der hauteigene Körpergeruch nicht miteinander kompatibel. Jedenfalls nicht für meinen Geruchssinn, da half auch das schönste Lächeln nicht. Wo immer es also ging, wich ich Demian aus.

Eines Freitagmorgens aber gelang mir das nicht. Ein Versicherungsunternehmen hatte dem Unternehmen ein neues Produkt angeboten – was für uns Finanzdienstleister wieder Schulung und ewig lange Telefonakquise bedeutete. Der Trainer für diese Schulung war ausgerechnet Demian. Zusammen mit zwanzig weiteren Finanzberatern sitze ich nun vor ihm, in meinem Innern gegen die aufkommende Übelkeit ankämpfend, indes im Außen jedoch ehrlich offenen Herzens bemüht, seinen Worten zu folgen. Doch was da zunächst an Worten nur wieder

kommt, ist die übliche Methode des Unternehmens, die mich schon von Hause aus jedes Mal regelrecht anwidert: Nacheinander wird jeder Einzelne auf seine ‚höchsten Ziele' hin befragt, getreu dem Motto des Gesamtwirtschaftssystems: erst Bedürfnisse wecken, dann verkaufen.
„Ich habe keine finanziell hochgesteckten Ziele!", habe ich dabei schon Dutzende Male ausgesagt. „Einzig mein Dach über dem Kopf und den Lebensunterhalt will ich bestreiten."
Doch obgleich es sich immer um die gleichen Trainer handelt, die da vor uns stehen, werde ich jedes Mal doch wieder aufs Neue danach gefragt, als sähen sie mich gerade zum ersten Mal in ihrem Leben. Auch diesmal, alle anderen sind schon durch, jetzt bin ich an der Reihe: „Und, Frau Sommermond, wie steht es mit Ihnen? Wie viel wollen Sie heute Abend verdienen – zehntausend, fünfzig- oder hunderttausend?" Dann schweigt der Trainer Demian, wartet auf eine Antwort. Als ich ihm keine gebe, setzt er sein Lächeln auf, fährt fort, in gütigster Oberlehrermanier: „Na ja, ist schon gut, Frau Sommermond! Wichtig ist nur für Sie zu wissen, dass wir alle jetzt hier, mit jedem Anruf, den wir nun tätigen, dem freien Flug der Möwe wieder ein ganzes Stück näher kommen …"
„Freie Möwe?", hallt es fragend in mir nach. Dann schießt es mir ein: *„Na klar, das Firmenlogo!"* Und just platzt mir dabei buchstäblich der Kragen: „Lassen Sie das!", gebe ich scharf zurück. „Ich habe

diese Psychospielchen mehr als satt! Sie glauben doch selbst nicht, was Sie da sagen, schauen Sie doch mal auf Ihre eigenen Zahlen. Und wissen Sie was, das können Sie auch nicht, weil es in diesem Unternehmen gar keinen freien Flug gibt! Nicht einen Freien – mit Ausnahme vielleicht des Gründers –, also ersparen Sie uns bitte diese Augenwischerei. Erklären Sie uns einfach das Produkt und gut is' – danke!"
Mucksmäuschenstill ist es jetzt im Raum. Es scheint, als hielten alle die Luft an. Demian lächelt noch immer, nun aber leblos. Eine kleine Ewigkeit lang, dann hat er sich wieder gefangen, setzt sich auf, holt einmal tief Luft, geht dann ohne Übergang zur fachlichen Tagesordnung über: „Gut, dann wollen wir mal!"

Es wird ein langer Freitag. Zügig laufe ich an seinem Ende zu meinen Wagen, der inzwischen ein gebrauchter Mercedes ist – ‚passt besser zum Beruf', folgte ich der Aufforderung der Unternehmensleitung. Jetzt freute ich mich auf daheim und eben will ich das Auto steigen, da streift ein Dufthauch meine Nase:
„Demian!", klassifiziert erschreckt mein Verstand. Und schon höre ich auch seine Stimme:
„Also, es tut mir wirklich leid – was da gerade gelaufen ist ... Entschuldigen Sie bitte, aber ich hab Ihnen ja schlecht vor den anderen recht geben können."

„Ist schon gut, ich hätte Sie ja auch nicht herunterputzen dürfen vor den anderen. Ich glaub, ich bin einfach nur müde derzeit – vergeben wir uns einfach beide, ja?!" Dann steige ich in den Wagen ein, will losfahren, aber Demian hält die Fahrertür fest, setzt sein charmantes Lächeln auf:
„Haben Sie heute noch einen Termin?"
„Nein, ich wollte einfach nur nach Hause und ins Bett!", gebe ich offen zurück, was Demian sichtlich erfreut.
„Würden Sie vorher noch mit mir zu Abend essen – so als Wiedergutmachung vielleicht?!"
„Hm", überlege ich, eigentlich bin ich müde, andererseits ist da aber auch in mir ein klein wenig schlechtes Gewissen. Im Grunde hat mein Ausbruch ja den Falschen getroffen – auch Demian ist nur ein Diener des Systems, wie ich, und nicht sein Macher. Also schlage ich ein.

Demian ist ein Fan von griechischem Essen, also führt er mich zu einem Griechen, gleich in der Nähe des Büros. Bietet mir sogleich das Du an, wenig später schon seine Freundschaft und nachdem das Moussaka gegessen – und der Weißwein ausgetrunken – ist, gesteht er mir neben vielem anderen auch, dass er schon lange nach einer Möglichkeit gesucht hat, mit mir in Kontakt zu treten:
„… aber irgendwie hatte ich nie Gelegenheit, dich anzusprechen, immer warst du schon vor mir weg!"
„Naja, du weißt ja, wie das ist", lüge ich glatt,

„schnell rein ins Büro und schnell auch wieder raus." Was sollte ich auch sagen, denn riechen konnte ich Demian ja noch immer nicht. Nein, das konnte ich nicht. Immerhin aber konnte ich ihm ohne Umschweife sagen, dass ich keine Beziehung suchte, dass meine große Liebe der Himmel ist, Freundschaft aber durchaus in Ordnung wäre. Darüber ist Demian sehr glücklich und nimmt mich hierbei auch tatsächlich ganz beim Wort. Besucht mich von nun an zweimal die Woche – ausnahmslos bei Tage – mindestens für eine Stunde. Im Grunde verbindet uns nur die Arbeit. Jedenfalls sehe ich das so, denn wann immer wir auch zusammen sind, reden wir über nichts anderes als die Finanzwelt, unsere Abschlüsse, die Kollegen oder das Unternehmen. Stets gleicher Ablauf, auch mein Verhalten danach: Kaum ist Demian zur Türe hinaus, stürze ich an die Fenster, die Räume zu lüften. Ein Verhalten, das mir selber irgendwie krank vorkommt. Dennoch, abstellen kann ich es nicht. Demian indes scheint rundherum mit unserer Freundschaft zufrieden. Eines Tages bittet er mich, mir ein Kostüm schenken zu dürfen, er hätte da gerade ein paar große Abschlüsse getätigt und wolle auf diese Weise seine Freude mit mir teilen. Und mehr aus einer Laune heraus als aus echtem Bedarf willige ich auch ein.

Die Schneiderei hat Demian selbst ausgesucht, den Stoff wählen wir vor Ort gemeinsam aus und bei allen Anproben ist Demian schließlich dabei. Den zu

erstattenden Preis handelt der Schneider gleich selbstredend mit Demian aus, in der Annahme, ich sei dessen Ehefrau, worauf Demian belustigt und nur allzu gern eingeht: „Für meine Frau ist mir nichts zu teuer", trumpft er auf.
„Das ist sehr edel von Ihnen", höre ich daraufhin noch heute den Schneider guten Herzens sagen, „das macht dann summa summarum auch nur achthundertdreiundsiebzig Mark für Sie – zahlbar nach Fertigstellung."
Schon unterzeichnet Demian den Auftrag, während ich nicht im Mindesten reagiere. Noch sehr an die hohen Einkaufssummen meines vorherigen Lebens gewöhnt, erscheint mir dieser Preis für ein maßgeschneidertes Kostüm als durchaus angemessen, ja sogar günstig. Und das stimmte schließlich auch, nur hatte ich bei all dem übersehen, dass der Schenker in diesem Fall nicht mehr Stefan, sondern Demian, ein befreundeter Arbeitskollege war, der einen solchen Kauf nicht alle Tage, geschweige denn souverän tätigen konnte.

Drei Wochen später. Hörbar erfreut ruft mich der Schneider an: „Hallo, Frau Sommermond, das Kostüm ist fertig, Ihr Mann kann es abholen!"
Sachlich gebe ich diese Nachricht an Demian weiter. Der aber reagiert nicht. Unterdessen ruft der Schneider auch Demian noch zwei weitere Male an, ob der nicht mal eben vorbeikommen kommen könne, doch Demian denkt nicht dran. Also frage ich ihn rund-

heraus, was eigentlich los ist, schließlich habe ich selber das Kostüm nicht verlangt und hätte es auch nie in Auftrag gegeben. Da gesteht mir Demian, dass die großen Abschlüsse allesamt geplatzt sind, er aber die Provisionen dafür schon ausgegeben hat.

„Ehrlich, Juli, die Abschlüsse waren sogar überdurchschnittlich abgesichert – kein Mensch hätte ahnen können, dass dem über Nacht die Frau wegrennt…"
„Was hat denn die Frau damit zu tun?", will ich wissen.
„Sie hat das Geld…", antwortet Demian tonlos.
„Genau!", denke ich da bei mir und spreche es sogleich auch aus: „So schnell geht das in diesem Geschäft – heute ein König, morgen der Bettelmann, nein danke, ich muss da raus!"
Kein Trost für Demian, ich aber fühle mich irgendwie erleichtert nach diesen Worten. Nein, das wird mir nicht geschehen, spüre ich überdeutlich, früher oder später werde ich gehen, weiß ich jetzt gewiss.

Fünf ganze Monate braucht Demian, um sein Provisionskonto auch nur annähernd wieder auszugleichen, wobei das Kostüm unter all seinen Ausgaben wohl noch das geringste Übel darstellte. Dennoch, wo kein Geld mehr vorhanden ist, so dachte ich damals bei mir, da stellt jeder erhaltene Cent ein kleines Vermögen dar, das kannte ich nur zu gut, also machte ich Demian den Vorschlag, das Kostüm sel-

ber zu zahlen, und schnell willigte er auch ein. Zwei Tage später aber steht Demian dann doch selber mit dem Kostüm in der Hand und gewohntem Lächeln auf dem Gesicht vor der Tür:
„Du kannst es dir erst recht nicht leisten!", begründet er das.
„Richtig!", gebe ich schlicht nur zurück. Woher er das Geld dafür genommen hat, hab ich bewusst nicht gefragt. Die ganze Sache war eh schon peinlich genug, da wollte ich nichts mehr dazutun, wertete sie doch meine ohnehin schon nicht sehr hohe Meinung über Demian noch einmal ein ganz entschiedenes Stück weiter ab.
Das Kostüm trug ich nur ein einziges Mal. Immer aber wenn ich es im Kleiderschrank hängen sah, war es mir Mahnung und Zeichen für ein menschenverachtendes Lohnsystem, welches den Nächsten latent in Versuchung bringt, Geld auszugeben, das er nicht besitzt, anstatt ihn gleich der natürlichen Ordnung gemäß zu entlohnen. Freier Wille?! Ja! Demian hatte sich auf eine solche Entlohnung eingelassen – genau wie ich, auf diese und auf Demian als Freund.

Der Sommer dieses Jahres ist vorüber. Herbstlich bunt zeigen sich nun nicht nur die Blätter an den Bäumen, sondern auch Demian. Eines Tages fragt er mich, ob es nicht möglich wäre, „weil wirklich sinnvoll", wenn er am Sonntag, den 2. Oktober, bei mir bliebe. Seine Frau sei eh bis zum Montag im

Westerwald bei ihren Eltern.

„Das passt sehr gut", suggeriert er schließlich, „da fahren wir am Montag früh gemeinsam ins Büro und meine Frau kann mich dann am Nachmittag von da auch wieder abholen."

„Und mit welcher Begründung?", will ich wissen, im Grunde wenig erfreut über seinen Vorschlag. „Wozu soll das gut sein?"

„Wozu das gut sein soll?", stutzt Demian erst, lacht dann aber auch gleich wieder hell auf: „Ah, verstehe – nee du, nur keine Angst –, zu gar nichts! Aber du hast den Firmentag vergessen, richtig?! Wir haben letzten Monat darüber gesprochen …"

Richtig, den hatte ich völlig vergessen. Alljährlich am 3. Oktober fand im Unternehmen der Tag der offenen Tür statt. Einen ganzen Tag lang waren dann sämtliche Bereiche des Hauses der Öffentlichkeit zugänglich. Mit viel Rummel drumherum, also Animationen für die Besucher und enormem Zeitaufwand für alle Mitarbeiter: „Vor sechs in der Frühe geht's los für uns und ist gegen Mitternacht erst beendet – so wir Glück haben", stöhnte damals eine Kollegin. „Und Parkplatz kannste auch vergessen!", fügte eine weitere noch hinzu. Es machte also wirklich Sinn, da in einem Auto ins Büro zu fahren, da an diesem Tag zu den Besuchern am Morgen dann auch noch sämtliche Kollegen fast gleichzeitig im Büro eintreffen würden. Und doch, auch eines Parkplatzmangels wegen muss Demian nicht unbedingt bei mir übernachten, so denke ich bei mir

und wehre mich weiter gegen seinen Vorschlag:
„Ich kann dich auch abholen!", schlage ich vor, doch Demian lässt sich nicht abwimmeln.
„Aber das ist doch Quatsch!", legt er sein Veto ein. „Einmal quer durch die Stadt, wann willst du denn da aufstehen – morgens um vier?!"
Und da komme ich wirklich nun in Bedrängnis. Offiziell gibt es ja wirklich keinen Grund, Demian nicht bei mir übernachten zu lassen, ganz im Gegenteil, es war ja geradezu sehr vernünftig sogar. Wovor es mir aber graute, war die Vorstellung, Demians Geruch nun länger als ein paar Stunden ertragen zu müssen – das aber getraute ich mich nicht ihm zu sagen.
„Also bleibt dir keine andere Wahl, als zuzustimmen", gebe ich mir schließlich selber klein bei, „und dann ohne Murren den Preis für deine Feigheit zu zahlen …"

So dachte ich, so entschied ich mich und so geschah es dann auch. Pünktlichst um vier, am Nachmittag des 2. Oktober, klingelt Demian an der Haustüre:
„Hallo, ich bin es!", ruft er mir durch die Sprechanlage zu, „lass uns doch noch eine Runde drehen."
„Nur zu gern!", gebe ich lachend zurück und bin im Nu auch schon unten, wo mich Demian freudig empfängt.
Gemütlich schlendernd gehen wir in die nahe gelegene Kleingartenanlage, entspannt und gelöst, wie ein trautes Geschwisterpaar. Demian plaudert heute,

entgegen seiner sonstigen Gewohnheit, viel und ausgelassen von seiner Jugend, scheint irgendwie wie ausgewechselt ...

„... und dann war da dieses Mädchen, ich war unsterblich in sie verliebt! Sie sah mich natürlich nicht – wie das oft so ist, nicht wahr?! War ja auch mindestens fünf Jahre älter als ich ... Einmal hab ich sie heimlich beobachtet, als sie im See badete – gleich nach Sonnenaufgang. Es war Zufall, ich konnte nicht mehr schlafen und hatte mich aus dem Haus geschlichen. Da sah ich sie plötzlich stehen – nackt, weil sie wohl glaubte, sie sei allein – von einem Baum aus, auf den ich geklettert war, um nicht erwischt zu werden von meinen Eltern – ich war ja erst zwölf. Ich fand sie wunderschön. Wie sie so da stand: Wasserperlen auf der gebräunten Haut, ganz in das rote Morgenlicht getaucht – irgendwie bizarr das ganze Bild, ich hab es nie vergessen ... Um noch besser sehen zu können, beugte ich mich schließlich immer weiter vor – hocherregt –, da geschah es: Ich verlor die Balance und stürzte kopfüber herunter vom Baum. Wie ein nasser Sack, schwer plumpsend, dabei so einige Zweige mitreißend, die sich dieser rohen Gewalt natürlich nur laut krachend ergaben – und mich so als Spanner entlarvten. Du kannst dir sicher vorstellen, wie peinlich mir das war ... Mir selber war nichts passiert – nicht eine Schramme! Der Schock aber, entlarvt zu sein, lähmte mich, ließ mich am Boden kleben. Verzweifelt versuchte ich, auf die Beine zu kommen, die aber wollten nicht

stehen, knickten immer wieder ein. Währenddessen sehe ich, wie Angelina, so hieß das Mädchen, sich hastig anzieht, dann forsch herankommt – ehrlich, da hab ich mir wirklich den Tod gewünscht. Und dann noch einmal mehr in jenem Moment, als sie mich da hocken sieht: Da grinste sie einfach nur breit. Erleichtert oder höhnisch, hab ich mich all die Jahre danach gefragt. Jedenfalls sprach sie kein einziges Wort zu mir, drehte sich nur achselzuckend um und ging fort."
Demians Aufgeschlossenheit steckt auch mich an, also frage ich amüsiert zurück:

„Und? Was war sie für ein Typ? Ganz sicher war es ein erleichtertes Grinsen – sie entdeckte ja nur einen neugierigen kleinen Jungen, dem nichts weiter passiert war, außer natürlich, dass er gerade beim Spannen erwischt wurde – das ist Strafe genug."
„Oh ja, das kann ich dir unterschreiben! Wir wohnten ja in einem kleinen Dorf und immer wenn ich sie jetzt sah, bekam ich einen hochroten Kopf – das fiel natürlich auf und so zogen mich bald die Jungen aus der Schule ziemlich damit auf ...", kurz hält Demian inne, bleibt stehen, schaut mir geradewegs in die Augen, „... aber vom Typ her, da war sie wie du. Ebenso froh und geheimnisvoll – so anders halt. Du erinnerst mich an sie."
„Aha", entfährt es mir nur, ohne dabei zu erfassen wofür es hier steht. Indes bin ich ganz gefesselt gerade von Demians Augen. Eigenartig, denke ich bei

mir, ich hab sie noch nie wirklich wahrgenommen?!
Es sind schöne Augen, gelbbraune Augen, die mich
gerade in irgendeine Unendlichkeit mit hineinnehmen. *„Weiß er das?"*, frage ich mich urplötzlich
und zutiefst darüber erschrocken, als hätte wer nun
auch mich beim Spannen erwischt. Irritiert reiße ich
mich los von diesem magischen Zauber. Schaue verlegen auf den Boden. Was immer es auch war, es
passte schließlich nicht für mich. Denn gleich ob
Demian oder wer auch immer, ich wollte keinen
Mann, also sah ich sie auch am besten gar nicht erst
an – *„jedenfalls nicht so, Juli!"*, schalt ich mich.

Wenig später sitzen wir wie gewohnt in meinem
Apartment. Demian auf meinem barocken gold-roten Diwan, ich ihm gegenüber auf dem einzigen
Sessel dazu. Noch immer ist Demian am Plaudern
über sein Leben, während ich still lausche. Derart
intensiv jedoch, dass ich gänzlich vergesse, Demian
etwas zu essen oder mindestens doch zu trinken anzubieten. Das geht mir erst auf, als er mich mitten in
einem Satzablauf unvermittelt fragt, ob ich vielleicht
ein Bier im Haus habe. Herrje, ich bin unmöglich,
denke ich:
„Nein!", antworte ich schlicht. „Aber wenn du
magst, kannst du dir dein Bier von der Tankstelle an
der Ecke holen, während ich uns etwas zu essen
richte – ist das okay für dich?"
Demian nickt frohgelaunt, steht postwendend auf
und verlässt das Haus. Kaum ist er zur Tür hinaus,

reiße ich mechanisch auch schon wieder die Fenster auf. Wie ich da aber nun so stehe, geht mir auf, dass ich eigentlich gar nichts rieche. Nichts! Weder gut noch schlecht. Sehr merkwürdig, befinde ich, darüber nachdenken aber will ich nicht. Auch nicht darüber, dass Demian heute nicht wie sonst nach Hause fahren wird, sondern die Nacht über dableibt – gleich ob ich ihn nun riechen kann oder nicht. Also richte ich eine kleine Mahlzeit her und auch das Bett gleich noch mit, da sich ja auch die Frage, wo Demian nun bei mir schlafen wird, nicht wirklich stellt – natürlich werde ich ihn für die Nacht mit in mein Bett nehmen müssen, schließlich kann ich ihn ja schlecht auf einem zierlichen Zweisitzer oder auf dem Boden schlafen lassen. Aber irgendwie, so spüre ich, ist alles gut. Als Demian wieder eintrifft, ist der Tisch fertig gerichtet, die Kerzen angezündet und die Entspannungsmusik aufgelegt. Da habe ich im Grunde alles so vorbereitet, wie ich es immer tue, nur eben sonst nur für mich allein.

Zu seinem Bier hat Demian nun gleich auch noch eine Flasche Wein mitgebracht:
„Von deinem Italiener", frohlockt er übermütig, „mit besten Grüßen, soll ich dir sagen!"
Dann sitzen wir uns wieder, bis weit in die Nacht hinein, gegenüber – essen, trinken, reden. Und mit jeder weiteren Stunde, die vorübergeht, merke ich, dass mehr und mehr ein ganz anderer Geist zwischen uns weht. Nichts ist mehr trennend – ich höre,

sehe, spüre und rieche Demian nicht mehr und so bin ich wohl zum ersten Mal seit ich Demian kenne, auch ganz offen für ihn, ja kommt er mir wunderbar verändert vor, so ganz und gar nicht mehr wie der nur liebenswerte, etwas pummelige kleine Loser, sondern absolut autark, stark und durchweg männlich.

Nein, nicht Eros war die Stimmung dieser Stunden, sondern eine unglaublich tiefe, und dennoch undefinierbare Verbundenheit. Irgendeine Kraft war hier zugange, die uns miteinander verwob, das war mir bei allem sehr bewusst: eine Kraft, die weder Demian gehörte noch mir.

„Was läuft hier?", frage ich schließlich still und hochverwundert in diesen Geist hinein. „Dein Wille geschehe…", kommt es prompt als Antwort zurück und erschüttert mich mal wieder bis auf den Grund meines Seins. „Ja, dein Wille, Herr! Das ist es! Ja, Herr, was immer hier auch gerade geschieht oder noch geschehen wird, es ist dein Wille!" Und stark gesellt sich nun auch die Gewissheit dazu: Hier gibt es keine andere Wahl – weder für Demian noch für mich.

Irgendwann scheint alles ausgesagt, liegen wir still nebeneinander in meinem Bett.
Der letzte Ton meiner Lieblingsmusik ist verklungen, müde hebt mein Arm sich auf zur Nachttischlampe, das Licht auszuschalten. *„Endlich!"*, freue ich mich gerade eben noch, da treffen meine Augen auf

Demians Gesicht, auf dem wieder sein typisches Lächeln ist. „Okay, okay, mir gibt es nichts!" Das Licht ist gelöscht, meine Augen sehen längst nichts mehr – da trifft mich doch dieses Lächeln wie ein Blitz. Fährt elektrisierend durch meinen ganzen Körper und offenbar auch wieder hinaus, dabei Demian erfassend, der nun wohl ebenso nicht mehr anders kann, als darauf zu reagieren. Seine kräftigen Hände packen meinen Körper, im Nu liege ich auf dem Bauch und bin meinen Pyjama los, indes sein Körper sich hinter mir aufschwingt und mit seiner ganzen Manneskraft in mich eindringt: gewaltiger Ansturm, sehr heftig, aber kurz – ähnlich wie es der Ochs treibt mit der Kuh. Geballt fokussierte Entladung, dann ist der Sturm vorbei. Schwer rollt Demian sich zur Seite ab, indes ich einfach zusammensacke und bäuchlings liegen bleibe – zu erschöpft, um mich auch nur einen Zentimeter weit noch zu bewegen. Mein letzter Gedanke vor dem Hinübergleiten: „War da was? ... Ach nein, kann ja nicht sein, dein Zyklus ist noch nicht vorüber!"

Anderen Morgens weckt mich mein Magen mit einem stechenden Schmerz. Verwirrt richte ich mich auf, bevor ich jedoch noch klar denken kann, erfasst mein Herz den Schmerz bereits in nur einem Wort: Demian! Mein Geruchssinn ist zurückgekehrt, noch bevor das Bewusstsein den Blick dafür schärfen konnte, und findet sich nun wieder umnebelt von einem ihm als höchst unangenehm bekannten

Duft. Im Nu bin ich nun aus dem Bett heraus, laufe wie um mein Leben ins Bad. Ergreife gerade noch rechtzeitig den Toilettendeckel, schon übergebe ich mich heftig in die Kloschüssel hinein. Einmal, zweimal, dreimal, am Ende ist nichts mehr da an Inhalt in meinem Magen, und doch, ich würge immer noch – spastisch, laut geräuscholl. Das weckt Demian auf, schlaftrunken wankt er heran: „Was ist los? … Kann ich dir helfen?", fragt er mich.
Oh nein, bloß das nicht! Hektisch winke ich mit den Armen ab. Schon sein bloßer Anblick scheint meinen Magen jetzt zu reizen. Das geht eine gute Stunde lang so jetzt zu reizen. Das geht eine gute Stunde lang so. Schließlich aber ist es doch vorüber, wie es gekommen ist – urplötzlich, als wäre nichts gewesen. Erleichtert begebe ich mich zu meiner kleinen Espressomaschine. Der Tag scheint gerettet, so jubelt es in mir, während Demian noch immer auf der Bettkante sitzt, mich aus großen Augen fragend anschaut. Eigenartig, denke ich jetzt, wie er so dasitzt: Wer ist dieser Mensch überhaupt?! Ein Lächeln jedenfalls hat mich heute Morgen nicht geweckt, geht es mir belustigt auf. Überhaupt, alles kommt mir grad so urkomisch, so surreal vor und mir ist sehr zum Lachen zumute in Anbetracht der ernsten Mine, die da jetzt auf Demians Gesicht zu sehen ist.
„Ist schon okay", beruhige ich ihn stattdessen, „magst du auch einen Espresso?"
„Ja, gern", kommt es zurück, „aber meinst du, dass du jetzt einen trinken solltest?!"

„Oh ja!", gebe ich fröhlich zurück. „Weißt du, das eben hat nichts mit dem Magen zu tun, sondern eher mit meinem Geruchssinn ..." Und davon war ich wirklich vollends überzeugt.

Zwei Monate später. Die Nacht mit Demian hatte ich völlig vergessen. Sie besaß ja keinen nennenswerten Erinnerungswert für mich. Mit Ausnahme vielleicht der mystischen Erfahrung für meinen Geruchssinn. Auch habe ich Demian nach jenem Tag der offenen Tür in der Firma nicht wiedergesehen. Was aber nicht an einem Nichtwollen lag, sondern vielmehr an jenem chronischen Zeitmangel, unter dem ich in der Folgezeit nun fast ausschließlich nur noch litt. Denn dieser Unternehmenstag hatte mir überdurchschnittlich gute Ernte eingebracht, was die Terminierung von Neukunden betraf, sodass mein Zeitplaner am Ende jenes Tages restlos, bis weit über zwei Monate im Voraus, mit Terminen angefüllt war – die nun alle abgearbeitet werden mussten. Hinzu kamen noch die Schulungen und Meetings im Büro. Es blieb keine Zeit mehr übrig, für nichts und niemanden mehr. Der Finanzberateralltag hatte mich derart in Beschlag genommen, dass ich kaum noch in anderen Kategorien denken konnte außer jener von den Zahlen rund um diverse Finanzanalysen und Wirtschaftssysteme. Und das machte mir nicht einmal mehr etwas aus. So blind war ich schon wieder: mechanisch ausgeführte Reaktionen, ohne dabei zu denken. Auch an jenem

Vorabend zum 10. Dezember noch, an dem mal wieder unbemerkt von mir bereits erneut der Tod in mein Leben tritt.

Mord

In meinem Terminkalender steht ein Termin, den ich irgendwie nicht zuordnen kann, also greife ich zur Visitenkartenbox, wie ich es immer tue, wenn ich einen Termin nicht zuordnen kann. Schnell ist das Datum mit der entsprechenden Uhrzeit gefunden. Er steht auf der Visitenkarte von Doktor Petter, meinem Gynäkologen. Ja richtig, geht es mir sogleich auch auf, die alljährliche Routineuntersuchung. So stehe ich anderen Tags auch ziemlich relaxt am Empfang der Praxis, lasse mir Blut abnehmen, gebe meinen Urin ab, begebe mich anschließend auf den Stuhl. Alles ist wie immer.
Doktor Petter kennt mich gut. Er weiß, er kann mich zu nichts überreden. Zu keiner Vorsorge, keiner Nachsorge, keiner Therapie: „Wieso kommen Sie überhaupt her, wenn Sie sowieso nichts wollen – weder etwas hören noch etwas nehmen noch etwas tun für Ihre Gesundheit?!", hat er mich vor Jahren einmal gefragt.
„Ja!", gab ich damals ehrlich zurück. „Das hab ich mich auch schon mehr als einmal gefragt. Irgendwie idiotisch, mein Kommen, ich weiß, aber mir fehlt noch immer die Kraft, es nicht zu tun, also werden wir zwei uns wohl auch im nächsten Jahr wiedersehen."
Und so ist es geblieben, Jahr um Jahr. Und jedes

Mal stellte ich mir vorweg immer auch diese Doktor-Petter-Frage: „Warum gehst du da noch hin?"
Auch an diesem Morgen. Und ebenso wie an allen anderen Morgen zuvor, so ist es auch diesmal: erfolglos! Es findet sich in mir einfach kein greifbarer Grund, es zu lassen. Also komme ich mit mir überein, auch diesen Besuch, wie immer, als meine Pflicht anzusehen. Und wenn diese Pflichtübung jetzt auch nicht gerade zu meinen liebsten zählt, so zählt sie doch stets zu meinen kürzesten – und das spricht wieder für sie.

Heute jedoch nicht. Obgleich sie sogar noch kürzer ist als an allen anderen Tagen. Denn heute kommt Doktor Petter nicht wie gewohnt auf mich zu, um sofort mit der Untersuchung zu beginnen, sondern bittet mich schlicht nur, mich aufzusetzen. Und noch ehe ich richtig sitze, teilt er mir ohne Umschweife auch schon seine Diagnose mit:
„Herzlichen Glückwunsch, Frau Sommermond, Sie sind schwanger!"
„Schwanger?!" Im Nu ist das Willkommenslächeln auf meinem Gesicht verschwunden, schaue ich dem Doktor betroffen in die Augen: kein Zweifel, der meint, was er sagt!
„Ah, verstehe", räuspert der sich sogleich, „ist nicht grad erwünscht ... hm?!"
„Nein!", ereifere ich mich. „Das glaub ich Ihnen nicht! Wie um alles in der Welt kann es sein, dass ich schwanger werden kann in den Tagen eines

Menstruationszyklus?"

„Ja, keine schlechte Frage", gibt der Doktor nüchtern zurück, „ist tatsächlich unwahrscheinlich, und doch kommt es häufiger vor, als allgemein angenommen ... Aber wenn Sie das Kind nicht wollen? Wir können auch einen Abbruch in die Wege leiten!"

„Einen Abbruch?!", fahre ich empört dazwischen und bekomme eine Gänsehaut. „Das hab ich nicht gesagt, oder?!"

Gerade will der Doktor antworten, da klopft es an der Sprechzimmertür. Die Sprechstundenhilfe steckt den Kopf herein: „Herr Doktor! Frau Kleinert wäre jetzt so weit – können Sie kurz kommen?"

Der Doktor blickt mich fragend an, ich nicke, schon ist er verschwunden, indes ich allein im Zimmer zurückbleibe:

„Was denkt der sich eigentlich ...", schimpfe ich nun leise vor mich hin, während ich vom Stuhl absteige, mich wieder ankleide und schließlich den Sitzplatz vor Doktor Petters Schreibtisch einnehme, „... nur weil ich nicht gleich lauthals ‚Hurra' rufe, heißt das doch noch lange nicht, dass ich das Kind nicht will ..."

„Wenn Sie fertig sind, können wir ja mal den Zeitpunkt der Empfängnis feststellen", höre ich urplötzlich die Stimme des Doktors wieder hinter mir. Erschrocken fahre ich zusammen, was mich jetzt wiederum wütend macht, also antworte ich höchst gereizt:

„Das braucht es nicht – ich kenne das Datum! Es ist der 2. Oktober!" Dann stehe ich auf, drehe mich abrupt auf dem Absatz herum, schaue dem Doktor noch einmal frontal in die Augen: „Wissen Sie, ich gehe jetzt!"
Der Doktor hält stand, lächelt mich an – behält schließlich das letzte Wort:
„Wie Sie wollen, Frau Sommermond, aber warten Sie nicht zu lange – viel Zeit bleibt Ihnen da nicht mehr."

Draußen angelangt, schnappe ich erst einmal heftig nach Luft. Eine leidenschaftliche Wut schnürt mir buchstäblich die Kehle zu. Und ich bin mir gänzlich im Unklaren darüber, was mich eigentlich mehr aufregt, die Tatsache, ungewollt schwanger zu sein, oder der prompt darauf erfolgte Vorschlag, abzutreiben. Also setze ich mich, kaum zu Hause angekommen, sogleich an mein Tagebuch:
„Darf ich vielleicht noch selber über meinen Körper entscheiden? Ja, sicher! ... Aber offensichtlich kannst du das nicht – du bliebst ja stumm, als du gefragt wurdest! ... Okay, das ist Tatsache. Frage: Willst du, Juli Sommermond, ein Kind von einem verheirateten Mann, den du noch nicht mal riechen kannst, und das du, noch dazu, empfangen hast bei einem pragmatischen – höchstens nur – Fünf-Minuten-One-Night-Stand à la Ochs mit der Kuh? ... Eindeutig: Nein, das will ich nicht! ... Ah, jetzt geht es mir auf, da ist was anderes am Wanken: Wenn

ich an das Leben in mir denke, dann fühlt es sich gerade sehr warm an, schön und verheißungsvoll. Dann kommt es mir wie ein kleines Wunder vor, ein Zeichen, das mir von Gott spricht, mir geschenkt ist zur Freude, zu eigenem Wachstum. Und da schäme ich mich jetzt fast dafür, dass ich solche Gedanken der Ablehnung habe. Wenn ich aber an das Leben außerhalb meiner denke, an Demian oder meine momentane Lebenssituation, dann wird es mir eiskalt ... Nein, der Doktor hat recht, ich will das Kind nicht!"

Fünf Tage später. Pflichtgemäß schickt Doktor Petter mich zur Schwangerenberatung, wo ich mir – ganz unkompliziert – einen Stempel abhole, der mir mein Recht auf Alleinbestimmung bestätigt. Mehr aber doch wohl, um Doktor Petter zu entlasten, der sich bei einem operativen Schwangerschaftsabbruch ohne diese Bescheinigung strafbar machen würde. Dann bekomme ich einen Termin in seiner Tagesklinik: „Dauert nicht lange", klärt er mich auf, „früh am Morgen rein und früh am Abend schon wieder raus."

Bedingung ist aber, dass ich abgeholt werde. Und da gibt es nur einen für mich, der dafür infrage kommt: Leon, mein lieber alter Bekannter. Wie gewohnt fragt er nicht, steht am vereinbarten Tag einfach bereit. Fährt mich in die Klinik, lässt mich dann dort allein, wie ich ihn gebeten habe. Fährt in sein Geschäft, während ich nun, zusammen mit neun weiteren Frauen, einen Ruheraum betrete. Zehn Betten befinden sich darin, zwei mal fünf sich gegenüber stehend, dazwischen jeweils, pro Bett, ein Nachtschränkchen, das ist alles.

Eine nach der anderen wird nun vorbereitet und anschließend in den angrenzenden OP-Raum geschoben. Erst die linke Seite, dann die rechte. Mein Bett steht auf der rechten Seite. Also bin ich als sechste oder erst als letzte dran, so rechne ich, als ob das eine Rolle spielte. Wer weiß, vielleicht wachte ich ja aus der Narkose nicht wieder auf?! Das käme mir gerade recht, so fühle ich – und wohl nicht nur ich. Gedrückte Stimmung hängt dick in diesem Raum, in dem wir zehn hier wartend liegen. Die einen auf ihre OP, die anderen, dass sie wieder nach Hause gehen können. Die Frauen, jüngere wie ältere, schweigen allesamt – und sind doch so beredt.

Verschiedene Stände, verschiedene Schicksale – nicht eine sieht die andere an – und doch, jetzt und hier, in diesen Stunden, sind sie ausnahmslos auch alle gleich: eins im Wissen umeinander und Verständnis füreinander tragend. Wir tragen alle die gleiche Last: Ohnmacht, Schmerz, Trauer, die Schuldgefühle. Und jetzt auch noch die Tränen, das Stöhnen, das Schreien, die Wut.

Dann ist es so weit, die Schwester setzt mir eine Nadel in die Vene, drückt das Serum hinein. Wenig später werde ich in den OP geschoben. Die Spritze, die mich beruhigen sollte, scheint nicht zu wirken,

mein Puls rast und eine mir unbekannte, undefinierbare Furcht packt mich an. Während mir die Anästhesistin die Maske auflegt, werde ich innerlich geradezu hysterisch, panisch greift meine Hand nach Doktor Petters Arm, der eben noch neben mir steht, beruhigend auf mich einspricht, doch das höre ich nicht, nur was ich da selber rufe, wieder und wieder, höre ich genau: „Doktor?! ... Wird Gott mir das verzeihen?"
Dann wird es Nacht.
Was dann geschehen ist, weiß ich nicht, irgendwann schlage ich einfach die Augen wieder auf, sehe ich eine OP-Schwester neben mir:
„Na, da sind sie ja wieder! Wir dachten schon, Sie wollen sich wegstehlen ...", lächelt sie mich an, während ich betrübt nur sabbeln kann:
„Schwester, es tut mir leid, ich hab da wohl ein ziemliches Theater gemacht gerade ..."
Aber noch ehe die Schwester antworten kann, steht auch schon der Doktor an meinem Bett, nun antwortend an ihrer Stelle: „Aber nein, es ist alles in Ordnung! Gott verzeiht immer – Sie sind es, die sich verzeihen muss!"

Drei weitere Stunden liege ich noch da, in diesem Ruheraum, hellwach, aber doch vollkommen leer. Kein Gedanke kommt mir, auch ist nichts zu spüren in mir: wie ausgehöhlt. Dann ist Leon wieder da, mich abzuholen, schweigend fährt er mich nach Hause. Leons Schweigen ist so angenehm, er ist einfach nur

da, sehr dankbar bin ich ihm dafür. Ansonsten ist da nichts mehr in mir, was mich irgendwie noch interessiert: nicht das Leben, nicht ich selbst, auch nicht einmal die Weihnachtsdekoration der Straßen, die wir gerade durchfahren, die mir schließlich sonst noch immer so verheißungsvoll erschien, selbst in der größten Not. Stumpf sitze ich da wie die Holzmarionette auf dem Hängeboden, die da ist und doch auch wieder nicht: Keiner sieht sie mehr, da oben auf dem Hängeboden, keiner spielt mehr mit ihr – totes Leben. Und schließlich will ich nur noch eins: ins Bett, nichts mehr hören, nichts mehr sehen. Leon versteht das, auch ohne Worte, setzt mich schlicht vor der Haustür ab.
„Aber wenn irgendwas sein sollte, dann rufst du mich sofort an – versprochen?!", ruft er mir nur zu.
„Da wird nix sein, Leon – aber ja, versprochen! Und hör mal, du, wirklich danke, ja?!"
Leon winkt nur ab, lächelnd startet er den Motor, ist im nächsten Moment auch schon verschwunden. Während ich indes den Eingangsbereich voller Menschen vorfinde, ebenso den Fahrstuhl. Jedoch, „gottlob" ist kein bekanntes Gesicht dabei, bleibe ich ungesehen. Es kommt mir nur eigenartig vor, zwischen all diesen Menschen zu stehen, keiner weiß vom anderen: „Wo kommt er her, wo geht er hin?"
Noch dreimal hält der Fahrstuhl, dann bin auch ich angekommen, bin ich endlich mit mir allein. Es ist gerade mal fünf Uhr und genau drei Tage vor dem

Heiligen Abend. Unwahrscheinlich also, dass noch irgendwer etwas von mir will in den kommenden Tagen. Jede Menge Zeit demnach für mich. Schlafenszeit! Mit diesen Gedanken ziehe ich mich sofort in mein Bett zurück: weine, schlafe ein, wache wieder auf, weine und schlafe wieder ein. So geht das viele Male. Das letzte Mal jedoch weckt mich nicht der salzige Geschmack meiner Tränen – die mir da nun selbst im Schlaf unaufhörlich über die Wangen laufen –, sondern die Türglocke. Und nicht die an der Haustür, sonst wäre ich einfach liegen geblieben, sondern die an der Wohnungstür:
„Wer ist da?", frage ich von drinnen nach draußen.
„Der Fleurop-Bote! Ich hab da eine Sendung für Sie."
„Für Sommermond?", gebe ich ungläubig zurück. „Sind Sie sicher?!"
„Ja, an Frau Juli Sommermond, steht auch auf der Begleitkarte!"
„Okay, einen Moment noch bitte, ich ziehe mir nur etwas über …"

Als ich die Tür öffne, steht ein kleiner Mann davor mit einem riesigen Strauß Chrysanthemen in seinen Händen, rund um eine Paradiesvogelblume drapiert. Er reicht mir den Strauß, dazu eine Karte, lässt mich unterschreiben und ist sogleich auch wieder weg. Drinnen stelle ich den Strauß in die Vase, schaue ihn erst lange an. Er mutet mir wie ein klein wenig Sonne an, wie ein Lichtstrahl in dunkler Nacht.

Natürlich, geht mir auf, er sieht lebendig aus! Erst dann schaue ich in die Karte. Darin steht: „Baldige Genesung wünscht Frau Sollberg."

Also das war dann doch eine Überraschung für mich. Niemand wusste ja von dem Abbruch heute. Mit Ausnahme von Leon. Frau Sollberg, in der Funktion als meine unmittelbare Vorgesetzte im Berliner Büro, hatte ich zwar meiner Abwesenheit im Büro wegen darüber informieren müssen, nie aber hätte ich gedacht, dass sie Anteil daran nehmen würde. Denn Frau Sollberg war eine Frau von pragmatischem Kalkül: „Ich will Zahlen sehen!", davon sprach ihr ganzes Sein für uns, unnahbar und unerreichbar, menschliche Regungen schienen ihr fremd. Oder aber, sie verbarg sie gut hinter einer Maske, wie ich jetzt annehmen musste, in Anbetracht dieses herrlichen Blumenstraußes, der jetzt hier auf meinem Couchtisch stand, mir nun Trost und neue Hoffnung gebend.

Die Zeit danach

Es weihnachtet sehr, doch davon bekomme ich nichts mit. Nachdem ich drei volle Tage nur geschlafen, geweint und hin und wieder auch etwas gegessen habe, stehe ich am vierten Tag einfach wieder auf, als sei nichts geschehen. Die Trauer ist vorüber, neue Hoffnung keimt in mir auf, bringt Lebenskraft und eine Art Vorfreude mit sich. Worauf, das weiß ich mal wieder nicht. Aber sie ist da, ebenso real wie zuvor die Trauer und die Tränen, also lasse ich mich ein. Lausche dieser Vorfreude nach, was sie mir wohl offenbaren will. Nein, wie es gewesen ist, so werde ich beruflich nicht mehr weitergehen, so viel steht fest. Es braucht ein neues, humaneres Konzept im Unternehmen und somit auch für mein Leben. Aus dieser Ecke kommt die Freude her, dass spüre ich deutlich, eine Kraft in mir, die signalisiert: „Entwirf du das Konzept!"

Und das tat ich nun, in heller Freude entwarf ich auf dem Papier, was mir im Geiste schon fix und fertig vor Augen stand. Stunde um Stunde saß ich nun, zeichnete, sammelte, rechnete und kalkulierte, schrieb alles nieder, endlich auch ins Reine und war dann eine Woche nach Neujahr fertig damit. Genau richtig, so dachte ich, für den Jahresbeginn mit seinen neuen Vorsätzen. Dieser Antrieb, das

Konzept fertigzustellen, kam nicht ganz von ungefähr. In einem meiner wöchentlichen Pflichtgespräche mit Frau Sollberg hatte ich einmal die Firmenstruktur im Hinblick auf den Umgang mit den freien Mitarbeitern angeklagt. Woraufhin sie mir entgegnete: „Das ist alles richtig, aber es wird wohl so bleiben – damit müssen Sie sich abfinden. Zumindest so lange jedenfalls, bis einer daherkommt und ein wirklich eingängig umsetzbares Konzept erstellt – also nicht nur human denkt, sondern auch rentabel."

Das Konzept, das ich jetzt in Händen halte, ist eingängig plausibel und durchaus rentabel umsetzbar. Also stelle ich es zunächst einmal Frau Sollberg vor, mit der Bitte, es dann auch an die Unternehmensleitung weiterzuleiten. Und Frau Sollberg ist auch durchweg begeistert von diesem Konzept, handelt aber nicht:
„Jetzt ist nicht der rechte Zeitpunkt! Die Umsetzung erfordert ja doch einiges an Umstrukturierung und somit auch an zusätzlichen Kosten. Das geht im Augenblick nicht. Zudem sind im Konzept auch sehr visionäre Ideen enthalten, die ganz sicher noch nicht verstanden werden. Nein!", schlussfolgert Frau Sollberg am Ende doch entschieden: „Es ist besser, abzuwarten. Nun, Sie haben es mir gegeben, also bleibt es hier, bis zu seiner Zeit. Einen erfolgreichen Tag noch für Sie – ach ja, und bringen Sie mir bitte in der nächsten Woche Ihre geplanten Abschlusszahlen

für den Monat Februar mit. Die stehen noch aus!"
Damit bin ich aus dem Gespräch entlassen, das
Thema Konzept vom Tisch.

„Okay, okay – sie ist die Chefin!", beruhige ich
mich wenig später, als ich wieder in meiner Wohnung bin. Und doch, es lässt mir keine Ruhe. Denn
dass dieses Konzept nicht einmal im Ansatz umgesetzt werden würde, bedeutete im Klartext, dass sich
für niemanden hier etwas ändern konnte. Und das
war eine Tatsache, die ich nun nicht mehr annehmen konnte und wollte. Also entschloss ich
mich kurzerhand, zu kündigen, beziehungsweise
endgültig von dieser sogenannten freiberuflichen
Tätigkeit zu lassen. Wie immer, gesagt getan, einen
Tag später stehe ich am frühsten Morgen schon im
Office von Frau Sollberg. Die Sekretärin nimmt die
Kündigung entgegen, händigt mir meine Unterlagen
aus, erhält im Tausch jene von mir, die dem Unternehmen gehören, dann bin ich fertig. Will eigentlich
gehen, doch da sehe ich das Büro der Chefin offen
stehen. Die Putzfrau ist gerade fertig und mit dem
Papierkorb in der Küche verschwunden, die Sekretärin muss ans Telefon. Da schießt es mir blitzartig
ein: „Das Konzept?! ... Nein! Das lass ich ihr
nicht!"
Und noch ehe ich überhaupt einen weiteren Gedanken fassen kann, sehe ich in meiner Hand auch
schon den Knauf jener Lade am Schreibtisch von
Frau Sollberg liegen, in die sie selber das Konzept

am Vortag hineingelegt hat. Im Nu ist die Lade auf, das Konzept gefunden, herausgenommen und unter meinem Mantel verschwunden.

Die Putzfrau war nicht wiedergekommen, die Sekretärin telefonierte immer noch, niemand hat mich gesehen – weder kommen noch gehen. Ganz klar, der Dieb in mir! Doch hier, so empfand ich es zutiefst, war er durchaus angebracht. Noch viele Wochen danach war Frau Sollberg untröstlich über meinen Ausstieg aus dem Unternehmen und hätte mich, wie sie Kollegen und meinem Vater am Telefon erzählte, „… doch so gerne wieder im Team gehabt, samt dem tollen Konzept".

Mir aber war inzwischen dieses Finanzberaterleben gänzlich abgestorben und ich sah von daher nun auch wieder klar, dass sich an der Unternehmensstruktur für die Mitarbeiter in diesem Unternehmen nie etwas ändern würde, ganz einfach weil das gar nicht gewollt war: „Wer das Geld hat, hat die Macht!"

Februar 1998

Da ich nun keine Abschlusszahlen mehr vorlegen muss, leiste ich mir zunächst einmal wieder Urlaub. Drei ganze Wochen lang. In der Wohnung bleibend und wie üblich: Bibel lesend, meditierend, Himmel schauend. Dabei geht mir auf, dass ich eigentlich nur noch unter diesem Erwerbsdruck stehe, weil ich noch immer zu viel besitze. Auto, Telefon, Fernseher, vor allem aber – jede Menge Versicherungen.
„Brauche ich das alles noch?", frage ich mich mehr als einmal in diesen Tagen. Und empfinde schließlich ein klares Nein darauf. Wozu? Jenen Job gab ich ja auf, zu dem all diese Dinge zwingend gehörten. Jetzt waren sie vollkommen überflüssig, ich suchte ja keinen Status mehr. Sicher, ein neuer Job musste sein – um die Miete kam ich nicht herum, auch nicht um den Strom –, aber dieser brauchte mich ja nun nicht mehr ganztägig zu beanspruchen. Irgendwas Kleines, in einem Büro oder einer Wäscherei, nur für wenige Stunden, ansonsten: Was brauchte ich da wirklich noch?! Zur Anstellung konnte ich auch mit dem Bus oder der U-Bahn fahren, auch Strom konnte ich sparen, indem ich all das, was Strom verbrauchte, einfach aus oder auch ganz wegließ, wie den Kühlschrank, den Fernseher oder das Telefon. Wie erleichtert und froh fühlte ich mich nach diesen Offenbarungen, als hätte ich gerade

etwas wiedergefunden, was ich vor Urzeiten verloren hatte: den kostbaren Schatz namens Besitzlosigkeit! Ja wirklich, denn für all das musste ich mich nicht mehr knechten und wollte es auch nicht mehr. Also suchte ich mir zunächst eine kleine Anstellung. Nur ein einziges Mal schaute ich in die Zeitung und fand auf Anhieb das Passende:
„Kleines Familienunternehmen sucht Teilzeitkraft für das Büro".
Nach meinem gleich Anruf bekomme ich einen Vorstellungstermin für den nächsten Tag und werde im Anschluss daran auch postwendend eingestellt. Vier Stunden am Tag, für gerade so viel Lohn, dass ich die Miete zahlen kann und noch ein wenig Unterhalt, Grundgebühr für den Strom und tägliches Essen. Mehr geht nicht, und mehr will ich auch nicht, ich genieße mein neues Leben geradezu außerordentlich.
Alles mir Überholte, also Überflüssige, ist inzwischen daraus entfernt. Fernseher, Telefon, dreißig paar Schuhe, dazu Taschen, Kleider, Kostüme, Parfüms und Auto sind gänzlich abgeschafft. Der Kühlschrank ausgeschaltet. Mit dem Essen habe ich so gut wie aufgehört. Eine Schale Reis am Mittag, eine Karotte und ein Stück Obst dazu, ansonsten Leitungswasser über den Tag verteilt ist alles, was ich noch zu mir nehme. Auch fahre ich inzwischen nicht mehr mit dem Bus zur Arbeit, sondern laufe zu Fuß hin. Knapp zwei Stunden am Morgen und ebenso wieder gegen Mittag zurück.

Diesem Laufen ging ein eigenartiger Prozess voraus. Der Bus, der mich zur Anstellung fuhr, hielt genau vor meinem Haus. Jeden Morgen um sieben Uhr stand ich also draußen und wartete auf diesen Bus. Mit mir aber auch noch ein Dutzend anderer Leute, die vorwiegend in meinem Hause wohnten. So ward ich nun allmorgendlich beständig in irgendwelche Gespräche eingebunden, die ich gar nicht wollte, die mir nicht gefielen. Hinzu kam, dass der Bus beständig überfüllt war, sodass ich die verschiedenen Odeurs darin kaum aushielt, und er schließlich auch nur selten pünktlich kam. Für mich, die ich bis vor Kurzem noch kaum einen Schritt ohne Autoräder unter den Füssen tat und die Bus und Bahn bis dato durchweg nur als „Bazillenschleudern" empfand und bezeichnete, war es ohnehin schon schwer genug gewesen, mich den öffentlichen Verkehrsmitteln auszuliefern. Nun dazu aber noch gänzlich von ihnen abhängig zu sein – von der Zeitvorgabe eines andern! –, ging nun gleich gar nicht mehr für mich. Obgleich ich mir alle Mühe gab, es immer wieder neu zu versuchen. Ohne Erfolg. Denn fahrend kam ich entweder immer nur zu früh oder zu spät bei der Arbeit an. Und das zerknirschte mich, störte meinen Frieden. Folglich dachte ich nach, wie ich das ändern konnte. Und bekam nur eine einzige Antwort: laufen!

Also tue ich das. Am ersten Tag war es mir sehr schwer. Die Füße brannten dermaßen in den Schuhen, dass ich die letzten Meter bis zu meiner Haustüre zurück nur unter Schmerzen laufen konnte. Es war ja kein Waldboden, den ich da Schritt um Schritt gehend betrat, sondern Asphaltdecke. Inmitten einer Stadt voller Häuser, Menschen und Autos über Autos auf breiten Fahrbahnen brausend. Am zweiten Tag war es mir schon besser und nach nur einer Woche schon richtig gut dabei. Letztlich wollte ich nicht mehr darauf verzichten, fehlte mir das wochentägliche Laufen an den Wochenenden so sehr, dass ich zuweilen dann die Strecke nur zum Spaß ablief. So sehr hatte ich meine Freude daran. Vor allem dann, wenn ich mal wieder an einem Superstau einfach vorbei laufen konnte: *„Freiheit – ich liebe Dich! Stau? Was kümmert's mich!"*, sang ich dann fröhlich in mich hinein.

Das kleine Familienunternehmen, Steinmetzhandwerk in dritter Generation, in dem ich nun tätig war, bestand tatsächlich nur aus acht Leuten. Vater und Sohn führten es. Fünf Steinmetze waren in der Werkstatt tätig und ich nun im Büro. Reine Männerwirtschaft. Die Frau des Seniors, aus deren Familie das Geschäft einst hervorgegangen war, war vor Kurzem verstorben. Der Senior selbst, ohne abgeschlossene Berufsausbildung stark profilierungssüchtig, verhielt sich bisweilen aggressiv despotisch. Der Junior indes war ein liebenswürdiger Pragmatiker, ruhig, nüchtern, sachlich.
Die Spannung zwischen den beiden auszuhalten und

zu neutralisieren war nun – wenn auch nie so ausgesagt – im Grunde meine Haupttätigkeit in diesem Unternehmen. Ansonsten bestand meine Aufgabe lediglich noch darin, Aufträge entgegenzunehmen, zu bearbeiten, zu bestätigen und dergleichen Büroorganisation mehr.

Im Grunde keine große Sache, wenn da nicht der Senior gewesen wäre mit seinem Beharren darauf, dass alles wie „anno dazumal" beim Alten bleiben müsse. So war das Profil der Firma samt Computerprogramm vollkommen antiquarisch. Ein Umstand, der schließlich nicht nur mir, sondern oft auch den Kunden und somit den Einnahmen entgegenstand. Der Senior hätte mich auch nicht eingestellt, das ließ er mich täglich spüren. Der Junior wollte mich des geringen Gehaltes wegen, das ich da nur von ihm forderte. Wunderbar, nicht wahr?! Aber das machte nichts. Dieser Job sicherte mir die Miete und das ließ mich die Reibereien für ein paar Stunden nüchtern ertragen.
Meine Vormittage verbringe ich nun in einem winzigen dunklen Büroraum mit diesen zwei Männern zusammen. Die Nachmittage in meinem sonnenhellen Apartment. Gehe nirgends mehr hin und empfange auch kaum noch Besuch. Ohne Telefon ist man sehr schnell allein gelassen. Niemand tut ja gern einen Weg umsonst – zu meiner großen Freude. Einzig Stefan schaut ab und an vorbei. Einfach zum Schwatzen. Was ich da jedoch gerade lebe,

geht auch an ihm, wie an meinem gesamten Umfeld, völlig vorbei. Niemand bemerkt etwas von meinen Experimenten, die ich da nun für mich alleine durchführe, um ganz unbehelligt einmal testen zu können, was ich da wirklich brauche, was also Bestand haben muss in meinem Dasein und was nicht. So viele Dinge waren mir im Laufe meines Lebens als lebensnotwendig antrainiert und auferlegt worden, dass ich schon nicht mehr unterscheiden konnte, was wahrhaft natürlich und wichtig ist für Körper, Geist und Seele und was nicht. Um dies nun für mich herauszufinden, musste ich zunächst einmal alles Angelernte und Antrainierte loslassen. Dazu brauchte ich unbehelligten Raum und Zeit, um drucklos mir auch so manche Furcht vor dem Lassen der einen oder anderen Gewohnheit oder unnötigen Begierde zu besehen – und die besaß ich nun zur Genüge, also startete ich durch. Beschränkte meine Nahrungsaufnahme auf eine Birne und Karotte noch pro Tag, trank nur noch Leitungswasser. Entfernte alle Spiegel aus der Wohnung. Unterließ das tagtägliche Duschen, auch das allmorgendliche Waschen. Putzte mir die Zähne nur noch mit Wasser, ebenso die Haare. Und all dies auch nur höchst selten. Eine kleine Offenbarung für mich: Wieso sollte ich die Zähne überhaupt noch putzen, wenn ich doch nur noch Natur zu mir nahm? Was die Zähne belegte und krank machte, so erkannte ich, waren eindeutig die Inhaltsstoffe der künstlich erzeugten Nahrungsmittel, die ich bislang zu mir genommen hatte. Jetzt waren meine Zähne durchgehend glatt, hell und gesund. Ebenso mit den Haaren, die ich nur alle vier Wochen noch wusch, und der Tatsache, dass ich bei all dem weder unangenehm roch – das hätte mir der Seniorchef ganz sicher mit Freuden kundgetan – noch schmutzig an Gesicht und Körper war. Cremes, Salben und Parfüms – alles war so überflüssig jetzt für mich. Mehr noch, künstlich erzeugte Düfte wurden mir mit der Zeit gar unangenehm. Derart, dass ich zuweilen kaum noch in einer Drogerie oder in der Nähe eines parfümierten Menschen stehen konnte, ohne dass es mir latent übel dabei wurde.

Reine Spaziergänge allerdings waren all diese Experimente nicht. Am Anfang des „Ohne-Spiegel-Experimentes" zum Beispiel war es mir sehr schwer auszuhalten, nicht zu wissen, was der andere gerade sah, der mich da anschaute. Was sah er wohl? Hatte ich mich im Büro mit Druckerfarbe beschmiert oder mit dem Sand jenes kleinen Kindes von vorhin, mit dem ich da eben noch gespielt hatte? Oder war alles in Ordnung? Aber gleich was, das hatte ich jetzt auszuhalten. Das war die große Übung: ganz weg von mir zu gehen und nur das Gegenüber zu sehen. Nicht mehr wichtig zu finden, was der andere da von mir denkt. Keine leichte Übung. Aber der Gewinn war enorm: ein tüchtiges Stück mehr Freiheit! Im Laufe des Jahres hatte ich mich derart an die Spiegellosigkeit gewöhnt, dass ich mich in Spiegeln nicht einmal mehr wahrnahm, so ich direkt vor ihnen stand. Der natürliche Spiegel meines Körpers und meiner Seele, so lernte ich daraus, war mein Gegenüber.

Oder die Askese. Die fiel mir Anfangs ebenso schwer. Das jedoch nicht, weil ich etwa Hunger oder Appetit hatte – da war kein Hungergefühl in mir –, sondern weil ich Furcht davor hatte, dass mein Körper Mangelerscheinungen aufweisen könnte. Wie zum Beispiel Kraftlosigkeit, Konzentrationsmangel, Zahn- oder Haarausfall. Hier siegte ich nur, weil ich mich tagtäglich selbst austrickste. Indem ich, wann immer die Furcht gerade angekrochen kam, mir zugestand: „Okay, nur noch heute, morgen fangen wir wieder normal zu essen an!"

Irgendwann waren alle Befürchtungen einfach verschwunden. Hatten sie sich als Illusion entlarvt und in Nichts aufgelöst, denn das Befürchtete trat nie ein. Im Gegenteil, meine ganze physische wie mentale Körperlichkeit befand sich in einem Zustand feinster Qualität, wie ich sie zuvor nie gekannt hatte. Und an die Stelle von Angst, trat durch den gelebten Vollzug wieder einmal allgewaltige Glaubensgewissheit. Indes, meine eigentliche Nahrungsquelle schien ohnehin die frische Luft zu sein. Das ging mir eines Tages an dem Verhalten meines Körpers auf, der an den Wochenenden, also ohne Stundenmarsch ins Büro, sich anders verhielt: nervös wurde.

Sobald ich dann aber für mindestens eine Stunde an die Luft ging, befand er sich wieder im Gleichgewicht. Kraftvoll präsent, hellwach. Mein körperliches Sein, so erkannte ich dadurch, sicherte also nicht das Brot, die Milch oder das Fleisch ab, sondern die Luft. Die auch nichts weiter als Liebe ist: Jenes absolute Sein, das da hinter allen Atomteilchen steht.

Aber da gab es auch durchweg schöne Experimente wie zum Beispiel jenes um die eigene intime Gefühlsintensität herum. Zum ersten Mal in meinem Leben besah ich mir in diesem Zusammenhang auch mein körperliches Intimreich einmal ganz genau. Von innen wie von außen, soweit ich es hier ohne Spiegel betrachten konnte. Das, was ich nicht sah, nur mit den Händen fühlte, war durchweg schön. Was ich sah, kam mir fremd vor, konnte ich nicht wirklich mit mir identifizieren. Daran erkannte ich, dass für das Verlangen nach sexueller Vereinigung nicht etwa das Auge zuständig ist, sondern die Sehnsucht meines Herzens, sich ganz zu verschenken an jene Realpräsenz Gottes in meinem Leben, die ich da gerade tagtäglich in meinem So-Sein erfuhr. Jegliche Körperlichkeit störte dieses zarte und doch so intensive Band der Erotik. Je mehr ich Auge und Hände wegließ, mich einfach dem Fühlen hingab, desto erfüllter blieb ich am Ende zurück, desto tiefgründig anhaltender auch der Orgasmus. Die Natur Gottes selbst sorgt für die rechte Berührung – von innen her zuvorderst, aber spürbar auch

konkret im Außen. Durch die ewig sanfte Bewegung der Luft: mal kräftig kühl, fordernd erzwingend oder still umflutend, warm weich, seicht wie warmes Wasser. Jegliches Handanlegen schmälert letztlich den Genuss, vor allem aber die Frucht aus der Vereinigung der Elemente, die durchweg von geistiger Natur ist, so lernte ich daraus. In dieser Zeit entstanden die meisten meiner Liebesgedichte.
Schließlich kündige ich auch sämtliche Versicherungen auf. Auch die Krankenversicherung. Was natürlich dem entsprechenden Anbieter gar nicht gefällt. Sogleich sendet der mir einen Vertreter, Nachnamens „Engel", ins Haus, der mir nun alle Möglichkeiten einer Erkrankung oder eines plötzlichen Unfalles anhand der schwärzesten und seltensten Fälle aufzeigt: „Verstehen Sie, niemand kann ohne Krankenversicherung leben – es sei denn, er ist scharf darauf, obdachlos zu werden ..., Operationen kosten heutzutage eine Menge Geld!"
Und fast möchte ich ihm das auch glauben, die Kündigung zurückziehen und alles beim Alten belassen, da geht mir just wieder ein Bibelwort auf: „Denn ich bin der Herr, dein Arzt ... Überlass dich nicht der Sorge, schade dir nicht selbst durch dein Grübeln." (Ex 15, 26) *„Genau!"*, freue ich mich still. *„Überlass dich nicht der Sorge, schade dir nicht selbst!"* Also antworte ich dementsprechend: „Wissen Sie, Herr Engel, aus Ihrer Sicht mag alles richtig sein, was Sie da eben gesagt haben. Aber für mich hat all das keine Bedeutung mehr. Ich glaube

nicht mehr an eine Allmacht der Medizin! Auch wenn ich sie vor Kurzem noch in Anspruch genommen habe. Es wird das letzte Mal gewesen sein, dessen bin ich mir gerade ganz bewusst. Nicht zuletzt dank Ihnen!"
Woraufhin der Herr Engel die Stirn runzelt, mich kurzerhand unterbrechen will – ich aber winke entschieden ab: „Nein, glauben Sie mir, was Sie mir da verkaufen, ist nicht Realität, sondern reine Fiktion. Hypothese, Spekulation – Angst! Nein, da mache ich nicht mehr mit, soeben habe ich mich entscheiden, „doch lieber ganz Gott zu vertrauen, als auf Menschenwerk zu bauen." (Vgl. Ps 118,8)

Darauf hat Herr Engel nichts mehr zu sagen. Er bedauert nur „sehr" meinen Entschluss. Steht auf und lässt sich von mir zur Tür begleiten – nachdenklich tritt er hinaus.
„Danke!", ruf ich ihm hastig noch nach, dann bin ich wieder allein mit mir, ganz umhüllt von einer fremdartig-neuen, sehr hoch gehobenen Bewusstseinsspiritualität. Denn was ich da dem Engel gerade gesagt hatte, war mir selber ganz neu und fremd. Und doch, wenn ich auch den Wahrheitsgehalt dessen, was ich da eben gesagt hatte, nicht eine Sekunde lang anzweifelte, so blieb dennoch ein mulmiges Gefühl in der Magengegend zurück.
Die Schreckensbilder, die mir Herr Engel gemalt hatte, zeitigten noch lange ihre Wirkung.

„*Wie eigenartig das ist*", schreibe ich wenig später in das Tagebuch, „*gerade durch diese gemeine Angstmache ging mir das Prinzip jeder Werbung, ja der gesamten Marktwirtschaft zum ersten Mal auch lebendig auf. Hat man nicht genauso auch uns Finanzberater geschult: ‚Wo kein Bedarf ist, da kein Käufer! Also schaffen wir einleitend erst einen Bedarf, dann erfolgt der Verkauf'? Ja! Überall das gleiche Prinzip. Versicherungsverkäufer schaffen zuvorderst Angst oder Begierde, dann spielen sie den rettenden Samariter oder ‚guten Onkel aus Amerika': ‚Ja, das ist furchtbar, was Ihnen da passiert ist, nicht wahr?! Aber wissen Sie was?! Wirklich furchtbar ist das nur für den, der unser Produkt nicht hat.' Oder so: ‚Alleine schaffen Sie das nie, Sie brauchen uns! Oder Sie schaffen es erst in zwanzig Jahren, aber ob Sie dann noch in der Lage sind, zu genießen? Mit unserem Produkt schaffen Sie es aber garantiert, und zudem noch viel, viel schneller.' Selbst in der Medizin funktioniert das nicht anders. Krankheitspräventionen: ‚Vorsorge ist unerlässlich für die Gesundheit!', tönt es eindringlich mahnend stets aus eines Arztes Mund. Auch hier wird ein künstlicher Bedarf erzeugt. Angst geschürt derart, dass ich mir einrede, dass ich, wenn ich nicht Vorsorge betreibe, selbst meine Gesundheit gefährde – wenn nicht gar gänzlich ruiniere. Das fiktive Bild einer erdachten Erkrankung, die eintreten kann, aber doch in der Tat nie Wirklichkeit werden muss in meinem Leben, wird*

schlicht als realitätsgegeben vorausgesetzt. So dient eine reine Unwirklichkeit als Geschäftsgrundlage der Medizin.
Was ist Krankheit überhaupt? Ist sie tatsächlich etwas, wogegen ich mich wehren muss? Wehrt sich, mit Ausnahme von uns Menschen, noch irgendetwas anderes in der Natur gegen das, was wir Krankheit nennen? Nein! Natürlichkeit nimmt an, was da ist, und heilt sich entweder selbst oder vergeht ... Puh, wie wahr das ist! Genau, Juli, das ist das einzig reale Sein, alles andere ist bloßer künstlicher Schein: gespenstisch vom Erwerbstrieb erfunden. Nein, da spiel' ich nicht mehr mit! Stattdessen werde ich mich jetzt in der Annahme von Krankheiten üben: darin, Geduld zu haben, Schmerzen oder Fieber einfach mal auszuhalten. Durchzuwarten, bis alles wieder gegangen ist, es geht ja immer irgendwann. Alles ist nur eine Frage der Zeit. Genau! ... Und wenn du dabei stirbst!? ... Na und?! Ich weiß ja, wo es hingeht! Kenne meine wahre Heimat, die ohnehin allemal schöner ist als diese hier. Nein, da lasse ich mir keine Angst mehr einjagen – auch wenn der Magen jetzt noch ewig flau ist –, im Gegenteil, jetzt werde ich für die richtige Prävention sorgen: Nämlich alles weglassen in Zukunft, was der Natürlichkeit meines Körpers entgegensteht – basta!"

Und das tue ich auch, und zwar gründlich. Und ich fühle mich immer besser, immer freier dabei. Das kleine Apartment wird zusehends leerer, dafür mein Dasein immer erfüllter. Täglich studiere ich die Bibel – mich Seite um Seite durchkämpfend, von der ersten Seite an. Gegen den späten Abend meditiere ich. Immer länger werden meine Sitzungen. Zuweilen an die drei bis vier Stunden am Stück. Tanze oder chante. Die Welt versinkt, wird mir immer surrealer. Ich höre und höre doch nicht, sehe und auch wieder nicht. In diesen Zustand hinein findet sich noch einmal Steve bei mir ein. Er brennt gerade vor Liebe zu mir, so wirbt er drängend, doch ich bleibe, wo ich bin: zu Gott hingewandt. Und schließlich auch noch Benni, der jetzt die Scheidung von mir will: „Weißt du, ich hab das Gefühl, nicht weiterzukommen, solange ich noch mit dir verheiratet bin", so begründet er sein Anliegen, mir indes ist das weniger wichtig, aber doch recht.

Da wir uns einig sind, ist die amtliche Scheidung schnell vollzogen. Unglaublich schnell sogar, keine fünf Minuten sitzen wir vor dem Richter. Im Anschluss daran strahlt Benni: „Erst jetzt fühle ich mich so richtig frei!"

Da geht auch mir auf, wieso Benni so drängen musste: Auch dieser Abschnitt meines Lebens wollte sauber abgeschlossen werden. Amtlich-offiziell hatten wir zueinander Ja gesagt, amtlich-offiziell mussten wir nun auch bekunden, dass wir nicht mehr miteinander oder füreinander sind, wir den jeweils anderen freigeben und somit ganz und gar loslassen – erst dann ist Freiheit wahrhaft vollzogen und kein Lippenbekenntnis mehr. Eine wunderbare und zutiefst beglückende Erfahrung für mich, Benni so befreit, so erlöst zu sehen.

Dann ist es wieder Oktober

Ein Freitag des Jahres 1998.
Gerade bin ich in der Wohnung angekommen, nun sitze ich gelassen auf der Couch, die Bibel studierend. Nichts suchend, nichts erwartend, einfach, weil es gerade passt. Mittlerweile bin ich im Neuen Testament angelangt, beim Evangelisten Matthäus, das sechste Kapitel: „Vom Almosengeben, vom Beten, vom Fasten", steht da. Und eben schon will ich das Buch beiseitelegen, denn schließlich – so befinde ich –: „mehr fasten geht ja nicht", da trifft mich der letzte Satz des letztes Verses ähnlich einem elektrischen Stromschlag – vollends vernichtend:
„Du kannst nicht Gott dienen und dem Mammon!"

„Du", höre ich – obgleich „Ihr" da im Satzanfang steht. Du! Ja, damit war ich gemeint, da gab es keinen Zweifel! Zutiefst erschrocken bleibe ich sitzen. Zur Salzsäule erstarrt, eine gefühlte Ewigkeit lang. Dann ein Erwachen, welches die Gewissheit mit sich bringt: Ja, natürlich! Beides geht nicht – ich muss auf der Stelle kündigen! Und wo ich eben noch wie versteinert saß, sprang ich nun, einem quirligen Wiesel gleich, hoch und sogleich auch nach unten, in die Telefonzelle hinein. Fest entschlossen rufe ich in der Firma an und habe zu meiner großen Freude auch gleich den Junior am anderen Ende dran: „Firma Scheerlack", meldet der sich, „was kann ich für Sie tun?"

„Ganz viel!", gebe ich trocken zurück und komme ohne Umschweife auch sogleich auf den Punkt. „Hallo, Herr Scheerlack, ich bin's, Frau Sommermond – tut mir leid, aber ich kann nicht mehr kommen, ich muss sofort aufhören!" Dann bin ich still, indes bange die Luft anhaltend. Auch der Junior schweigt – wie mir scheint: eine Ewigkeit.

„Himmel, steh mir bei!", bete ich gerade noch, doch schon im nächsten Augenblick antwortet der Junior genau, wie ich will: „Ja, das haben wir uns schon gedacht. Sie haben sich in letzter Zeit sehr verändert. Gehen Sie – in Gottes Namen! Was immer Sie da vorhaben, wir werden Ihnen dabei nicht im Wege stehen."

So ist die Kündigung angenommen. Von einer Minute zur anderen. Welch ein Tempo hat mein Leben, so staune ich schließlich freudig überrascht bei mir. Es ist wahrhaftig so: Da, wo der Wille Gottes steht, da sind alle Türen offen, gelingt alles wie von selbst.

„Und was nun?", frage ich mich, nachdem ich wieder oben, in meinem Apartment angekommen bin. Die Antwort ist sofort da, ganz klar:

„Aussteigen, Juli – ganz und gar!"

Und weitere…

Printed in Poland
by Amazon Fulfillment
Poland Sp. z o.o., Wrocław